Kohlhammer

Der Autor

Timo Storck, Prof. Dr. phil., Jahrgang 1980, ist Professor für Klinische Psychologie und Psychotherapie an der Psychologischen Hochschule Berlin, Psychoanalytiker (DPV/IPA) und Psychologischer Psychotherapeut (AP/TP). Studium der Psychologie, Religionswissenschaften und Philosophie an der Universität Bremen, Diplom 2005. Wissenschaftlicher Mitarbeiter an den Universitäten Bremen (2006–2007), Kassel (2009–2015) sowie an der Medizinischen Universität Wien (2014–2016). Promotion an der Universität Bremen 2010 mit einer Arbeit zu künstlerischen Arbeitsprozessen, Habilitation an der Universität Kassel 2015 zum psychoanalytischen Verstehen in der teilstationären Behandlung psychosomatisch Erkrankter. Mitherausgeber der Zeitschriften *Psychoanalyse – Texte zur Sozialforschung* und *Forum der Psychoanalyse* sowie der Buchreihe *Im Dialog: Psychoanalyse und Filmtheorie*, Mitglied des Herausgeberbeirats der Buchreihe *Internationale Psychoanalyse*. Forschungsschwerpunkte: psychoanalytische Theorie und Methodologie, psychosomatische Erkrankungen, Fallbesprechungen in der stationären Psychotherapie, Kulturpsychoanalyse, konzeptvergleichende Psychotherapieforschung.

Timo Storck

Objekte

Verlag W. Kohlhammer

1. Auflage 2019

Gesamtherstellung: W. Kohlhammer GmbH, Stuttgart

Print:
ISBN 978-3-17-036004-4

E-Book-Formate:
pdf: ISBN 978-3-17-036005-1
epub: ISBN 978-3-17-036006-8
mobi: ISBN 978-3-17-036007-5

Inhalt

Vorwort

Beim vorliegenden Band handelt es sich um eine bearbeitete Mitschrift von fünf öffentlichen Vorlesungen, die ich im Sommersemester 2018 an der Psychologischen Hochschule Berlin gehalten habe. Die Vorlesungsreihe ist Teil eines langfristig angelegten Projekts zu den Grundelementen psychodynamischen Denkens, in dem es unter der dreifachen Perspektive »Konzeptuelle Kritik, klinische Praxis, wissenschaftlicher Transfer« darum geht, sich mit psychoanalytischen Konzepten auseinanderzusetzen: Trieb (Band I), Sexualität und Konflikt (Band II), dynamisch Unbewusstes (Band III), Objekte (Band IV), Übertragung (Band V), Abwehr und Widerstand (Band VI) und einige weitere. Ziel ist dabei, sowohl in der öffentlichen Diskussion als auch im vorliegenden Format einer Reihe von Buchpublikationen eine Art kritisches Kompendium psychoanalytischer Konzepte zu entwickeln, ohne dabei den Anschluss an das Behandlungssetting oder den wissenschaftlichen Austausch zu vernachlässigen. Dazu liegt hiermit der vierte Band vor. Wenn es um Grundelemente psychodynamischen Denkens gehen soll, dann soll damit auch der Hinweis darauf gegeben werden, dass aus Sicht der Psychoanalyse jedes, also auch das wissenschaftliche Denken selbstreflexiv ist: Das Denken über Psychodynamik ist unweigerlich selbst psychodynamisch, d. h. es erkundet die Struktur der Konzeptzusammenhänge auch auf der Ebene der Bedeutung von Konzeptbildung selbst.

Für ein solches Vorgehen ist das Werk Freuds der Ausgangs- und ein kontinuierlicher Bezugspunkt (vgl. a. Storck, 2018c; 2019a). Mir geht es um eine genaue Prüfung dessen, was Freud mit seinen Konzepten »vorhat«, d. h. welche Funktion diese haben und welches ihr argumentativer Status ist. Dabei soll nicht eine bloße Freud-Exegese geschehen, sondern eher ein Lesen Freuds »mit Freud gegen Freud«. Es wird deutlich werden, dass der grundlegende konzeptuelle Rahmen, den Freud seiner Psychoanalyse gibt, es auch erlaubt aufzuzeigen, wo er hinter den Möglichkeiten seiner Konzeptbildung zurück bleibt.

Über den Ausgangspunkt der Vorlesungen erklärt sich die Form des vorliegenden Textes, der nah an der gesprochenen Darstellung verbleibt. Auch sind, wie in jeder Vorlesung, eine Reihe von inhaltlichen Bezugnahmen auf Arbeiten anderer Autoren eingeflossen, die mein Denken grundlegend beeinflussen, ohne dass dazu durchgängig im Detail eine Referenz erfolgen kann.

Bedanken möchte ich mich bei den Teilnehmenden an den öffentlichen Vorlesungen für ihr Interesse, sowie beim Kohlhammer Verlag, namentlich Ruprecht Poensgen, Elisabeth Selch und Annika Grupp, für die Unterstützung bei der Vorlesung und der Veröffentlichung. Außerdem danke ich Caroline Huss für die Anfertigung von Transkripten zur Audio-Aufzeichnung der Vorlesung. Katharina Schmatolla gebührt Dank für die planerische, emotionale und technische Unterstützung bei der Durchführung der Vorlesungen. Der Psychologischen Hochschule Berlin danke ich schließlich für die Möglichkeit, eine solche Vorlesungsreihe durchzuführen.

Heidelberg, Juli 2019
Timo Storck

1 Einleitung

In den vorangegangenen Bänden der vorliegenden Buchreihe wurde der Ausgangspunkt vom psychoanalytischen Triebkonzept genommen. Dazu war es erforderlich zu klären, was unter einem (psychoanalytischen, wissenschaftlichen) Konzept verstanden werden soll. Als ein solches soll es dazu dienen, auf der Grundlage eines methodisch geleiteten Zugangs zur Welt der Erfahrung etwas von deren Phänomenen begreifbar zu machen. Das ist zunächst eine ganz allgemeine Definition, die in dieser Form für die Formulierung des Schwerkraftgesetzes genauso gilt wie für die Formulierung eines Konzeptes wie Verdrängung oder Übertragung. Ich stoße auf verschiedene Phänomene in der Welt (oder diese auf mich!), auch in der klinischen Psychoanalyse, und Konzepte sind sozusagen abstrakte Begriffe dafür, die das erhellen sollen, was ich beobachte: dass die Dinge zu Boden fallen, dass ein Patient sich an wichtige emotionale Dinge nicht erinnern kann usw. Konzepte sind so etwas wie die theoretischen Namen dafür, und dies auf der Grundlage eines Zugangs zur Erfahrungswelt, die man in ganz allgemeiner Weise als »Empirie« bezeichnen kann. Erst einmal meint Empirie daher also die Welt der Erfahrung, erst in einem spezifischeren und etwas engeren Sinn das, was meist unter »empirischer Forschung« verstanden wird. Für die Psychologie ist dabei von Bedeutung, dass auch die Welt der *inneren* Erfahrung einbegriffen wird: »Beobachtung« bedeutet hier dann nicht nur, visuell wahrzunehmen, dass irgendwelche Dinge zu Boden fallen, sondern kann auch eine innere Erfahrung meinen, etwa dahingehend, was für eine gefühlshafte Färbung damit einhergeht. Konzepte sind daher also keine Dinge in der Welt; wir finden sie dort nicht vor, wir sehen nicht die Schwerkraft, sondern wir führen das, was wir sehen, zurück auf das Wirken von etwas, das wir Schwerkraft nennen, d. h. es in dieser

Weise konzeptualisieren bzw. in diesem Fall auf eine Formel bringen. Das heißt nicht, dass wir die Schwerkraft als solche beobachten. Genauso wenig beobachten wir theoretische Konzepte der Psychoanalyse in der klinischen Situation. Wir beobachten nicht das Über-Ich oder die Verdrängung, sondern wir stoßen auf etwas, das uns vielleicht irritiert, und die Konzepte machen es begreifbar. Sie liegen auf einer anderen Ebene als das, was wir beobachten – sonst bräuchten wir sie nicht und eine ausschließlich deskriptive Beobachtungssprache würde der Wissenschaft genügen.

Nun kann man Konzepte und ihre Nützlichkeit auf unterschiedliche Weise überprüfen. Zur Schwerkraft und ihrer Wirkung kann ich mir ein Experiment überlegen und angeben, unter welchen Bedingungen bezüglich dessen Ausgangs ich mein Gesetz verändern müsste, wann es also in seiner Gültigkeit (teilweise) widerlegt wäre. Die Prüfung psychoanalytischer Konzepte geschieht auf eine etwas andere Weise, nämlich zum einen angesichts der Einzelfallorientierung, welche die Psychoanalyse im klinischen Zugang wählt. Selbstverständlich werden auch in der psychoanalytischen/psychodynamischen Psychotherapieforschung große Fallzahlen in Untersuchungen einbezogen, aber gerade in der Entwicklung der psychoanalytischen Theorie liegt der Schritt der Verallgemeinerung auf der Ebene der Konzeptbildung und nicht (direkt) auf der Ebene der Vorhersagbarkeit. Damit ist gemeint, dass sich aus dem Einzelfall auch in der Psychoanalyse etwas entwickeln lassen soll, das über diesen Einzelfall hinausgeht – hier allerdings die Konzeptbildung und nicht die Prognose, dass genügend ähnliche Fälle in derselben Weise verlaufen werden. Damit ist allerdings nicht gesagt, dass die Psychoanalyse so ganz anders wäre als alle anderen, solch eine Herangehensweise an Einzelfallforschung oder Konzeptbildung lässt sich mit anderen methodischen Zugängen verbinden, was zum Beispiel in der empirischen Psychotherapieforschung der Fall ist.

Unter dieser Perspektive auf Konzeptbildung wurde auf das Trieb-Konzept geblickt (Storck, 2018a). »Trieb« sollte als psychosomatisches und sozialisatorisches Konzept verstanden werden, statt als ethologisches oder biologisches. Mit dem Psychosomatischen ist gemeint, dass das Triebkonzept als der Versuch einer psychoanalytischen Antwort auf das Leib-Seele-Problem zu sehen ist. In Freuds Verständnis ist das, was konzeptuell unter »Trieb« firmiert, dafür zuständig, dass wir uns etwas vorstellen können, in ihm ist konzeptualisiert, wie sich Erregung dem psychischen Erleben vermittelt: Was erleben wir von unserer Physiologie, von vegetativen Prozessen, von Berührungserfahrungen? Mit den Berührungserfahrungen ist zudem bereits das Sozialisatorische des Triebes angesprochen: »Triebhaftes« hat natürlich mit Anatomie und somit auch mit unserer biologischen Ausstattung zu tun, aber in erster Linie wird darin auf Phänomene Bezug genommen, die in Interaktionen gründen. Das bedeutet, Berührung durch eine andere Person fühlt sich auf eine bestimmte Art und Weise an und das Triebkonzept versucht, etwas darüber zu sagen, warum wir etwas davon psychisch erleben, warum wir nicht auf der Ebene von Körperlichkeit stehen bleiben, sondern etwas als lustvoll oder unlustvoll *erleben* können. Vorgänge, welche die Psychoanalyse als triebhaft bezeichnet, gründen immer in zwischenleiblicher Interaktion und somit in Beziehungen.

Der konzeptuelle Gedanke, dass der Trieb physiologische Erregung dem Erleben vermittelt, hat dazu geführt, die psychoanalytische Triebtheorie als eine *allgemeine* Motivationstheorie zu kennzeichnen. Sie beschreibt nicht spezielle Motive, auch wenn es in Darstellungen der Triebtheorie manchmal so scheint, etwa dergestalt, dass aus psychoanalytischer Sicht hinter jedem Gedanken oder Gefühl ein sexuelles Motiv stecken würde. Die Triebtheorie ist jedoch insofern eine Theorie der allgemeinen Motivation, als in ihr gefasst ist, warum wir überhaupt psychische Erlebnisse oder Repräsentationen haben können. In diesem Sinn kann auch, mit Freud über Freud hinausgehend, von einer monistischen Konzeption des Triebes gesprochen werden: Statt von einem Triebdualismus, einer Gegenüberstellung zweier Triebarten zu sprechen, wäre es geeigneter, Trieb als eine ins Psychische drängende Kraft zu begreifen, wobei Erlebnisqualitäten erst auf einer nächsten Ebene hinzutreten. Die *spezielle* Theorie der Motivation ist in der psychoanalytischen Konfliktkonzeption zu sehen (Storck, 2018b). Mit der Abwendung von einer dualistischen Konzeption des Triebes ist nun allerdings nicht gemeint, Triebhaftigkeit als etwas Harmonisches oder Einheitliches zu sehen. Freuds Annahme von etwas Partialem am Trieb behält Gültigkeit. Er beschreibt gerade in der kindlichen, also der prägenitalen Sexualität unterschiedliche Arten von Lust- und Unlusterfahrungen in der oralen, analen oder phallisch-ödipalen Phase. Es geht ihm dabei um eine Beschreibung verschiedener Körperbereiche und Lust- und Befriedigungserfahrungen, die in den ersten Lebensjahren noch nicht unter einem großen Ganzen vereinheitlicht sind.

In der Auseinandersetzung mit dem psychoanalytischen Verständnis ist besonders wichtig, die erweiterte Auffassung von Sexualität zu beachten, erst dann ist die Rede von einer kindlichen/infantilen Sexualität plausibel und gewinnt ihre argumentative Stärke. In den ersten Lebensjahren wünschen sich Kinder – außer im Fall überaus gravierender Entwicklungsbelastungen! – *nicht* genitalen Verkehr mit den Eltern, sondern zärtliche Nähe zu ihnen. Im Rahmen des erweiterten Begriffs von Sexualität in der Psychoanalyse lässt sich beschreiben, warum frühe Berührungserfahrungen, beispielsweise der Stillvorgang, sexuelle Erfahrungen sind, nämlich insofern sie mit Lust und u. U. auch mit Unlust zu tun haben. Das ist mit infantiler Psychosexualität in der Psychoanalyse gemeint: »prägenitale« Lust als Organisatorin psychischer Strukturen. In diesem Zusammenhang habe ich ferner den Vorschlag gemacht, die berühmt-berüchtigten psychosexuellen Entwicklungsphasen in der Psychoanalyse nicht nur *konkret* körpernah zu verstehen. Darin hat die orale Phase damit zu tun, dass erste Laute gebildet werden, dass man Bauklötze und alles andere in den Mund steckt, um die Welt zu erkunden. In der weiteren psychischen Entwicklung meint Oralität allerdings eher etwas, das sich in einer *thematischen* Auffassung beschreiben lässt. Eine »orale Fixierung« bei erwachsenen Menschen meint ja nicht, dass jemand sich alles Neue, was er in der Welt findet, in den Mund steckt und prüft, wie es schmeckt oder sich im Mund anfühlt, sondern es dreht sich eher um ein Thema von Oralität, also von Versorgung: Was brauche ich, wieviel brauche ich davon und von wem, kann ich davon genug bekommen? Diese thematische Lesart gründet sich auf der frühen körpernahen Ebene von Oralität. Ähnliches lässt sich für die anderen psychosexuellen Entwicklungsphasen darstellen.

Bezogen auf die psychoanalytische Konflikttheorie ist es um das Verhältnis von Lust und Erregung zueinander gegangen, um das Verhältnis zwischen Absinken und Ansteigen einer Reizintensität. Bei absinkender Intensität erleben wir Lust, bei ansteigender Intensität Erregung. Dieser Antagonismus aus Lust und Erregung liefert die Grundlage der psychoanalytischen Konflikttheorie, er zeigt die allgemeine Konflikthaftigkeit der menschlichen Psyche, nicht zuletzt deshalb, weil sich in frühen Interaktionen Momente zeigen, in denen dieselbe Interaktion lustvoll/befriedigende *und* stimulierende Wirkung hat. Ein zweites wichtiges Moment des Konflikthaften betrifft die Vereinbarkeit der Gefühle von Liebe und Hass oder von Wünschen nach Trennung und Verbindung in nahen Beziehungen. Ein großer Bereich psychoanalytischer Konflikttheorie ist außerdem in der Konzeption ödipaler Konflikte beschrieben. Dabei ist der Hinweis wichtig, dass es sich hier in einer zeitgenössischen Lesart (Storck, 2018b) um Überlegungen dazu handelt, wie die Auseinandersetzung mit Generationen- und Geschlechtsunterschieden sowie der unausweichlichen Erfahrung, aus Beziehungen auch passager und relativ ausgeschlossen sein zu können, als ein Entwicklungsmotor für das Psychische fungiert (in erster Linie im Hinblick auf Symbolisierung und die psychische Toleranz von Trennung und Getrenntheit).

Im dritten Teil der Buchreihe schließlich ist es um das dynamisch Unbewusste gegangen (Storck, 2019b). In Auseinandersetzung mit verschiedenen Entwicklungslinien, die sich über die psychoanalytischen Schulrichtungen zeigen, hat sich der Vorschlag ergeben, das dynamisch Unbewusste in der Psychoanalyse als ein *Verhältnis* innerhalb der Vorstellungswelt zu verstehen, ein Verhältnis der Vorstellungen (und Affekte) zueinander, das bestehen oder unterbrochen sein kann. Dabei handelt es sich um ein Argument gegen die Annahme psychischer Örtlichkeiten und Verortung psychischer Instanzen oder Prozesse. Das Entscheidende ist das Verhältnis von bewussten zu unbewussten Prozessen oder zugänglichen und nicht zugänglichen Elementen unserer Vorstellungswelt. »Unbewusst« ist dann etwas, das sich zwischen den Vorstellungen zeigt, Verbindungen die erlebbar sind oder es nicht sind.

Der bisherige Gang der Darstellung hat die Frage berührt, aber noch nicht genauer behandelt, wie genau das Drängende des Triebes, das Spannungsreiche psychischer Konflikthaftigkeit oder die Verhältnishaftigkeit der Vorstellungen im Sinne eines dynamisch Unbewussten in eine Repräsentation von Beziehung, Selbst und Anderem führt. Hier schließt der vorliegende Band an. Dazu werde ich zunächst Freuds Bemerkungen nachzeichnen, in denen es um Internalisierungsprozesse im Sinne der Aufrichtung des Objekts im Psychischen geht (im Anschluss an die Arbeit *Trauer und Melancholie*) (▶ Kap. 2) und ferner um die Grundzüge einer Symbolisierungstheorie, wie sie in Freuds *Jenseits des Lustprinzips* und *Die Verneinung* angelegt ist. Ich werde ausgewählte weitere psychoanalytische Symbolisierungstheorien (Klein, Lorenzer, Lacan) vorstellen (▶ Kap. 3). Im Anschluss daran werde ich einige psychoanalytische Objektbeziehungstheorien erörtern (Fairbairn, Winnicott, Jacobson, Balint) sowie auf die mögliche »Pathologie« der Objektwelt am Beispiel des Ansatzes Kernbergs eingehen (▶ Kap. 4). Schließlich geht es um die Arbeit »mit« Objektrepräsentanzen in psychoanalytischen Behandlungen (▶ Kap. 5) und – anschließend an eine Darstellung des Ansatzes von Sandler – um einen vergleichenden Blick auf die Kognitionspsychologie und andere psychotherapeutische Verfahren (▶ Kap. 6). Ich schließe mit einem Ausblick auf diejenigen weiteren Fragen, die sich aus dem Gang der Argumentation ergeben haben werden.

2 Freuds Theorie einer inneren Welt der Beziehungen

In der Auseinandersetzung in den vorangegangenen Bänden war der Begriff des »Objekts« im Freudschen Sinn im Rahmen der Triebtheorie aufgetaucht, als eines der vier Elemente des Triebes, neben Drang, Quelle und Ziel (Freud, 1915c, S. 214ff.). »Objekt« meint also zunächst einmal »Triebobjekt«, aus diesem Grund spricht man in der Psychoanalyse auch von personalen Elementen der Vorstellungswelt als Objekten, also Objekten triebhafter Besetzung bzw. Objekten der Vorstellungswelt. Das löst eine Irritation auf, die leicht entsteht, wenn in der Psychoanalyse Sätze wie »Der Patient hat feindselige Objekte« o. ä. fallen, damit sind also nicht Gegenstände gemeint, an denen er sich leicht verletzen kann, sondern die innere Repräsentation anderer Menschen in sogenannten Objektrepräsentanzen. Daher geben auch Laplanche und Pontalis (1967, S. 341) den Hinweis: »Es ist bekannt, daß eine Person, soweit die Triebe auf sie gerichtet sind, als Objekt bezeichnet wird; es liegt nichts Negatives darin, nichts, aus dem sich ergäbe, daß der Person die Qualität als Subjekt verweigert wird.«

Das Triebobjekt ist bei Freud (1915c, S. 215) »das variabelste am Triebe«. In gängiger Lesart soll damit darauf verwiesen werden, dass Triebenergie verschiebbar ist, und dies vor allem »zwischen« verschiedenen Objekten, die jeweils besetzt werden können (das zeigt sich etwa im Traum). Es lässt sich allerdings auch argumentieren, dass das Objekt dasjenige Element des Triebes ist, das am stärksten von der Erfahrung abhängig und insofern der variabelste Teil der menschlichen »Triebausstattung« ist, anders zum Beispiel als die Triebquelle, die viel stärker mit Anatomie zu tun hat, mit körperlichen Gegebenheiten (vgl. zur Rolle des Objekts in der Sexualität auch Blass, 2016). Im Zusammenhang der Triebtheorie taucht der Terminus »Objekt« außerdem noch in etwas anderer Verwendung bei Laplanche (1984, S. 143) auf, wenn dieser vom »Quell-Objekt« des Triebs spricht: »Der Trieb [...] ist die Wirkung der konstanten Erregung, die die verdrängten Sach-Vorstellungen, die man als Quell-Objekte des Triebes bezeichnen kann, auf das Individuum und auf das Ich ausüben. Was die Beziehungen des Triebes zum Körper und zu den erogenen Zonen betrifft, so würde man fehlgehen, sie vom Körper her zu verstehen; sie sind die Wirkung der verdrängten Quell-Objekte auf den Körper, und zwar über und durch das Ich«. Laplanche verbindet hier zwei Elemente des Freudschen Triebverständnisses: Quelle und Objekt, indem er darauf hinweist, dass sich die Triebquelle über Objektvorstellungen konstituiert: Etwas kann, zumindest in diesem Verständnis, nur dann zum körperlichen »Ort« werden, an dem Erregung ins Erleben drängt, wenn es Fantasien dazu gibt.

Eine der unklarsten Fragen in der psychoanalytischen Auseinandersetzung mit Objekten besteht darin, ob (und wann) das Konzept ein »inneres« Objekt der Vorstellungswelt meint oder ein »äußeres« Objekt, also eine konkrete andere Person, mit der jemand gerade interagiert. Ein Beispiel soll das erläutern.

In der TV-Serie *Wilfred* (in der US-amerikanischen Version, nach einem australischen Vorbild) geht es um das Leben von Ryan, einem jungen Mann mit einer Reihe inneren und äußeren Konflikten, der zu Beginn der Pilotfolge (»Happiness«, 2011) seinem Leben ein Ende setzen will. Er leidet an depressiven Zuständen und hat sich von seiner Schwester, einer Ärztin, Medikamente besorgen lassen, von denen er sich nun eine Überdosis verabreicht. Da es sich aber nicht um die Tabletten handelt, die er einzunehmen meinte, sondern einen Placebo, überlebt er und am nächsten Morgen klingelt seine Nachbarin Jenna an der Tür, um ihn zu bitten, auf ihren Hund Wilfred aufzupassen, während sie zur Arbeit fährt. Ryan sieht, anders als alle anderen, Wilfred nicht als Hund, sondern als einen Mann im Hundekostüm – und kann sich auch mit ihm unterhalten. Wilfred verkörpert dabei das, was Ryan wenig zur Verfügung steht bzw. wenig in sein unsicheres und zweifelndes Selbstkonzept integriert ist: Wilfred macht sich sofort breit in Ryans Wohnung, verlangt nach

Wasser und DVDs – und beteuert, nicht zu beißen. In einer weiteren Szene gräbt Wilfred (mit einem Spaten) Löcher in Ryans Garten. Er tut es eigenen Angaben zufolge, um seinen Stress angesichts der Abwesenheit Jennas abzubauen. Er und Ryan unterhalten sich und Wilfred sagt schließlich, Ryan sollte aufhören, der Spielball der anderen zu sein und stattdessen mit ihm, Wilfred, Ball spielen gehen. Beide gehen eine Straße entlang (Wilfred raucht, aufrecht gehend, eine Zigarette) und Wilfred sagt Ryan, er wisse, was er letzte Nacht versucht habe, und zitiert einige Zeilen aus dem Abschiedsbrief, den Ryan verfasst hatte. Als Ryan nachfragt, woher Wilfred das wisse, sagt dieser: »Weil ich Du bin!« – löst es allerdings sofort auf und meint, er habe den Brief herumliegen sehen.

Die Serie veranschaulicht gut die Ausgangslage der Auseinandersetzung mit den Objekten. Hier geht es um einen Mann, der in einer emotionalen Krise ist und die Welt anders erlebt als andere sie erleben, hier indem er einen Hund als Mann im Hundekostüm sieht. Wilfred, so kann man anschließen, lässt sich als inneres Objekt in Ryans Welt beschreiben, weil es um Aspekte des Selbst geht, die nur wenig integriert sind, jedoch nichtsdestoweniger zu Ryan gehören und im Verlauf der Serie zunehmend dem Bewusstsein nahe gebracht werden. So etwas wird nicht erst dann thematisch, wenn wir den Nachbarshund als Menschen erleben, sondern auf einer viel grundlegenderen Ebene. Dann geht es um Fragen danach, wie unsere innere Welt organisiert ist, welche Figuren darin auftauchen etc. Das bringt das Konzept des (inneren) Objekts ins Spiel.

Greenberg und Mitchell (1983, S. 9; Übers. TS) geben den folgenden Hinweis: »Psychoanalytische Zugänge zu Objektbeziehungen werden unendlich kompliziert durch die Tatsache, dass die ›Leute‹, über die ein Patient spricht, sich nicht unbedingt in einer Weise verhalten, die ein anderer Beobachter bestätigen würde.« Unsere inneren Bilder, so wird sich zeigen, entstehen aus der Interaktion mit anderen, aber die Art, in der sie psychisch für uns repräsentiert sind, zeigt, dass es *unsere* inneren Bilder sind statt bloße Abbilder. Worüber Einigkeit herrsche sei, dass die inneren Bilder »im Psychischen einen Niederschlag der Beziehungen zu wichtigen Personen im Leben des Individuums [konstituieren]« (a. a. O., S.11; Übers. TS). Natürlich sind unsere inneren Bilder (Objekte) meist sehr eng an die Erfahrungen angebunden, die wir in Interaktion mit anderen gemacht haben. Wir stellen uns die Figuren, denen wir begegnen, nicht als komplett anders vor, aber wir machen uns eben unsere Bilder davon. Meistens sind mit »Objekt« andere Menschen gemeint, aber eben unsere *Repräsentanz* von ihnen. Kernberg etwa schreibt: »Der Begriff ›Objekt‹ in ›Objektbeziehungstheorie‹ müßte genauer ›menschliches Objekt‹ heißen [...] Um den gelegentlichen Mißverständnissen in der psychoanalytischen Literatur entgegenzutreten, denen zufolge die Objektbeziehungstheorie nur zwischenmenschliche Beziehungen erforscht, müssen wir darauf hinweisen, daß [... sie] sich besonders mit dem intrapsychischen Bereich, den intrapsychischen Strukturen beschäftigt« (Kernberg, 1976, S. 57). Der Bereich der psychischen Repräsentation der nicht-menschlichen Umwelt hingegen ist ein stark vernachlässigter Bereich, es findet sich allerdings eine dezidierte Auseinandersetzung bei Searles (1960).

Ich versuche eine knappe Arbeitsdefinition zu geben, in welcher Weise im Weiteren auf »Objekte« geblickt werden soll. Das berührt die allgemeine Theorie der Entwicklung der inneren Welt, in der ganz allgemein davon gesprochen werden kann, dass Interaktionen mit anderen sich in Beziehungsvorstellungen niederschlagen. Wir können uns natürlich etwas dazu vorstellen, was zwischen uns und anderen geschehen ist (und auch das, was wir nicht »abrufen« können, hat einen Einfluss auf die Struktur unserer inneren Welt!), und das ist die Basis für Erinnerungsprozesse, Fantasie und Denken. Solche Muster von Beziehungsvorstellungen setzen sich zusammen aus Vorstellungen von uns selbst und anderen in (affektiv gefärbten) Interaktionen. Neben dieser »Richtung« (Interaktionen schlagen sich nieder in Beziehungsvorstellungen) lässt sich nun natürlich ebenso auch die andere Richtung beschreiben, nämlich derart, dass Beziehungsvorstellungen unsere Interaktionen färben. Wir erleben die Welt, und insbesondere die Welt der Beziehungen, auf eine bestimmte Weise, die damit zu tun hat, welcher Erfahrungen wir gemacht haben und welche Vorstellungen von Beziehung uns leitet. Eine wichtige Folgerung daraus ist, dass Analysanden in psychoanalytischen Behandlungen ein Bild ihrer (inneren) *Objekte* entwerfen, keinen sachlichen Bericht über Figuren in ihrem Leben geben, wie es andere in mehr oder minder der gleichen Weise täten. Wir erhalten einen Einblick in das Erleben der Analysanden. Das hat meist viel mit der interpersonalen Situation zu tun und selbstverständlich liegt eine der Aufgaben einer analytischen Behandlung auch darin, Menschen dazu zu befähigen, sich in interpersonalen Situationen anders geben zu können und dies adäquater bewerten zu können – aber die Arbeit findet in Auseinandersetzung mit den (inneren) Objekten, mit Teilen der Beziehungsvorstellungen statt. Analysanden sprechen über ihre Objektwelt bzw. ihnen wird behandlungstechnisch unter dieser Perspektive zugehört.

Der Begriff der »Vorstellung« wird im Folgenden gleichbedeutend mit »Repräsentanz« verwendet (während ich unter »Repräsentation« den *Vorgang* des Repräsentierens verstehe). Unter einer Repräsentanz versteht Schneider (1995, S. 13) den »jeweilige[n] affektiv-kognitive[n] Vorstellungskomplex im Hinblick auf das Subjekt selbst (Selbst-Repräsentanz) oder ein Objekt (Objekt-Repräsentanz) als Niederschlag entsprechender phantasie- oder erfahrungsgeleiteter Selbst- und Interaktionserfahrungen«. Weiter heißt es: »Psychische Repräsentanzen können gleichsam als in Internalisierungsprozessen gebildete ›Bausteine‹ der inneren Welt angesehen werden« (a. a. O., S. 13). Repräsentanz meint also, dass wir mit Beziehungsvorstellungen umgehen und aus diesen wiederum Vorstellungen von uns selbst und Vorstellungen von anderen »herauslösen«. Allerdings: Leichter gesagt als getan. Es ist eine große entwicklungspsychologische Aufgabe, zwischen dem, was wir als Teil von uns selbst erleben, und dem, was wir als Teil von anderen erleben, trennen zu können.

2.1 *Trauer und Melancholie* als Ausgangspunkt

Als Ausgangspunkt für die Auseinandersetzung sollen Arbeiten Freuds dienen (vgl. für einen Überblick und eine »Lese-Anleitung« zu den Freudschen Werken Quinodoz, 2004), von dem üblicherweise gesagt wird, dass er selbst noch keine dezidierte psychoanalytische Objektbeziehungstheorie formuliert habe, allerdings deren Grundzüge. Hier sind zwei Arbeiten besonders wichtig, *Trauer und Melancholie* (1917e) und *Jenseits des Lustprinzips* (1920g). Auch davor finden sich Aspekte der Freudschen Theorie, die für eine psychoanalytische Objektbeziehungstheorie relevant sind, beginnend mit dem Konzept der unbewussten Fantasie, ebenso in der *Traumdeutung* oder in einigen Bemerkungen in den *Drei Abhandlungen zur Sexualtheorie*, wo es zur oralen Phase heißt: »[D]as Sexualziel besteht in der Einverleibung des Objektes, dem Vorbild dessen, was späterhin als Identifizierung eine so bedeutsame psychische Rolle spielen wird.« (1905e, S. 98) Das Aufnehmen von an anderen wahrgenommenen Eigenschaften, so Freud hier, folgt einem konkreten Vorbild des Hineinnehmens. Ich werde in Abschnitt 2.2 genauer darauf eingehen (▶ Kap. 2.2). Ebenso ist in den *Drei Abhandlungen* die allgemeine Konzeption einer »zweizeitigen Objektwahl« (a. a. O., S. 100f.) von Bedeutung, in der Freud beschreibt, in welcher Weise sich die infantile und die erwachsene Sexualität unterscheidet. Direktere Anknüpfungspunkte finden sich in den beiden genannten späteren Arbeiten.

Ferner ist zu den Vorformen einer Objektbeziehungstheorie bei Freud der Übergang »vom Autoerotismus zur Objektliebe« (Freud, 1908d, S. 151) wichtig. Beide Konzepte und ihr Zusammenhang sind kritisiert worden. Was Freud damit zu sagen versucht, ist, dass in einem frühen Zustand der psychischen Entwicklung noch keine Unterscheidung zwischen Selbst und Nicht-Selbst zur Verfügung steht, sondern erst im Stadium der Objektliebe. Erst dann können wir uns Vorstellungen von anderen machen und diese libidinös oder aggressiv besetzen. Freud widmet sich diesem Übergang: Der Autoerotismus, in dem der eigene Körper psychisch besetzt wird, gilt als eine Art Übergangsstadium zwischen einer »primären Identifizierung« (vereinfacht gesprochen: ein Zustand des Identifiziertseins mit der Umwelt, in einem Zustand, in dem »alles eins« bzw. »alles Ich« ist, ohne Grenze zwischen Selbst und Nicht-Selbst) und dem psychischen Besetzen von Objektvorstellungen, also den Vorstellungen Anderer. Ein solches konzeptuelles Problem (wie und wodurch ergibt sich das Vermögen, zwischen Selbst und Nicht-Selbst unterscheiden zu können?) wird im Verlauf noch in anderen Ansätzen thematisch werden.

Freuds dezidierteste Auseinandersetzung mit dem Triebkonzept (und diejenige, auf die ich vornehmlich Bezug genommen habe; Storck, 2018a), die Arbeit *Trieb und Triebschicksale*, stammt von 1915 und damit in etwa aus derselben Zeit wie *Trauer und Melancholie*, in der sich die Züge dessen finden, das später Objektbeziehungstheorie genannt wurde. Es wäre dabei irreführend, zwischen einer triebtheoretischen und einer objektbeziehungstheoretischen Sicht allzu strikt zu trennen; nicht nur deshalb, weil »Objekt« terminologisch in der Triebtheorie verankert ist, lohnt es sich, hier den eher psychosomatischen Aspekt der Triebtheorie und den eher repräsentatorischen Aspekt der Objektbeziehungstheorie gemeinsam zu beachten. *Trauer und Melancholie* ist 1917 erschienen, wurde aber zwei Jahre zuvor verfasst, und steht zeitlich am Vorabend der Entwicklung der »zweiten Topik« des psychischen Apparates (auch Instanzen-Modell genannt; vgl. Storck, 2019b, S. 63ff.), das 1923 ausformuliert wurde und die Strukturen Ich, Über-Ich und Es definiert. Die Themen, mit denen sich Freud in dieser Zeit beschäftigt, sind u. a. Überlegungen zur Bildung des Über-Ichs (Wie werden Gebote und Verbote internalisiert?), also mit der Genese des schlechten Gewissens oder von Schuldgefühlen (auch ausformuliert in *Totem und Tabu*; Freud 1912/13), und die Frage nach unbewussten Anteilen des Ichs, also Überlegungen dazu, was (dynamisch) unbewusst ist, aber nicht verdrängt – sondern vielmehr für die Verdrängung und andere Abwehrmechanismen verantwortlich zeichnet.

Bergmann (2009, S. 3; Übers. TS) bezeichnet *Trauer und Melancholie* als die Schrift, »in der Freud die Psychoanalyse in eine Objektbeziehungstheorie transformierte«. Zentral ist darin die Unterscheidung zwischen (gelingender) Trauer und Melancholie (als pathologischer Trauer in Form einer schweren Depression), die sich im Kern auf den Umgang mit Verlusterfahrungen bezieht. Bei der Melancholie ist Freud zufolge »eine außerordentliche Herabsetzung des Ichgefühls« spezifisch, eine »großartige Ichverarmung« (Freud, 1917e, S. 431) bzw. »Störung des Selbstgefühls« (a. a. O., S. 429)[1]. Außerdem erwähnt Freud ein hohes

1 Die Vermengung von »Selbst« und »Ich« in den Freudschen Schriften kann leicht zu Verwirrung führen. Im Anschluss an Differenzierungen, die sich etwa bei Hartmann oder bei Kohut finden lassen, ist es m.E. sinnvoll, vom

Maß an Selbstkritik des melancholischen Menschen bzw. »Anklagen gegen sein Ich« (a. a. O., S. 432). Statt nun die Grundlage von Selbstanklagen in Zweifel zu ziehen (es ist ja nicht etwas am Selbst beeinträchtigt, sondern ein Verlust in der Objektwelt erfolgt), betrachtet Freud sie aus einer Art von Binnenlogik und meint: »Er muß wohl irgendwie recht haben.« (a. a. O.) Allerdings gibt der Melancholiker Freud ein »Rätsel« auf: »Nach der Analogie mit der Trauer müßten wir schließen, daß er einen Verlust am Objekte erlitten hat; aus seinen Aussagen geht ein Verlust an seinem Ich hervor.« (a. a. O., S. 433) Es wäre zu erwarten, dass im Anschluss an ein Verlusterleben eine »Leere« im Hinblick auf die *Objekte* maßgeblich ist, der Melancholiker präsentiert, Freud zufolge, aber eine Leere im Hinblick auf das *Selbst*. Freuds zentrale Annahme dazu ist, dass dies sich darauf zurückführen lässt, dass »sich ein Teil des Ichs dem anderen gegenüberstellt, es kritisch wertet, es gleichsam zum Objekt nimmt« (a. a. O.). Das steht im Zusammenhang mit seiner Konzeption der Gewissensinstanz, einer »vom Ich abgespaltene[n] kritische[n] Instanz«, das »Gewissen« oder, wie er es später nennen wird, das Über-Ich (Freud, 1923b). Das ist die Erklärung für die Selbstanklage und die Selbstentwertung: »ihre Klagen sind Anklagen« (1917e, S. 434). In der Melancholie sind dies Anklagen, die eigentlich dem verlorenen Anderen gelten: Das Ich nimmt sich die »im Außen« verlorene Person zum inneren Objekt und klagt so gleichsam innerlich sich selbst statt des Objektes an. So wird die Selbstentwertung in ihren Wurzeln in einer aggressiven Regung dem Objekt gegenüber verständlich, vom dem jemand sich im Stich gelassen fühlt.

Als »Schlüssel des Krankheitsbildes« bezeichnet es Freud, dass »man die Selbstvorwürfe als Vorwürfe gegen ein Liebesobjekt erkennt, die von diesem weg auf das eigene Ich gewälzt sind.« (a. a. O.) Freuds Konzeption lautet also folgendermaßen: »Es hat eine Objektwahl, eine Bindung der Libido an eine bestimmte Person bestanden; durch den Einfluß einer realen Kränkung oder Erschütterung von seiten der geliebten

Selbst als der psychischen Repräsentanz der eigenen Person zu sprechen, und vom Ich als einer Instanz, die sich durch ihre »Funktionen« bestimmt (also etwa Realitätsprüfung, Affektregulierung, Vermögen zu sekundärprozesshaftem Denken u. a.).

Person trat eine Erschütterung dieser Objektbeziehung ein.« Deutlich wird also auch, dass es nicht schlicht um einen konkreten Verlust gehen muss, sondern auch um einen Verlust der Liebe und Zuwendung des Objekts oder der liebevollen Gefühle in einer Beziehung. Das führt zum Abzug der Libido: »Die Objektbesetzung erwies sich als wenig resistent, sie wurde aufgehoben, aber die freie Libido nicht auf ein anderes Objekt verschoben, sondern ins Ich zurückgezogen. Dort fand sie aber nicht eine beliebige Verwendung, sondern diente dazu, eine Identifizierung des Ichs mit dem aufgegebenen Objekt herzustellen.« (a. a. O., S. 435) Der Unterschied zur gelingenden Trauer ist folgendermaßen zu sehen: In dieser würde, nach einiger Zeit, die zunächst vom Objekt abgezogene und ins Ich zurückgenommene Libido, wieder auf ein neues Objekt gerichtet, eine neue Beziehung aufgenommen o. ä. In der Melancholie jedoch bleibt jemand auf der Stufe der zurückgezogenen Libido »stehen«, z. B. die Anhedonie der Depression wird so verstehbar.

Es zeigt sich also auch ein allgemeines Entwicklungsmodell, das in der Melancholie eine Abweichung erfährt. In diesem Zusammenhang fällt eine vielzitierte Wendung Freuds, nämlich: »Der Schatten des Objekts fiel so auf das Ich« (a. a. O., S. 435), was als eine Art von Aphorismus dafür zu nehmen ist, dass die Entwicklung eines Selbst mit der Auseinandersetzung mit »Verlusten« am Objekt zu tun hat, sich also letztlich über die dosierte Erfahrung der Getrenntheit von ihm vollzieht. Das wäre eine Grundform auch von späteren »gesunden« Trauerprozessen. Jemand betrauert einen Verlust und gelangt darüber schließlich zu einem neuen Zugang zur Welt, kann sich anderen zuwenden – in der Freudschen Terminologie: die zwischenzeitlich ins Ich zurückgezogene Libido auf neue Objekte richten statt sie im Selbst einzulagern.

Ein solches Modell »melancholischer« Verarbeitung von Verlusten spielt auch eine wichtige Rolle in zeitgenössischen Modellen zur Psychodynamik der Depression (vgl. zuletzt Huber & Klug, 2016; Böker, 2017; Küchenhoff, 2017), in der diese als pathologische Trauerreaktion verstanden wird, eine aus der man nicht wieder den Weg heraus findet. Dabei wird von der auslösenden Situation eines realen oder fantasierten Verlust des Objektes oder der Liebe des Objektes ausgegangen. Libidinöse Besetzungen werden ins Ich zurückgezogen und die Gefühlsambivalenz, also die widerstreitenden Gefühle gegenüber dem geliebten Objekt, von dem man sich alleine gelassen fühlt, führen zu Anklagen des Objekt. Weil aber infolge des »äußeren« Verlusts das Objekt innerlich aufgerichtet ist, äußern sich diese Anklagen als Selbstanklagen. In einem gelingenden Trauerprozess würden Verluste irgendwann anerkannt und neue Besetzungen möglich, Ambivalenz (positive und negative Gefühle gegenüber dem verlorenen Objekt) durcharbeitbar und ein Weg aus einem Durchgangsstadium gefunden, das sich andernfalls als Depression manifestiert.

Auch wenn der Film *Melancholia* (DK, SE, F, D 2011, von Trier) (vgl. Zwiebel & Blothner, 2014) nicht darauf reduziert werden sollte, eine Fallstudie zur Depression zu sein (und auch methodisch wäre im wissenschaftlichen Sinn eine andere Zugangsweise zu wählen), zeigen sich darin doch, auch ästhetisch, einige Elemente, welche die Psychodynamik der Depression als Problem der Auseinandersetzung mit dem verlorenen Objekt erhellen können. In einer Szene sehen wir die Hochzeitsfeier von Justine. Zunächst hält ihr Vater eine kurze Rede, die er mit den Worten einleitet: »Ich habe dich noch nie so glücklich gesehen. – Also, was ich kann ich sagen, ohne über deine Mutter zu sprechen?« Natürlich tut er gerade das doch und bezeichnet seine geschiedene Frau als herrschsüchtig. Diese übernimmt daraufhin die Rede (die Zuschreibung bestätigend) und sagt »Was für ein Müll! […] Justine, wenn du einen Funken Ehrgeiz in dir hast, dann kommt dieser sicher nicht von der väterlichen Seite der Familie.« Mit bitterem Unterton lobt sie die von Justines Schwester ausgerichtete Hochzeitsfeier und gibt dem Brautpaar die Worte mit: »Genießt es, solange es andauert. Ich jedenfalls hasse Ehen. Ganz besonders solche, an denen meine engsten Familienmitglieder beteiligt sind.«

Mit einer solchen Mutter umzugehen, ist interpersonell schwierig, für die erwachsene Frau am Tag ihrer Hochzeit, aber natürlich nicht minder für ein Kind, das mit dieser Mutter groß wird. Schwierig ist es nicht zuletzt deshalb, weil in frühen Interaktionen etwas davon internalisiert wird, wie die Bezugspersonen mit einem umgehen, welches Bild man von sich im anderen findet und welches Bild des anderen man seinerseits bildet. Mit Justines Mutter als innerem Objekt hat man es nicht minder leicht als mit der konkreten Person.

> Eine weitere Szene zeigt die im Anschluss an ihre Hochzeit depressiv dekompensierte Justine, die von ihrer Schwester gebadet werden muss und beim anschließenden Essen (ihr wurde ihr Lieblingsessen bereitet) weinend äußert: »Es schmeckt wie Asche«. Sie legt sich ins Bett und ihr kleiner Neffe kommt zu ihr. Er setzt sich mit seinem Laptop zu ihr, das einen Planeten mit der Bildunterschrift »Melancholia« zeigt. Er sagt: »Da ist ein Planet, der sich hinter der Sonne versteckt hat. Und jetzt fliegt er bei uns vorbei.« Die Mutter des Jungen, Justines Schwester, kommt dazu und sagt ihrem Sohn, er solle der Tante damit keine Angst machen. Justine sagt, das Gesicht halb ins Kissen gedrückt: »Wenn du glaubst, dass ich Angst vor einem Planeten habe, dann bist du ziemlich dumm.«

Im Film sind die drohende Katastrophe eines auf die Erde aufprallenden Planeten und die Depression weitgehend parallelisiert (mit der Wendung, dass Justines Stimmung sich aufhellt, als das Ende unabwendbar ist), nicht umsonst trägt der Planet ja den Namen Melancholia. Es prallen gewaltige Objekte aufeinander und bezogen auf die innere Welt heißt das eben auch: Justine ist innerlich mit einem gewaltigen Objekt konfrontiert, das alles unter sich zu begraben oder zu zerstören droht. Sie hat ihre Mutter als Objekt in sich, eine Mutter, die deutlich zu verstehen gibt, wie wenig liebevoll sie auf ihre Tochter blickt. Mit dieser Mutter in der frühen Entwicklung zu interagieren bedeutet, eine bestimmte Art von innerem Objekt auszubilden.

Freud konzipiert die Internalisierung im Zusammenhang von *Trauer und Melancholie* begrifflich etwas unscharf als »Identifizierung« und diese als eine »Vorstufe der Objektwahl« (Freud, 1917e, S. 436), den melancholischen Prozess mithin als eine Regression zu dieser Vorstufe. Das ist derart zu verstehen, dass hier gleichsam eine Selbst-Beziehung vorherrscht, ähnlich dem Autoerotismus, von dem oben die Rede war. Das ist hier etwas verwirrend, weil es auch andere Bemerkungen Freuds zur

Identifizierung gibt, etwa im Ausgang des Ödipuskonflikts (Storck, 2018b, S. 67f.), die »reifer« sind. Gemeint ist hier eine »primäre« Identifizierung, eine, in der zwischen Selbst und Nicht-Selbst nicht (sicher) unterschieden wird – aber wiederum auch nicht ganz, denn es entsteht ja eine innere Objektbeziehung. Das Ich will sich dabei das Objekt »einverleiben«. Es geht um eine Regression auf die »orale Libidophase«, schreibt Freud, und eine solche »narzißtische Identifizierung mit dem Objekt wird dann zum Ersatz der Liebesbesetzung, was den Erfolg hat, daß die Liebesbeziehung trotz des Konflikts mit der geliebten Person nicht aufgegeben werden muß.« (Freud, 1917e, S. 436) Das Objekt wird ins Ich aufgenommen, um dem Erleben und Anerkennen des Verlusts seiner *als* Liebesobjekt zu entgehen. In seinen Grundzügen findet sich hier auch die Unterscheidung zweier Formen der Identifizierung, hysterische und narzisstische, auf die ich unten zurückkommen werde. Freud schreibt: »[W]ir dürfen […] den Unterschied der narzißtischen Identifizierung von der hysterischen darin erblicken, daß bei erster die Objektbesetzung aufgelassen wird, während sie bei letzterer bestehen bleibt« (a. a. O., S. 437). Im melancholischen Prozess ist die Objektbesetzung verloren gegangen (aufgrund eines Verlusts oder einer Kränkung) und etwas vom Objekt wird ins »Ich« (bzw. Selbst) aufgenommen, mit dem Ergebnis einer Art von Selbstbeziehung, die von verdeckter Ambivalenz geprägt ist.

Die weitere Entwicklung der Freudschen Gedanken werde ich zumindest an dieser Stelle nicht nachzeichnen. In folgenden Arbeiten beschäftigt ihn die Bildung des Über-Ichs (Freud, 1923b), im Sinne von Internalisierungsprozessen bezogen auf die Gewissensinstanz, und ferner in allgemeiner Hinsicht die Bildung von Objektvorstellungen überhaupt (Freud, 1920g). Freud setzt sich damit, wie ich in Kapitel 3.1 genauer darstellen werde, im berühmten Garnrollenspiel seines Enkels im Hinblick auf die Repräsentation von Abwesenheit als Merkmal von Symbolisierungsprozessen auseinander (▶ Kap. 3.1). Soweit tauchen zwei Probleme in der Freudschen Konzeptualisierung auf: Einmal ist das Verhältnis zwischen Objektbeziehung und Identifizierung nicht allzu klar. Konzeptlogisch ist problematisch, welche »Entwicklungsrichtung« hier gelten soll: Ist erst die Objektbeziehung da und auf der Grundlage dessen oder sogar im Zuge eines Verzichts darauf entstehen

Identifizierungen? Oder bilden frühste Formen von Identifizierung (oder besser: Internalisierung) die Grundlage dafür, zu anderen in Beziehung zu treten und Vorstellungen von ihnen auszubilden? Wie aber komme ich dann zur Identifizierung mit jemandem, zu dem es noch keine Repräsentanz gibt? Eine zweite Schwierigkeit zeigt sich darin, dass die Terminologie von »Objekten« (sofern man darunter die Objekte psychischer Repräsentation versteht) leicht darüber hinwegtäuscht, dass es sich bei ihnen immer um Teile der subjektiven psychischen Welt handelt: Jedes meiner »Objekte« ist notwendigerweise ein Teil von »mir«, steht zum einen mit dem Selbst in Verbindung und ist zum anderen Teil meiner Innenwelt, also nicht Teil der Außenwelt, sondern deren Repräsentation (► Kap. 4.1 zum Ansatz Fairbairns oder ► Kap. 4.4 zu dem Jacobsons).

Zusammenfassend kann man zur Freudschen Position in *Trauer und Melancholie* Ogden (2007, S. 131; Übers. TS) folgen, wenn dieser darüber unter dem Titel »A new reading of the origins of object relations theory« schreibt: »Die schmerzhafte Erfahrung von Verlust wird kurzgeschlossen mit der Identifikation des Melancholikers mit dem Objekt und so wird die Getrenntheit vom Objekt verleugnet [...] Es gibt keinen Verlust; ein äußeres Objekt [...] wird omnipotent durch ein inneres ersetzt.« Trauer und die Anerkennung von Verlust werden vermieden, indem jemand das verlorene Objekt »in sich« aufrichtet. Allerdings ist zu beachten, dass hier am Beispiel einer pathologischen Dynamik in Ansätzen eine allgemeine Entwicklungstheorie der Objektbildung formuliert wird.

2.2 Formen der Internalisierung

Zumindest den konzeptuellen Schwierigkeiten im Hinblick auf die Frage nach Internalisierung und Identifizierung ist etwas genauer nachzugehen. Dabei wird es zunächst um Überlegungen zur oralen Phase bei Karl Abraham gehen, danach um die Differenzierung verschiedener Formen von Internalisierung.

2.2.1 Konzeptgeschichtliche Wegmarken der Einverleibung

Eine der wichtigsten Arbeiten K. Abrahams stammt aus dem Jahr 1924, darin beschäftigt er sich mit der Systematik der psychosexuellen Entwicklungsphasen und geht dabei, etwa in der Differenzierung bzw. Stufung einer gesonderten oral-sadistischen Phase innerhalb der oralen, über die Freudschen Formulierungen hinaus. Er bezieht sich direkt auf Freuds *Trauer und Melancholie*, spricht aber weniger von Identifizierungen, sondern meint, der (melancholisch) Kranke nehme sein Liebesobjekt »auf dem Wege der Introjektion in sich selbst auf [...]« (K. Abraham, 1924, S. 114). Weiter heißt es: »Die Introjektion des Liebesobjektes ist [...] ein Vorgang der Einverleibung, wie er einer Regression der Libido zur kannibalistischen Stufe entspricht.« (a. a. O., S. 115) Macht man sich klar, was hier konzeptualisiert werden soll, dann geht es um die Anbindung von Internalisierungsprozessen an konkrete Vorgänge des Aufnehmens bzw. Hineinnehmens. Libidotheoretisch gesprochen bedeutet das für Abraham den Bezug zur oralen Phase (Einverleibung) und spezifisch eine Verbindung von libidinöser Besetzung und Aggression (Kannibalismus). Der »Charakter der Introjektion als orale Einverleibung« (a. a. O., S. 128) folgt auch bei Abraham dem Gedanken, dass hier die »Schockwirkung des Verlustes [...] durch den unbewußten Vorgang der Introjektion des verlorenen Objektes« ausgeglichen werde (a. a. O., S. 129). Das Objekt, das in den frühsten Formen insofern »verloren« ist, als die ungetrennte Einheit aufgelöst und die Möglichkeit von Trennung erkennbar wird, wird im Ich aufgerichtet, um so die unmittelbare Nähe zum und Kontrolle des Objekts beibehalten zu können. Dabei handelt es sich gleichwohl nicht um das bewusste Erleben von Trennung an sich, sondern um den Versuch, der erforderlichen Unterscheidung zwischen Selbst und Nicht-Selbst aus dem Weg zu gehen: »Auf der primären Stufe ist die Libido des Kindes an den Saugeakt gebunden. Dieser ist ein Akt der Einverleibung, durch welchen aber die Existenz der nährenden Person nicht aufgehoben wird. Das Kind vermag noch nicht zwischen seinem Ich und einem Objekt außerhalb desselben zu unterscheiden. Ich und Objekt sind Begriffe, welche dieser Stufe überhaupt nicht entsprechen.« (a. a. O., S. 140) Hier ist Abraham nicht ganz eindeutig hinsichtlich der Unterscheidung, ob die Introjektion geschieht, *weil* noch keine Trennung im Erleben möglich ist, oder aber ob sie dem Versuch einer *Abwehr* der Erfahrung von Trennung dienen soll. Entscheidend, und diesen Widerspruch in Teilen auflösend, dürfte es sein, davon auszugehen, dass der Mechanismus der Introjektion es auf den Weg bringt, zwischen Selbst und Nicht-Selbst zu unterscheiden und dem Erleben Zugangsweisen dazu möglich zu machen.

Die Idee einer noch nicht etablierten Trennung zwischen Selbst und Objekt bzw. zwischen Selbst und Nicht-Selbst findet sich ganz prominent auch in Winnicotts vielzitierter Bemerkung »There's no such thing as an infant.« (Winnicott, 1960, S. 587) Auch damit wird beschrieben, dass ein Erleben von Getrenntheit (einschließlich der psychischen Tolerierbarkeit eines solchen Erlebens) erst eine Entwicklungserrungenschaft ist. Zunächst gibt es den Säugling nur in Verbindung mit der Mutter, jedenfalls in seinem Erleben, wie es psychoanalytisch modellartig zu rekonstruieren versucht wird (▶ Kap. 4.2).

Nun ist bereits erwähnt worden, dass Abrahams Beitrag auch in der Formulierung einer oral-sadistischen Stufe in der oralen Phase zu sehen ist. Zunächst geht es ihm zufolge um eine präambivalente Phase, an die sich die oral-sadistische anschließt. Einverleibung ist dann eben nicht nur Aufnahme, sondern auch »Beißen«: »Auf der Stufe der beißenden Mundtätigkeit wird das Objekt einverleibt und erleidet dabei das Schicksal der Vernichtung. […] Es ist das Stadium der kannibalischen Antriebe. Folgt das Kind den Reizen des Objektes, so gerät es zugleich in die Gefahr, ja in die Notwendigkeit, das Objekt zu vernichten.« (a. a. O., S. 141) Sich das stürmisch geliebte Objekt oral einzuverleiben, bedeutet also immer, es »durch Auffressen« (a. a. O.) zu zerstören – hier in dem Sinn, dass angstvoll befürchtet wird, dass das Objekt, nachdem es einverleibt ist, Schaden genommen haben und nicht mehr verfügbar sein könnte. Unter Introjektion versteht Abraham in dieser Hinsicht also auch, »das Wiederfressen des Objektes, als spezifische Form der narzißtischen Identifizierung in der Melancholie« (a. a. O., S. 151). Dass sich diese Entwicklungsphase (die in der Melancholie wiederkehrt) an die »präambivalente« anschließt, soll auch zeigen, dass sich mit dem oralen Sadismus der »Anfang der Ambivalenzkonflikte« (a. a. O., S. 141, Hervorh. aufgeh.) zeigt.

Ferner konzeptualisiert Abraham auch den Gedanken eines »Antrieb[s] zur partiellen Einverleibung [bzw. der partiellen Introjektion] des Objektes« (a. a. O., S. 171; Hervorh. aufgeh.). Er bringt das in Verbindung mit dem Sexualziel, dass auf der Stufe zwischen (primärem) Narzissmus und Objektliebe darin bestehe, »daß das Objekt eines Körperteils beraubt, also in seiner Integrität gestört wurde, ohne aber seine Existenz im ganzen einzubüßen.« (a. a. O., S. 170) Darin ist nicht nur ein Gedanke von Partialobjekten enthalten (wichtig dann in der Theorie Melanie Kleins), sondern auch vorgezeichnet, dass reifere Formen der Internalisierung sich nicht am Objekt als ganzem orientieren, sondern an Teilen oder Eigenschaften des Objekts.

Nimmt man auf den Beitrag Abrahams einen etwas breiteren Blick ein, wird auch deutlich, dass hier ein erster Versuch zu sehen ist, das Problem zwischen Selbstliebe und Objektliebe, mit Internalisierungsprozessen als Brücke, konzeptuell begreiflich zu machen. Bei Freud ergibt sich eine meist eher unklar oder widersprüchlich entworfene Linie der frühen Entwicklung zwischen primärem Narzissmus (bzw. primärer Identifizierung), Autoerotismus und Objektliebe. Dabei gibt es unterschiedliche Bemerkungen Freuds dazu, ob der Autoerotismus sich im Übergang von einem primärnarzisstischen Zustand zur Objektliebe äußert (gleichsam als Zwischenstufe, auf der der eigene Körper als erstes Objekt besetzt wird) oder ob der Autoerotismus dem primären Narzissmus vorangeht. Die orale Phase, gerade unter der Perspektive des Aufnehmens oder Ausstoßens, kann dabei als eine Art von Durchgangsstadium auf dem Weg zur Konstituierung von Selbst und Nicht-Selbst aufgefasst werden (= Was soll in mich hinein/zu mir gehören, was nicht?). Auf eine Weise gilt Freud die »Identifizierung« als »die früheste und ursprünglichste Form der Gefühlsbindung« (Freud, 1921, S. 117), auf diese Stufe finde eine Regression statt, wenn die Identifizierung an die Stelle der Objektwahl trete, dann sei »die Objektwahl zur Identifizierung regrediert« (a. a. O.). Ein Beispiel dafür findet sich im »reifen« Ödipuskonflikt in der Freudschen Beschreibung: Hier wird angesichts des Inzestverbots und der Strafdrohung durch den Vater die libidinöse Objektbeziehung zur Mutter aufgegeben (so jedenfalls Freuds Annahme) und durch eine Identifizierung mit dem Vater ersetzt. Das Streben danach, die Liebe der Mutter zu gewinnen, findet also letztlich darin eine Fortsetzung – in der Nachbildung nach dem Vorbild des Vaters.

Es wird aber weiterhin deutlich, dass die Differenzierung zwischen verschiedenen Formen der Internalisierung an dieser Stelle noch nicht ausreichend genug erfolgt ist und zudem gerade der Begriff der Identifizierung in ganz unterschiedlicher Weise gebraucht wird. Im folgenden Abschnitt soll es um den Versuch einer Aufklärung gehen.

2.2.2 Hysterische und narzisstische Identifizierung

Eine allgemeine Überblicksarbeit über Internalisierung, Objektrepräsentanz und psychische Struktur findet sich bei Schneider (1995). Bei Freud geht es nicht allein um die bereits erwähnten Fragen nach der Internalisierung am Übergangsbereich zwischen Autoerotismus und Objektliebe, sondern auch um reifere Formen von Identifizierung und in diesem Sinn ist der Terminus in der zeitgenössischen Psychoanalyse geläufiger. In dieser Lesart ist Identifizierung für Freud »Aneignung auf Grund des gleichen ätiologischen Anspruches; sie drückt ein ›gleichwie‹ aus und bezieht sich auf ein im Unbewussten verbleibendes Gemeinsames« (Freud, 1900a, S. 155). Es geht dabei um Vorgänge, die bereits auf einer Unterschiedenheit zwischen Selbst und Nicht-Selbst fußen, nur dann kann ein »gleichwie« ja psychisch maßgeblich sein. In der Identifizierung nehme das Ich »die Eigenschaften des Objekts an sich« (1921c, S. 117), sie seien der »Ausdruck einer Gemeinsamkeit, welche Liebe bedeuten kann« (1917e, S. 437). Identifizierung präsentiert sich also als eine Verbindung oder Gemeinsamkeit, die bei Freud libidinös und, wie zu sehen sein wird, aggressiv begründet ist. Als deren Merkmale benennt Freud (1921c, S. 118), dass sie die ursprünglichste Form der Gefühlsbindung sei und auf regressivem Weg einen Ersatz für eine libidinöse Objektbindung bedeute. Sie könne entstehen »bei jeder neu wahrgenommenen Gemeinsamkeit mit einer Person, die nicht Objekt der Sexualtriebe ist«.

Die Unterscheidung verschiedener Formen der Internalisierung wird nun etwas klarer; Freud kennzeichnet die Identifizierung nämlich als eine partielle und differenziert zwischen zwei Formen, wenn er formuliert: »Wir dürfen [...] den Unterschied der narzißtischen von der hysterischen Identifizierung darin erblicken, daß bei ersterer die Objektbesetzung aufgelassen wird, während sie bei letzterer besteht bleibt« (Freud, 1917e, S. 437). Dass die Objektbesetzung »aufgelassen« wird, ist hier im Sinne von »aufgegeben« zu verstehen. In der hysterischen Identifizierung bleibt jemand im Hinblick auf das, was mit dem Objekt geteilt wird bzw. worin man ihm ähnlich sein will und es auch wird, auf das Objekt bezogen, in der narzisstischen nicht. Das ist genauer zu betrachten. Wenn hier die Rede von »hysterisch« und »narzisstisch« ist, sind zunächst Begriffe angesprochen, die auch eine psychopathologische Bedeutung haben und auch im Rahmen der Dynamik der Störungsbilder eine Rolle spielen, hier aber in allgemeinerer Weise verwendet werden. Es sind sozusagen charakteristische Modi, in denen Identifizierung stattfindet. Beide fußen auf einem Neidgefühl als Grundlage: »Das Subjekt neidet dem Objekt die Situation, in der es sich seiner Ansicht nach befindet, will sich selbst in diese Situation versetzen und zugleich das Objekt erhalten, wehrt also mit seiner Identifizierung die aus der Rivalität geborene Aggressivität ab« (Zepf, 2009, S. 156). Neid als Grundlage meint also: Ich will eine bestimmte Eigenschaft (auch) haben, die ein anderer hat. Unterschieden werden die beiden Formen durch Freud in Relation dazu, was am Objekt im Anschluss an die Identifizierung erlebt wird.

Bei der hysterischen Identifizierung geht es um eine »Verdopplung bestimmter Eigenschaften des Objekts im Subjekt« (a. a. O., S. 155). Sie ist, so Zepf (a. a. O., S. 156), »der Mechanismus einer Symptom- oder Ersatzbildung, mit der in Abwehr aggressiver Triebwünsche die Objekte erhalten werden.« (a. a. O.) Am deutlichsten zeigt sich dieser Mechanismus bei ödipalen Konflikten. Darin (vgl. Storck, 2018b, S. 55ff.) war ja zentral gewesen, dass ein Ausgang darin gefunden wird, sich mit dem Rivalen zu identifizieren: Für den kleinen Jungen ist es ein Konflikt, einerseits die Nähe zum Vater zu wünschen, ihn andererseits aber auch als Rivalen um die Nähe zur Mutter beseitigen zu wollen. Sich ihm, in einigen Eigenschaften, nachzubilden, ist für eine bestimmte Phase der Entwicklung eine tragfähige Lösung (»Wenn ich bin wie er, wird sie – oder eine andere Frau – mich einmal lieben wie sie ihn.«). Es ist auch deutlich geworden, dass sich dies in allen Geschlechter-Konstellationen der frühen Entwicklung zeigt (auch als Rivalität mit dem gegengeschlechtlichen Elternteil um die Nähe zum gleichgeschlechtlichen) und dass sich in den Grundzügen ödipaler Konflikte Themen des Geschlechts- und Generationenunterschieds zeigen sowie der Umgang mit der relativen Ausgeschlossenheit in Beziehungen – und dass dies Themen sind, die sich nicht nur in »klassischen« Familienstrukturen oder normativen Geschlechterrollen zeigen.

Eine Szene aus der TV-Serie *The Walking Dead* (»Cherokee Rose«, 2011) (vgl. Taubner, 2017) zeigt den kürzlich durch einen Schuss verwundeten etwa 12-jährigen Carl Grimes, der sich von einer provisorischen Notoperation im Haus eines ehemaligen Tierarztes erholt. An seinem Bett sitzt sein Vater Rick, der vor der Zombie-Apokalypse, die der Serie das Ausgangsszenario liefert, als Polizist gearbeitet hat und nun eine Gruppe von Überlebenden anführt. Carl wacht gerade auf, sie unterhalten sich über eine Notlüge des Vaters an den Sohn von zuvor, bevor Carl sagt: »Hey, jetzt bin ich wie du: Wir sind beide angeschossen worden.« Rick antwortet ihm: »Ja. Deiner Mutter wäre es lieber zu hören, dass wir die gleichen Augen haben… Also behalten wir das lieber für uns. Aber da du nun zum Club gehörst, darfst du den Hut aufsetzen.« Mit diesen Worten reicht er ihm den Hut, der zu seiner Polizei-Uniform gehört. Carl setzt ihn auf, er ist offensichtlich zu groß, und sein Vater sagt, sie würden morgen etwas hineinstopfen, so dass er besser sitze. Carl fragt: »Wirst du ihn nicht vermissen?« und Rick antwortet: »Vielleicht kann ich ihn mir ja mal ausleihen.« Beide versichern dem anderen daraufhin, dass sie einander lieben.

Der zentrale Punkt für Freud bei der hysterischen Identifizierung ist, dass man sich über die Gemeinsamkeit und über die libidinöse Verbindung zum anderen in dieser Gemeinsamkeit im Klaren bleibt. Sie beruht auf einer Art von »gutartigem« Neid, so dass, wie im Beispiel, der Hut geteilt oder verliehen werden kann, der andere darf seins behalten, auch wenn man es für sich auch haben möchte.

Die narzisstische Identifizierung hat nicht die Funktion, aggressive Strebungen abzuwehren, wie im Weg in die hysterische Identifizierung, sondern ist selbst aggressiver Art. Der Neid hat hier eine andere Kontur: Es wird dem Objekt etwas geneidet und es ihm auch weggenommen und dabei wird »die Objektbesetzung aufgegeben« (Zepf, 2009, S. 157). Das meint vor allem, dass im Anschluss an den Identifizierungsvorgang nicht mehr erlebt wird, dass man sich in der betreffenden Eigenschaft dem Objekt gleicht; sie gehört nicht mehr zu dem, was am Objekt bzw. als zu ihm zugehörig erlebt wird. Entscheidend ist dabei, dass das Unbewusste daran nicht ist, dass ich eine Eigenschaft habe, sondern dass ich mich in dieser Eigenschaft dem Objekt nachgebildet habe.

2.2.3 Begriffliche Unterscheidungen

Versucht man nun, etwas mehr Ordnung in die Formen der Internalisierung zu bringen, wie sie Freud und seine Zeitgenossen beschrieben haben, kann in Grundzügen ein Entwicklungsmodell der Internalisierung aufgestellt werden. Dazu müssen einige Widerspruche im Denken Freuds außen vor gelassen werden. Wenn er nämlich beispielsweise wie erwähnt die Identifizierung als »ursprünglichste Form von Gefühlsbindung« beschreibt, dann ist das m.E. nicht derart zu verstehen, dass sie am Beginn von Internalisierungsvorgängen liegt. Vielmehr ist sie, so Freud ja ebenfalls, eine partielle und beruht auf einer Unterscheidung zwischen Selbst und Objekt, die durch (andere) Internalisierungsprozesse wiederum erst aufgerichtet wird. Hier ist auch eine unklare Verwendung zu nennen, die Freuds Gebrauch von »Introjektion« betrifft. Hinzu kommt, dass in Freuds Modell Objektbeziehung und Identifizierung in einem unklaren Verhältnis stehen – einerseits ist die Identifizierung Ausdruck einer Objektliebe, andererseits soll sie Ersatz für eine solche sein. Im ödipalen Modell wird dies etwas deutlicher: Es gibt infantil-sexuelle Objektbesetzungen zu Mutter und Vater, zugleich müssen beide in der Latenzzeit in Teilen aufgegeben werden, und zwar über den Weg der Identifizierung mit dem jeweils anderen Elternteil.

Wichtiger ist an dieser Stelle allerdings das angekündigte Entwicklungsmodell der Internalisierung. Dieses kann vom Konzept des primären Narzissmus ausgehen. Freud (1914c, S. 167) meint: »Die Entwicklung des Ichs besteht in einer Entfernung vom primären Narzißmus.«

und Fenichel (1945, S. 57) schreibt: »Der Anfangszustand ohne Objektrepräsentation heißt primärer Narzißmus.« Wenn im Freudschen Verständnis mit »Narzissmus« die Besetzung des Selbst statt der Objekte gemeint ist, soll es hier also um einen Zustand gehen, in dem alle Libido »im Ich« versammelt und nicht gerichtet ist. Es ist zwar zu beachten, dass eine solche Überlegung erst recht auf einer möglichen Unterscheidung zwischen Selbst und anderem beruht, nichtsdestoweniger ist damit »primärer Narzissmus« konzeptuell insofern brauchbar, als es darum geht, dass hier quasi »die ganze Welt« als zu einem zugehörig erlebt wird, ohne Unterscheidung oder Trennung. Das lässt sich auch mit einem weiteren gelegentlich verwendeten Konzept verbinden, der primären Identifizierung. Versteht man darunter ein primäres Identifizieren der ganzen Welt als »Ich«, dann ist es folgerichtig, von einem »primären Identifiziertsein« zu sprechen.

Es wird deutlich, welche Schwierigkeiten die uneinheitlichen Begriffsverwendungen mit sich bringen. Ich halte es für plausibel, den primären Narzissmus als Grundlage der Entwicklung von Internalisierung zu betrachten. Der ebenfalls von Freud beschriebene Autoerotismus wäre ein Stadium, das aus dem primären Narzissmus herausführt. Freud schreibt (1911b, S. 296f.): Das »Stadium in der Entwicklungsgeschichte der Libido […], welches auf dem Weg vom Autoerotismus zur Objektliebe durchschritten wird […,] besteht darin, daß das in der Entwicklung begriffene Individuum, welches seine autoerotisch arbeitenden Sexualtriebe zu einer Einheit zusammenfaßt, um ein Liebesobjekt zu gewinnen, zunächst sich selbst, seinen eigenen Körper zum Liebesobjekt nimmt, ehe es von diesem zur Objektwahl einer fremdem Person übergeht.« (Freud, 1911b, S. 296f.) Das kann derart gelesen werden, dass im Stadium des Autoerotismus der eigene Körper als das erste psychische Objekt besetzt wird, als eine Art von Durchgangsstadium auf dem Weg dahin, im Weiteren auch andere Personen objektal zu besetzen.

Die Voraussetzung dafür, Objekte psychisch besetzen zu können, ist, dass sie im Psychischen aufgerichtet, also anlässlich von Erfahrungen mit der Umwelt hineingenommen worden sind[2]. Hier kommt das Kon-

2 Hier ist darauf hinzuweisen, dass es sich natürlich nicht um körperliche Prozesse handelt, derart, dass etwas aus der Außenwelt nun irgendwie »drinnen«

zept der Introjektion ins Spiel, das erstmals von Ferenczi beschrieben worden ist: »Während der Paranoische die unlustvoll gewordenen Regungen aus dem Ich herausdrängt, hilft sich der Neurotiker auf die Art, daß er einen möglichst großen Teil der Außenwelt in das Ich aufnimmt und zum Gegenstande unbewußter Phantasien macht. Es ist das eine Art Verdünnungsprozeß, womit er die Schärfe freiflottierender, unbefriedigter und nicht zu befriedigender unbewußter Wunschregungen mildern will. Diesen Prozeß könnte man, im Gegensatze zur Projektion, Introjektion nennen.« (Ferenczi, 1909, S. 19) Dabei geht es Ferenczi bei der Introjektion um eine Ausweitung des »Interessenkreises« (a. a. O.) des Ichs, aber auch um eine »Ichausweitung« (1912, S. 59). Dabei ist die »innere« Erweiterung des Ichs um Vorstellungsobjekte bzw. davon assimilierte Selbstanteile gemeint. Der Begriff der Introjektion wird in Abgrenzung bzw. Umwendung zur Projektion (die z. B. für die Wahnbildung in der paranoiden Schizophrenie verantwortlich zeichnet) entwickelt – was dem Außen zugehört, wird hineingenommen (statt dass etwas Inneres als von außen kommend erlebt wird). Freud verbindet diese Konzeption Ferenczis etwas später mit seinen Überlegungen zur Entwicklung vom Autoerotismus zur Objektliebe: »Das Ich bedarf der Außenwelt nicht, insofern es autoerotisch ist, es bekommt aber Objekte aus ihr infolge der Erlebnisse der Icherhaltungstriebe und kann doch nicht umhin, innere Triebreize als unlustvoll für eine Zeit zu verspüren. Unter der Herrschaft des Lustprinzips vollzieht sich nun in ihm eine weitere Entwicklung. Es nimmt die dargebotenen Objekte, insofern sie Lustquellen sind, in sein Ich auf, introjiziert sich dieselben […] und stößt anderseits von sich aus, was ihm im eigenen Innern Unlustanlaß wird« (Freud, 1915c, S. 228).

Als eine Definition von Introjektion im Freudschen Sinn kann also formuliert werden: »Das Subjekt läßt in seinen Phantasien Objekte und diesen Objekten inhärente Qualitäten von ›außen‹ nach ›innen‹ gelangen.« (Laplanche & Pontalis, 1967, S. 235) Verbunden wird dies mit der Figur einer oralen Einverleibung: »In der Sprache der ältesten, oralen

---

im Körper oder Verstand sei. Vielmehr geht es um die Ausbildung von Repräsentanzen des »Außen« – also um eine Vorstellung davon, was nicht zum Selbst gehört, paradoxerweise aber nichtsdestoweniger Teil der subjektiven Innenwelt.

Triebregungen ausgedrückt: das will ich essen oder will es ausspucken und in weitergehender Übertragung: das will ich in mich einführen und das aus mir ausschließen« (Freud, 1925h, S. 13). Introjektion und Projektion folgen hier dem Modell der Nahrungsaufnahme und damit implizit einer Prüfung dessen, was als »nährend« erlebt wird, was innerlich verwendet und behalten werden soll, und was nicht. Wichtig ist zu sehen, dass hier zwar körperliche Vorgänge ein Modell liefern, die Introjektion aber etwas ist, das mit der Aufrichtung psychischer *Repräsentanzen* verbunden ist: »Hineinnehmen« bedeutet hier, dass eine erste Objektvorstellung Teil der subjektiven psychischen Welt wird: »Die Introjektion steht der Verinnerlichung, die ihr körperliches Vorbild darstellt, nahe, aber sie impliziert nicht notwendig einen Bezug auf die Körpergrenze« (Laplanche & Pontalis, 1967, S. 237).

Hier ist ein weiterer Begriff früher Internalisierungsprozesse berührt, die Inkorporation. Von einigen Autoren wird der Begriff zusätzlich verwendet, um die Körpernähe früher Verinnerlichung zu beschreiben. Eine Unterscheidung zwischen Introjektion und Inkorporation allerdings ist nur dann sinnvoll, wenn die Ebene der Fantasien über Innen/Außen hinzugenommen wird. Ein Kind inkorporiert schließlich nicht seine Eltern in der frühen Entwicklung und hat sie dann in sich, sondern es gibt (unbewusste) Fantasien dazu, was oder wen man in sich drinnen trägt. Das Konzept der Inkorporation wird in dreierlei Weise gebraucht:

a) gleichgesetzt mit Einverleibung (wobei unklar ist, worin sich dies genau von anderen Formen der Internalisierung unterscheidet);
b) mit Mentzos (2015, S. 62) als die unreifste von drei Stufen der Internalisierung: Inkorporation (z. B. »die Übernahme einer bestimmten Bewegungsart«), Introjektion (z. B. »die noch undifferenzierte, globale und nicht selektive Übernahme der Art des Verhaltens und des Auftretens des Objekts«) und Identifizierung (differenzierter, selektiv statt global in der Übernahme von etwas vom anderen);
c) als »eine Gruppe von Omnipotenzphantasien, die der Körpererfahrung eines Hineinnehmens nahe stehen, wobei ein Objekt oder ein Teil eines Objekts als in das Selbst hineingenommen erlebt wird. Die früh inkorporierten Objekte werden als physisch innerhalb des Kör-

> pers vorhanden erlebt, wo sie Raum einnehmen und aktiv sind [...] Inkorporation ist die Phantasie-Aktivität, die dem Prozess der Introjektion zugrunde liegt« (Bott Spillius et al., 2011, S. 364; Übers. TS).

Die dritte Variante erscheint mir am überzeugendsten, ist doch von »Phantasien«, etwas hineinzunehmen, die Rede und es wird herausgestellt, dass »Inkorporation« eine Fantasie im Zusammenhang der Introjektion meint – Objektbildung wird *erlebt* als ein körperliches Hineinnehmen des anderen[3]. Die Unterscheidung, unter Inkorporation eine Fantasie und unter Introjektion einen Prozess zu verstehen, findet sich auch bei N. Abraham und Torok (1987), dort noch weitergeführt zur Konzeption, dass es sich bei der Inkorporationsfantasie um die *Abwehr* der Introjektion handelt. Für sie wird der Vorgang der Introjektion durch das Erleben eines Verlusts initiiert (einschließlich des Verlusts, der darin besteht, keine vollkommene Ganzheit mit dem Objekt zu haben) und durch die Fantasie, das Objekt in sich inkorporiert und so immer bei sich zu haben, wird das Erleben dieses Verlusts vermieden. Sie schreiben: »Das Fehlende in Form von – imaginärer oder wirklicher – Nahrung in sich aufzunehmen, obwohl doch die Seele trauert, bedeutet, die Trauer und ihre Folgen zu verweigern, bedeutet, die Rücknahme jenes Teils des Selbst zu verweigern, der im Verlorenen ausgelagert war, bedeutet, die wahre Bedeutung des Verlusts nicht erfahren zu wollen, durch die man zu einem anderen würde, bedeutet, kurz gesagt, dessen Introjektion zu verweigern. Die Einverleibungsphantasie verrät eine Lücke in der Seele, einen Mangel an genau dem Ort, an dem eine Introjektion hätte stattfinden sollen.« (N. Abraham & Torok 1987, S. 547) Mit Ferenczi konnte beschrieben werden, wie in der erfolgten Introjektion eine »Ichausweitung« zu sehen ist. Die Inkorporation hingegen besteht

3 Brody und Mahoney (1964, S. 59; Übers. TS) begreifen Introjektion, Identifizierung und Inkorporation als »Aspekte eines gleichartigen Prozesses«. Während die Introjektion der originären Ichbildung und Objektbesetzung diene und die Identifizierung dessen Ausgestaltungen betreffe, wollen sie Inkorporation verstanden wissen als bezogen auf eine »regressive Reaktion auf ein Objekt, wobei das verlassene Objekt ins Ich eingeführt wird statt dass das Ich transformiert wird. Das Ich wird nur durch das Objekt verändert, das darin eingeführt wird« (a. a. O., S. 62).

in einer Erstarrung statt einer solchen Ausweitung. N. Abraham und Torok vertreten die Annahme, »daß jede aufgedeckte Einverleibung einer uneingestehbaren Trauer zugeschrieben werden muß, die auf ein Ich traf, das sich aufgrund einer schambefleckten Objekterfahrung schon vorher abgekapselt hatte« (N. Abraham & Torok, 1989, S. 552).

Zusammenfassend erscheint es mir nützlich, von Introjektion zu sprechen, wenn das Objekt als Ganzes im Psychischen aufgerichtet wird, während die Inkorporation die Fantasie über eine solche frühe und ganze Verinnerlichung im Psychischen betrifft. Das Konzept der Identifizierung bezieht sich auf die Übernahme einzelner (beneideter) Eigenschaften, die an anderen Personen erlebt werden. Sowohl Introjektion als auch Identifizierung sind dabei Vorgänge, die sich an der Repräsentanzwelt des Individuums abspielen, es sind – auch wenn mit Freud die Bildung von Vorstellung des Ichs/Selbsts aus körperlicher Interaktion erwächst (»Das Ich ist vor allem ein körperliches«; Freud, 1923b, S. 253)[4] – keine interkorporalen Prozesse, auch wenn sie in Form von entsprechenden Fantasien erlebt werden können. Die Unterscheidung zwischen der hysterischen und der narzisstischen Identifizierung ist darin zu sehen, dass in der ersten Neid und Aggression abgewehrt bzw. transformiert werden und in eine wahrgenommene Gemeinsamkeit mit dem Objekt münden können, während bei letzteren das Objekt im Erleben der Eigenschaft beraubt wird.

Was ist nun der Nutzen für eine allgemeine Entwicklungstheorie der Bildung von Objektrepräsentanzen? Im Ausgangspunkt eines solchen steht der Satz von Winnicott (1960, S. 587): »There's no such thing as an infant«. Die allermeisten psychoanalytischen Entwicklungstheorien gehen davon aus, dass es im Erleben keine vorgegebene Unterscheidung zwischen Selbst und Anderem gibt. Das Zitat Winnicotts besagt zunächst einmal, dass aus der (angenommenen) Erlebnisperspektive des Säuglings und Kleinstkindes keine Unterscheidung zwischen Selbst und Nicht-Selbst, keine Getrenntheit gegeben ist. Der erste Schritt in ein sol-

4 »Das heißt, das Ich leitet sich letztlich von körperlichen Gefühlen ab, hauptsächlich von solchen, die auf der Körperoberfläche entstehen. Es könnte deswegen als eine psychische Projektion der Körperoberfläche angesehen werden« (a. a. O.).

ches Erleben von Getrenntheit und Kontakt besteht in frühen Erfahrungen von Berührung und Nicht-Berührung, also dem Wechsel zwischen körperlicher Nähe und (relativer) körperlicher Entfernung. Dann kann man sagen, dass die erste psychische Repräsentation des Selbst mit der Körperoberfläche zu tun hat, also mit dem Ort, an dem Berührung stattfindet. So wird eine erste Art von Grenze zwischen Selbst und Anderem (bzw. zwischen dem »Innen« und dem »Außen« des Selbst) verinnerlicht/repräsentiert. Es ist keine Grenze, die einen vom anderen entfernt, sondern eine Grenze, die einen zum anderen in Beziehung bringt, insofern sie auf der Erfahrung von Kontakt beruht (der in der erlebten Gleichheit oder Verschmolzenheit nicht da wäre).

Als erstes Erleben tauchen so psychische Bebilderungen von Interaktionsszenen in Form von Beziehungsvorstellungen auf: Darin gibt es das Selbst, das Nicht-Selbst und einen affektiven Zustand (im Verlauf). Das Erleben dessen vollzieht sich in Schritten – das Individuum ist Teil verschiedener Szenen und sukzessive bildet sich eine Vorstellung von »Selbst« aus als das, was in verschiedenen Szenen und dann noch aus der Erlebnisperspektive »vorkommt«. Jemand kann sich über sich und über andere Vorstellungen bilden ebenso wie über affektive Zustände, die damit verbunden sind.

Zur Bildung einer Objektrepräsentanz ist als Grundlage also die Interaktion erforderlich. Aus Interaktionen werden Vorstellungen gebildet, Objekte der Vorstellung und triebhaft-affektiver Besetzung. Vertrauensvolle Beziehungserfahrungen führen dazu, dass wir eher eine freundliche innere Welt aufbauen, schmerzhafte Erfahrungen führen dazu, dass wir zum einen große Sehnsüchte nach einer freundlichen inneren und äußeren Welt haben, aber dass sich vor allem eine innere Welt aufrichtet, die stark von Misstrauen oder Bedrohung charakterisiert ist. Man kann sich bezogen auf die klinische Situation große Spannungszustände bei Patienten mit wenig haltenden frühen Beziehungserfahrungen vorstellen, die entstehen, wenn sie mit einem Therapeuten zu tun haben, der ein gutes oder hilfreiches Objekt sein könnte. Denn gerade das verstärkt in einigen Fällen die Not von Patienten, weil es sich mit Fantasien verbindet, selbst schlecht zu sein (vgl. auch unten zu Fairbairns Modell einer Verbindung von guten Objekt- und schlechten Selbstrepräsentanzen; ▶ Kap. 4.1).

Für den weiteren Gang der Darstellung schlage ich vor, terminologisch zwischen »innerem« und »äußerem« Objekt nicht mehr zu unterscheiden. Wenn ich im Weiteren vom Objekt spreche, meine ich das »innere«, das Vorstellungsobjekt, das Objekt der inneren Welt. Was in manchen Konzeptionen als das »äußere« Objekt Erwähnung findet, werde ich – außerhalb von Zitaten – als Gegenüber oder andere Person beschreiben. Ich halte das für nützlich, um kenntlich zu machen, dass es bei den Objekten im psychischen Sinn um Teile der subjektiven inneren Welt geht und bei Prozessen, die Selbst und Objekte betreffen, um Veränderungen innerhalb der individuellen Repräsentanzwelt. Objekte sind immer in Relation zum Selbst zu beschreiben, sie sind als Objektrepräsentanzen immer Teil der psychischen Struktur, Teil »meiner« inneren Welt.

2.3 Fallbeispiel Linda

Das folgende Fallbeispiel stammt aus einer Arbeit der nordamerikanischen Analytikerin Dolan Power (2016), die es zu einer bestimmten Art von Theorieentwicklung in Richtung autistischer Erlebnisformen verwendet, ich setze es hier in den Kontext meiner bisherigen Überlegungen. In der psychoanalytischen Behandlung geht es um die Patientin Linda, mittleren Alters, Mutter von drei Kindern. Der Eindruck der Analytikerin zu Beginn der Behandlung ist, dass die Patientin »nicht ganz in dieser Welt verwurzelt« sei, »als stürze sie von einer Krise in die nächste und trage die Last der ganzen Welt auf ihren Schultern« (Power, 2016, S. 189). Zu Beginn der Analyse berichtet Linda schnell, ohne Pausen und beugt sich auf dem Stuhl nach vorne, sie kommt wenig in einer Position, in der sie sich ein Stück entspannen könnte, sondern ist angespannt und rastlos. Der Anlass, die Behandlung aufzusuchen, seien vermehrte Streitigkeiten mit dem Ehemann gewesen. Außerdem habe sie kurz vor Aufnahme der Behandlung die Diagnose eines Aufmerksamkeits-Defizits-Hyperaktivitäts-Syndroms bekommen.

Die Mutter von Linda erscheint als »extrem narzisstisch[..]« und »sehr ängstlich« (a. a. O., S. 190). Ihr scheint das Gefühl für ihre Tochter zu fehlen, die die Erfahrung beschreibt, sich nicht »gesehen oder anerkannt« (a. a. O.) zu werden. Es habe viel Kritik Linda gegenüber seitens der Mutter gegeben, diese habe nur sich selbst in Linda gesehen. Als junge Erwachsene sei Linda »vergesslich und desorganisiert« gewesen, es habe sie viel »Willenskraft« gekostet, ihre Berufsausbildung abzuschließen, und seitdem habe sie oft das Gefühl, sich eine Pistole an den Kopf halten zu müssen und sich so dazu zu zwingen, eine Aufgabe zu Ende zu bringen (a. a. O.).

Die Analytikerin hat das Gefühl, Linda schiebe ihre ADHS-Diagnose auch vor, wenn diese Momente von Vergessen oder Desorganisation auftreten, sozusagen als eine Erklärung und Legitimation für Hilflosigkeit. Die beiden beginnen eine Psychoanalyse mit erst drei, später fünf Wochenstunden. Zu Beginn der Behandlung zeigt sich in den Sitzungen eine »überschwängliche[.] Liebe und Dankbarkeit« (a. a. O.) der Patientin und zwischen den Stunden herrschen extreme elementare Angstzustände vor. Die Analytikerin nimmt etwas wahr, dass sie »Lindas intensives Bedürfnis« beschreibt »jeden noch so kleinen Raum zwischen uns zu verschließen« (a. a. O.) beziehungsweise bei einem Konfrontiertsein mit Trennung und Abstand in Not zu kommen. Sie schreibt: »Ich hatte das Gefühl verschlungen und dazu verführt zu werden, in Lindas überschwängliche Idealisierung unserer Beziehung einzustimmen.« (a. a. O.) Es geht um ein Erfasstwerden von dieser großen Nähe und fehlenden Unterscheidung. Nach einiger Zeit stellt sich das Phänomen ein, dass die Patientin beginnt, zwischen den Stunden Briefe an die Analytikerin zu schreiben. Das scheint die Funktion zu erfüllen, Gefühle los zu werden und zwischen den Stunden den Kontakt aufrecht zu erhalten. In den Briefen ist von Dankbarkeit die Rede, aber auch von »Qualen«, die die Patientin erlebt (a. a. O.), und dem fehlenden emotionalen Containment zwischen den Stunden. Die Analytikerin deutet dies als Angst, verlassen und mit vielen Gefühlen zurück gelassen zu werden, die alleine unbewältigbar zu sein scheinen.

Linda beschreibt: »Ich fühle mich wie ein in die Enge getriebenes Tier.« (a. a. O., S. 191) Nach einiger Zeit der Psychoanalyse schweigt sie immer mehr und berichtet, sie könne nicht sprechen oder sie habe nichts zu sagen. Die Analytikerin erlebt das zunehmend als ein aggressives, konflikthaftes Moment in der Beziehung und hat das Gefühl, die Patientin provoziere sie oder hacke auf ihr herum, indem es nicht mehr um die Dankbarkeit geht, sondern um Vorwürfe und Anklagen, insbesondere dergestalt, dass Linda sich über Deutungen zu ihrer Angst vor Abhängigkeit ärgert. Die Analytikerin schildert: »Während dieser Augenblicke fühlte ich mich wie eingeengt und unfähig, einen Gedanken zu fassen« (a.a.O.). Auffällig ist die Ähnlichkeit der Bilder: das in die Enge getriebene Tier und das Eingeengte, und beides in der Beziehung, die die Beteiligten zu spüren kriegen.

Dann gibt es eine Veränderung dahingehend, dass Linda einen der Briefe mit in die Stunde nimmt und die Analytikerin bittet, ihn ihr vorzulesen. Sie wolle das nicht selbst machen, dabei fühle sie sich nicht wohl, und das wirkt sehr traurig auf die Analytikerin. Diese erlebt es als ein Kommunikationsversuch, es gibt ansonsten so viel Schweigen, und jetzt bringt ihr die Patientin die Briefe. Die Analytikerin hat das Gefühl, es sei ein Versuch, die Schwierigkeiten zu überbrücken und sich der Analytikerin in den Stunden mitzuteilen. Sie liest die Briefe vor und darin wirkt Linda sehr selbstreflektierend, viel stärker als in den Stunden. Indem sie etwas über sich zu Papier bringt, ist sie den Dingen mehr auf der Spur als im Sprechen in den Stunden. Aber die Analytikerin schreibt auch: »Schon bald hatte ich beim Vorlesen der Briefe immer mehr das Gefühl, mit ihr in einer unglaublich starren, sinnentleerten und ziellosen, möglicherweise endlosen Routine festzustecken.« (a.a.O.) Es entsteht letztlich also doch nicht der Kontakt, auf den die Analytikerin gehofft hatte. Die Sitzungen ohne vorgelesene Briefe sind zähflüssig und hinterlassen bei der Analytikerin ein klaustrophobisches Gefühl, diejenigen Stunden, in denen Briefe gelesen werden, wirken routiniert und trotzdem bleibt es schwer, in Kontakt zu kommen. Die Analytikerin hat das Gefühl, dass durch das Vorlesen der Briefe eher mehr Distanz entsteht und, fühlt sich durch die Patientin kontrolliert. Sie beschreibt das Gefühl »von einem verrückten, unpersönlichen und leblosen Raum zwischen uns« (a.a.O., S. 192).

Die Analytikerin erlebt das Vorlesen der Briefe so, als mache Linda währenddessen Urlaub auf einer weit entfernten Insel. Die Patientin berichtet, dass sie es nach wie vor möge, die Briefe vorgelesen zu hören, sie möge die Stimme der Analytikerin und liebe deren Klang. Die Analytikerin hat angesichts dessen immer mehr das Gefühl einer Ungetrenntheit: Einerseits ist die große Distanz da, wie auf einer Insel, auf der die Patientin allein lebt, es gibt aber zugleich keine Unterschiedenheit (»Wer war hier wer?«, fragt sie sich; a. a. O.), keine wirkliche intersubjektive Beziehung, in der sich beide voneinander unterscheiden und so in Begegnung kommen könnten. Die Analytikerin schlägt vor, sich das Vorlesen der Briefe zu teilen, Linda ist damit nicht einverstanden. Die Analytikerin schreibt: »Plötzlich realisierte ich, dass ich dies [das Vorlesen der Briefe und den Umgang Lindas mit der Stimme der Analytikerin; TS] als eine objektbezogene Darstellung verstanden hatte und nicht als eine autistische« (a. a. O.).

»Autistisch« hat in der Psychoanalyse eine weiter gefasste Bedeutung und beschreibt nicht zwangsläufig den klinischen Autismus (vgl. a. Rhode, 2018), sondern auch eine Stufe der Entwicklung, die autistisch-berührende Phase (Ogden, 1995), bzw. einen bestimmten Modus, den Kontakt zu anderen (nicht) zu gestalten, wenig bezogen, wenig gefühlshaft, wenig innerlich und wenig unterschieden. Wenn die Analytikerin hier also schreibt, sie habe die Sache mit dem Vorlesen der Briefe als eine objektbezogene Bitte, eine Bitte an eine andere Person, erlebt, dann sei das verkehrt gewesen, vielmehr versuche die Patientin, hier eine Einheit herzustellen, in der sie sich an den Klang der Stimme heften kann und sich so von der Beziehung zu einem konkreten und unterschiedenen Gegenüber abkapselt. Die Analytikerin schreibt: »Wir waren in einer Art und Weise miteinander verwickelt, die Lindas Bedürfnis nach Kontaktlosigkeit erfüllte« (Power, 2016, S. 192). »Kontaktlosigkeit« ist hier jedoch m.E. nicht als direktes Motiv zu verstehen, sondern ergibt sich eher aus dem Drängen nach ununterschiedener Nähe, was letztlich Kontakt verhindert. Es zeigt sich eine Angst der Patientin davor, was passiert, wenn man sich relativ voneinander trennt oder vom anderen unterscheidet. Linda strebt nicht Kontaktlosigkeit an, aber in ihrer Welt bedeutet, sich vom anderen weit genug zu entfernen, um in einen intersubjektiven Kontakt zu kommen, sich mit der Angst zu konfrontieren, den anderen dann, in der relativen Distanz und Unterschiedenheit, womöglich nicht mehr zu finden und selbst psychisch nicht überleben zu können. Unbewusst erscheint es »besser«, sich abzukapseln und in der Illusion von absoluter Vereinigung zu leben als Nähe und Distanz in einer Beziehung auszuhandeln.

Ein psychischer Raum in der Behandlung scheint zu verschwinden, Linda wird im Sprechen immer konkretistischer und schweigt wieder mehr. Etwas scheint aus der Arbeit draußen zu bleiben und irgendwann hört die Analytikerin damit auf, die Briefe vorzulesen, weil sie das Gefühl habe, dass der »sprachlose« Anteil Lindas so nicht in den Blick geraten kann. Das führt zu höherer Anspannung in den Stunden: »Jedes Schweigen, jedes Anzeichen einer Getrenntheit bereitete ihr Unbehagen« (a. a. O., S. 193). Die Analytikerin erlebt auch das Bedürfnis, in Schweigephasen etwas zu sagen, »um die für mein Empfinden furchterregende Leere zwischen mir und Linda zu füllen« (a. a. O.). Auf diese Weise kommt nun das, woran die Patientin leidet, stärker in die Beziehung zur Analytikerin hinein, was psychoanalytisch positiv gesehen wird, sofern es dort verstanden und verändert werden kann. Wenn die Patientin *in* den Stunden sagt, sie sei so dankbar, und zwischen den Stunden, sie sei so gequält von der Einsamkeit, dann ist ein Teil ihrer Leidenszustände viel weniger zugänglich.

Da die Schwierigkeiten nun stärker Einzug in die Stunden halten, kann Linda formulieren: »Es ist ja nicht so, dass ich fallengelassen worden wäre, meine Mutter hat mich gar nicht erst abgeholt, wie hätte ich fallengelassen werden können?« (a. a. O., S. 194) Sie beschreibt damit eine Art von schwieriger früher Objekterfahrung, die nicht mit einer Enttäuschung oder einer Verletzung zu tun hat, sondern mit einer ganz frühen Ungetrenntheit, in der es gar nicht darum geht, von einem fassbaren Gegenüber verlassen zu werden, sondern darum, dass man sich gar nicht unterscheidet. Das mag paradox erscheinen, folgt aber einer Konzeption, dass die Ablösung von einem Objekt, das nicht zur Verfügung steht, um Kontakt und Entfernung zu begleiten und zu moderieren, innerlich umso schwieriger ist. Darüber entsteht viel Traurigkeit in den Stunden, aber zunehmend auch Traurigkeit in Anwesenheit des Gegenübers, hier der Analytikerin. Das ermöglicht es Linda zu formulieren: »Einschränkungen erreichen mich einfach nicht, weil ich innerhalb dieser Barrieren lebe, dieser Stahlwände, dieser Mauern, die mich ganz umschließen, und innerhalb dieser Wände sind Grenzen unsinnig. Die Perspektive eines anderen ist mir gleichgültig, weil nichts sinnvoll ist.

Das sind Stahlwände, und ich pralle von ihnen ab, bin verletzt und komme geradewegs zurück. Dann werfe ich mich wieder gegen die Stahlwände und versuche, sie zu durchdringen. Das geschieht immer und immer wieder. Und dann ist da ein Riss in der Wand und wenn es einen Riss gibt, könnte es auch eine sinnvolle Perspektive geben. Das ist für mich ziemlich neu. Wenn es einen Riss oder eine Öffnung gibt, kann ich durchgehen, aber dann stelle ich mir vor ins Nichts zu fallen.« (a. a. O., S. 195) Es sind einige Hinweise darauf zu erkennen, wie die innere Welt der Objekte Lindas aussieht und verstanden werden kann: Statt Grenzen gibt es Stahlwände und im Verlauf der Analyse gerät sie in eine Position der Öffnung – Grenzen können durchlässig sein und schützen, statt radikal und absolut auszuschließen.

Welcher Bezug kann nun zwischen der bisherigen theoretischen Darstellung und dem Fall hergestellt werden? Insofern sich ein Teil der inneren Welt der Objekte Lindas in der analytischen Übertragungsbeziehung zeigt, kann die Annahme aufgestellt werden, dass die Frage nach einer angemessenen psychischen Trennung zu den frühen Bindungspersonen in der Entwicklung Lindas eine besondere Rolle gespielt hat. Aus den Berichten der Patientin erfahren wir etwas mehr über die Mutter als über den Vater, eine Vermittlung relativer und passagerer Trennungen ist erschwert gewesen, d. h. die Begleitung durch eine frühe Bezugsperson darin, dass eine Trennung vorübergehend ist, dass es einen Wechsel aus Entfernung und Annäherung geben kann. Im Hinblick auf Internalisierungsprozesse könnte über das Gelingen früher Introjektion und Projektion nachgedacht werden (▶ Kap. 3.3.1 zum Ansatz Melanie Kleins), die Bildung der psychischen Repräsentanzen von Selbst und Nicht-Selbst ist womöglich nicht günstig verlaufen. Das wäre ein Weg, das Thema der Ungetrenntheit und Trennungsbedrohung verständlich zu machen. Die Welt der inneren Objekte und des Selbst wirkt diffus, so dass es der Patientin schwer fällt, emotional zu unterscheiden, wer wer ist, wie sie sich vom anderen unterscheidet und was sie verbindet, was zu ihr gehört und was nicht? Vor dem Hintergrund dieser diffusen Welt zeigen sich zumindest zu Beginn der Behandlung und auch in der Symptomentwicklung Versuche der dysfunktionalen Abgrenzung. Linda hat das Bedürfnis, sich von der Analytikerin abzugrenzen, kann es aber nur tun, indem sie nicht spricht, oder in anderen Fällen, indem sie sich nichts merken kann. Eine dysfunktionale Abgrenzung ist das deswegen, weil es nicht dazu führt, dass Abgrenzung in Beziehung stattfindet, sondern Abgrenzung kann nur heißen, aus der Beziehung auszusteigen. Es entsteht so der Eindruck einer inneren Objektwelt von undurchdringbaren Strukturen. Es gibt radikale Abgrenzung ohne Begegnung, unüberbrückbare Abstände, sobald keine Gleichheit mehr da ist. Das wird der entscheidende Teil der analytischen Arbeit. Darin wird eine Veränderung der inneren Welt der Objekte möglich, indem daran gearbeitet wird, dass Erfahrung von Getrenntheit und Unterschiedenheit überhaupt möglich werden und erlebt werden können als etwas, das in Beziehung stattfindet.

3 Die psychoanalytische Entwicklungstheorie der Symbolisierung

Den Ausgangspunkt dafür, einige psychoanalytische Ansätze zur Symbolisierungstheorie in den Blick zu nehmen, liefert eine Sequenz aus dem Spielfilm *Inception* (US 2010, Nolan).

Im Film geht es darum, dass es technologisch möglich ist, in die Träume von Menschen einzusteigen und diese bzw. das, was die Träumenden nach dem Aufwachen aus ihren Träumen »mitnehmen«, zu manipulieren, z. B. für Wirtschaftsspionage. Das ist die Arbeit eines Teams um Dominick Cobb, der für einen Job die junge Frau Ariadne anwirbt. Er schult sie in der Technik, Traumwelten entstehen zu lassen und zu manipulieren, indem er sie in seine Traumwelt hineinholt und durch diese hindurch führt. Cobb erklärt seiner »Besucherin«, weshalb die Passanten auf der Straße unfreundlich und misstrauisch blickten – sie würden das Fremdartige Ariadnes in dieser Welt erkennen und, gleichsam als Teil seiner Selbst, das Fremde ausstoßen wie bei einer Infektion. Ariadne wird angerempelt und sagt zu Cobb, er solle seinem »Unterbewussten« sagen, es solle es ruhig angehen lassen. Cobb warnt sie, dass sie in der Manipulation von Träumen nie ganze Orte oder Gegenden errichten solle (da es dann schwer würde, Traum und Wirklichkeit zu unterscheiden), nur einzelne Elemente oder ganz neu Erdachtes. Ariadne konstruiert offensichtlich Welten, die Cobb an unangenehme Erinnerungen führen (Zeit mit seiner verstorbenen Frau), so dass er zunehmend ärgerlich wird. Er fühlt sich provoziert von einer Andeutung Ariadnes, er könnte in der Vergangenheit die Möglichkeit verloren haben, zwischen Traum und Wirklichkeit zu unterscheiden. Er greift sie fest am Arm, woraufhin sich ein Kreis von Passanten um sie schließt.

Schließlich nähert sich Cobbs Frau und ersticht Ariadne, so dass diese aus der Traumsimulation erwacht.

Der Ausschnitt kann vor Augen führen, dass die Elemente der inneren Welt einer Person sich in Vorstellungen äußern können, die diese Person von anderen hat, in Objektrepräsentanzen. Wut kann sich in Vorstellungsszenen äußern, die auf eine bedrohliche, gewaltvolle Welt hinweisen. Es zeigt auch, dass die inneren Objekte immer Konstruktionen des Subjekts sind, zu dessen innerer Welt sie gehören. Sie sind aus Interaktionen gebildet (ohne diese abzubilden) und die inneren Objekte unterscheiden sich womöglich von einer realitätsgerechten personalen Beschreibung, sie sind untrennbar mit Selbstvorstellungen verbunden und durch Fantasien mehr oder weniger angereichert.

Bisher ist es um einen Blick auf verschiedene Formen von Internalisierungsprozessen gegangen, die sich mit Freud beschreiben lassen, so etwa die Entwicklungslinie aus

- Primärem Identifiziertsein (primärem Narzissmus),
- Autoerotismus,
- Introjektion (und Projektion), einschließlich der (Abwehr-)Fantasie einer Inkorporation und
- Identifizierung (hysterisch, narzisstisch).

Im Weiteren soll es nun darum gehen, konzeptuell genauer zu erkunden, wie aus Interaktionen psychische Beziehungsvorstellungen werden. Aus solchen Beziehungsvorstellungen oder -szenen werden ja erst Repräsentanzen von Selbst und Objekt herausgelöst. Wichtig ist dabei, dass die inneren Objekte immer in Relation zum Selbst zu betrachten sind. Alles, was wir uns vorstellen, ist Teil unserer subjektiven Erlebniswelt, unserer Gefühle, unserer Erfahrung und wir erleben es in Bezug zu uns. Auch jede Vorstellung eines inneren Objektes und auch jede Vorstellung des Selbst ist so etwas wie eine psychische Abstraktion aus Beziehungsvorstellung. Wie Interaktion psychisch bebildert wird, beschreiben einige symbolisierungstheoretische Ansätze.

Der Begriff des Symbols findet in der Psychoanalyse schon recht früh Erwähnung, zunächst allerdings meist in einer eher schematischen Bedeutung. Darin klingt es gelegentlich so, als gäbe es überindividuelle Festschreibungen von Symbolen und ihren Bedeutungen im Psychischen, zum Beispiel in der Bedeutung von Träumen. Der entscheidende Unterschied zu späteren Konzeptionen der Symbolisierung im Traum liegt hier in der wenig belastbaren Annahme, man könne die Bedeutung einer Traumdarstellung ermitteln, ohne auf die Einfälle des Träumers zu seinem Traum zurückzugreifen (bereits in Freuds *Traumdeutung* von 1900 ist es das leitende Prinzip, die Assoziationen zum Traum zu untersuchen). Ein schematisch zuordnendes, überindividuelles Symbolverständnis findet sich in der Darstellung von Jones (1916), sie ist in der Psychoanalyse aber recht bald einigermaßen bedeutungslos geworden (vgl. auch die kritische Darstellung bei Lorenzer, 1970a).

Vielmehr zeigt sich ein Wechsel des konzeptuellen und klinischen Interesses der Psychoanalyse weg vom *Symbol* hin zur *Symbolisierung*, d. h. einer stärker prozessbezogenen Sicht auf die Bildung von Repräsentanzen, nicht zuletzt in entwicklungspsychologischer Perspektive. Die Untersuchung von Symbolisierungsprozessen setzt sich damit auseinander, wie Vorstellungen entstehen bzw. wie die Welt der Wahrnehmungen um die innere Welt der Vorstellungen erweitert wird. Ein Aspekt klassischer Symboltheorie (auch in der langen Philosophiegeschichte des Begriffs) kann dabei den Ausgangspunkt liefern. Symbole können konventionell festgelegte Strukturen sein, so bedeutet beispielsweise eine weiße Taube Frieden. Symbole können im Sinne von Emblemen z. B. Zeichen für einen Sportverein sein oder können eher als kontextbezogene Hinweise gelten, etwa die Darstellung von Strichmännchen als Anzeige dafür, wo es zu öffentlichen Toiletten geht. Das ist soweit ein weit gefasster Begriff von Symbol. Entscheidend im vorliegenden Zusammenhang ist dabei weniger, dass im Symbol etwas für etwas anderes steht (auch wenn das ein Leitmerkmal dafür ist, psychisch mit Symbolen operieren zu können, nämlich die schlichte Differenz zwischen Vorstellung und Wahrnehmung oder selbstverständlich auch im Gebrauch von Sprache), sondern dass Symbole das Ergebnis einer Formgebung sind. In dieser Hinsicht interessiert dann gerade in psychischer Hinsicht, durch welche Prozesse solche symbolische Formgebungen gebildet werden – also der Blick auf Symbolisierungsprozesse.

Ich gehe in der Darstellung ein weiteres Mal von Freud aus und zwar zum einen von seinen Überlegungen zum sogenannten Fort-Da-Spiel (1920g), zum anderen in der Konzeption einer psychischen Verneinungsfunktion (1925h).

3.1 Das Fort-Da-Spiel in Freuds *Jenseits des Lustprinzips*

Bekanntlich hat Freud nicht therapeutisch mit Kindern gearbeitet, er entwickelt seine Theorie der kindlichen Entwicklung rekonstruktiv und konzeptuell, also über die Arbeit mit erwachsenen Patienten. Erst seine Tochter Anna entwickelt (parallel zu anderen, so v.a. Melanie Klein oder Hermine Hug-Hellmuth) eine kinderanalytische Behandlungstechnik und damit verbundenen auch eine Entwicklungstheorie, die sich aus der klinischen und sonstigen Beobachtung kindlichen Verhaltens entwickelte. Allerdings widmet sich Freud in seiner Arbeit *Jenseits des Lustprinzips* (1920g, S. 11) der Untersuchung der »Arbeitsweise des seelischen Apparates an einer seiner frühzeitigsten normalen Betätigungen«, dem kindlichen Spiel. Dabei geht er aus von der Betrachtung des »erste[n] selbstgeschaffene[n] Spiel[s] eines Knaben im Alter von 1 ½ Jahren«, »denn ich lebte durch einige Wochen mit dem Kinde und dessen Eltern unter einem Dach« (a.a.O.). Das betreffende Kind wird von Freud als »anständig« beschrieben und weiter heißt es: »Es störte die Eltern nicht zur Nachtzeit, befolgte gewissenhaft die Verbote, manche Gegenstände zu berühren und in gewisse Räume zu gehen, und vor allem anderen, es weinte nie, wenn die Mutter es für Stunden verließ, obwohl es dieser Mutter zärtlich anhing« (a.a.O., S. 12). Aus späterer Perspektive wäre natürlich kritisch zu prüfen, ob eine solche »anständige« Verhaltensweise immer Grund zur Zufriedenheit sein sollte…

Freud hat es hier nicht mit irgendeinem Kind zu tun, sondern mit seinem Enkel Ernst, dem Sohn seiner Tochter Sophie. Ernst hatte in den Jahren seiner Kindheit einige Belastungen zu verarbeiten: Seine Mutter starb, als er sechs Jahre alt war, sein älterer Bruder drei Jahre später. Er gilt zudem als der erste Patient seiner Tante Anna Freud. Der hochbetagte Ernst Freud schreibt sehr viel später im Rückblick auf sein Leben: »Den Analytikern unter Ihnen bin ich wahrscheinlich durch die Beobachtungen meines Großvaters als der kleine Junge mit der Garnrolle [...] bekannt. Obwohl ich mich selbst nicht daran erinnern kann, habe ich doch eine Erinnerung an das Spiel des Verschwindens, und zwar dass es vor dem Spiegel im Zimmer Anna Freuds stattgefunden hat.« (E. Freud, 2003, S. 63) In der Tat hat Ernst durch die Bemerkungen seines Großvaters und zahllose Kommentare einige Berühmtheit in der psychoanalytischen Szene erhalten.

Sigmund Freud schreibt weiter zu dem, was dann als das Garnrollen-Spiel bezeichnet wurde: »Dieses brave Kind zeigte nun die gelegentlich störende Gewohnheit, alle kleinen Gegenstände, deren es habhaft wurde, weit weg von sich in eine Zimmerecke, unter ein Bett usw. zu schleudern, so daß das Zusammensuchen seines Spielzeuges oft keine leichte Arbeit war. Dabei brachte es mit dem Ausdruck von Interesse und Befriedigung ein lautes, langgezogenes o-o-o-o hervor, das nach dem übereinstimmenden Urteil der Mutter und des Beobachters keine Interjektion war, sondern ›Fort‹ bedeutete.« (Freud, 1920g, S. 12) Freud interpretiert das Spiel so, dass der Junge verschiedene seiner Spielzeuge auf diese Art wegwirft und so mit allen dieser Dinge »Fortsein« spielt, aber mit einem besonders: »Das Kind hatte eine Holzspule, die mit einem Bindfaden umwickelt war. [...E]s warf die am Faden gehaltene Spule mit großem Geschick über den Rand seines verhängten Bettchens, so daß sie darin verschwand, sagte dazu sein bedeutungsvolles o-o-o-o und zog dann die Spule am Faden wieder aus dem Bett heraus, begrüßte aber deren Erscheinen jetzt mit einem freudigen »Da«. Das war also das komplette Spiel, Verschwinden und Wiederkommen« (a. a. O.).

Dieses Beobachten des Spiels mit der Garnrolle hat eine große Bedeutung für die psychoanalytische Entwicklungstheorie und wird meist als das »Fort-Da-Spiel« bezeichnet. Die gängige Interpretation richtet sich daran aus, dass Ernst hier das Weggehen des Objekts und das Wiederholen spielt, in erster Linie auch im Hinblick auf die innere Repräsentation der Bezugsperson(en), in erster Linie der Mutter. Die lautlichen Eckpunkte »Fort« und »Da« haben Einzug in den internationalen Sprachgebrauch in der Psychoanalyse erhalten, so finden sich spanisch- und englischsprachige Zeitschriften mit dem Titel »Fort-Da« oder es kursiert der Witz, dass jeder Psychoanalytiker auf der Welt mindestens zwei Worte in deutscher Sprache kenne: »Fort« und »Da«…

Freud stellt an die Beobachtung seines Enkels die Frage, warum hier das Fortgehen überhaupt gespielt wird (die Bemerkungen stehen im Kontext der Arbeit *Jenseits des Lustprinzips*, in der es Freud darum geht zu erkunden, wann andere Motive als das Streben nach Lust das Erleben und Handeln leiten). Gemäß der Annahme, es werde Lust gesucht und Unlust vermieden, warum sollte dann aktiv eine unlustvolle Situation, die offenkundig nicht wunscherfüllend ist, wiederholt werden? Dass sein Enkel hier das »Fort« reinszeniert und mit »o-o-o-« kommentiert, ist nicht im Einklang mit der bisherigen Theoriebildung der Psychoanalyse. Freud prüft also: Geht es hier darum, eine passiv erlittene Situation aktiv zu wenden (das Weggehen geschieht ihm nicht, sondern wird durch ihn hergestellt)? Oder geht es darum, sich zu zeigen, dass man auch ohne das Objekt (Mutter) zurechtkommen kann? Zwei wichtige Aspekte sind darin enthalten: Zum einen die Wendung von Passivität in Aktivität, die nicht zuletzt ja auch darin besteht, das Wiederkommen aktiv gestalten zu können, und zum anderen die Möglichkeit, etwas anderes wiederzuholen als man weggeworfen hat, nämlich eine psychische Repräsentation des nun Abwesenden. Aus diesem Grund ist das Fort-Da-Spiel im Zusammenhang der Symbolisierungstheorie auf unterschiedliche Weise diskutiert worden.

3.1.1 In der Perspektive Jacques Lacans

Eine Diskussion des Spiels erfolgt beispielsweise durch Lacan. Dessen Konzeption von Symbolisierung ruht auf der, frei nach Hegel (dort: Sprache ist die »Ertötung der sinnlichen Welt in ihrem unmittelbaren Dasein«; Hegel, 1808) reformulierten Denkfigur: »Das Symbol stellt sich zunächst als Mord der Sache dar, und dieser Tod konstituiert im Subjekt die Verewigung seines Begehrens.« (Lacan 1953, S. 166) Hier ist gemeint, dass Sprache einerseits einen Zugang zur Welt schafft (es wird möglich, über das eigene Erleben zu reflektieren und zu anderen in einen Kontakt und Austausch zu kommen), aber gleichzeitig ein Stück Distanzierung von der Unmittelbarkeit der sinnlichen Erfahrung bedeutet. Das Symbol ist »Mord der Sache«, weil es aus einer ganzheitlichen Erfahrung etwas Einzelnes isoliert und es benennt. Das soll heißen, ich trete ein Stück davon zurück, in meiner eigenen Erfahrung involviert zu sein, indem ich sprachlich darüber nachdenke oder kommuniziere.

Zum Garnrollen-Spiel im Besonderen schreibt Lacan nun: »In d[..]er phonematischen Opposition (Fort/Da; TS] transzendiert das Kind, hebt auf eine symbolische Ebene, das Phänomen von Anwesenheit und Abwesenheit. Es macht sich zum Herrn des Dings genau insofern, als es es zerstört.« (Lacan, 1953/54, S. 221) Das ist weniger kompliziert als es klingt. In Lacans Lesart geht es im Garnrollen-Spiel, also im Fort-Sein und Da-Sein, um die Auseinandersetzung mit Abwesenheit und Anwesenheit. Für ihn macht sich das Kind zum »Herrn des Dings«, indem es es zerstört, d. h. es lernt auf diese Weise (in einer Zerstörung von Unmittelbarkeit), symbolisch damit umzugehen. Bei Lacan liegt der Akzent darauf, dass die Abwesenheit der Mutter durch das Symbol vernichtet wird: Die Erfahrung der Abwesenheit wird zerstört, aber durch die Distanzierung von der Unmittelbarkeit auch ein Stück der Anwesenheit, denn was nun anwesend ist, ist die (rudimentär sprachvermittelte) Vorstellung, die sich von der Wahrnehmung eben unterscheidet.

Für Lacan spielt die Figur, dass Symbolisierung immer einen Abstand zu den Dingen schafft, eine wichtige Rolle für die Subjekttheorie. Bei Lacan taucht das dann in Konzeptionen wie dem »barrierten« Subjekt auf oder dahingehend, dass sich unser Begehren darüber strukturiert, dass wir das Objekt, das unser Begehren in Gang setzt, strukturell nicht erreichen (Lacan nennt dies das Objekt klein a). Konkret bezogen auf das Garnrollen-Spiel meint er daher, das Kind wolle nicht dem »Effekt des Verschwindens« seiner Mutter entgegenwirken (allenfalls sekundär) (1964, S. 68). Denn, so Lacan weiter, »das Spiel mit der Spule ist die Antwort des Subjekts auf das, was die Abwesenheit der Mutter an der Grenze des Bezirks schaffen sollte, am Rand der Wiege: einen Graben« (a. a. O.). Lacan wehrt sich gegen die Lesart, die Garnrolle vertrete schlicht die Mutter: »[S]ie ist vielmehr ein kleines Etwas vom Subjekt, das sich ablöst, aber trotzdem ihm zugehörig ist« (a.a.O.). Der Kontext dessen ist die Unverfügbarkeit der »Objektursache« des Begehrens, etwas, das für die Struktur des Subjekts entscheidend ist, diesem also einerseits zugehörig, andererseits notwendigerweise vom anderen her kommt. Verbunden mit dem Gedanken des Objekts klein a, als Objekt, das das Begehren in Gang setzt, aber davon nicht erreicht wird, kann Lacan dann formulieren: Am Objekt, der Spule, könnten wir »das Subjekt festmachen«: »Dieses Objekt nennen wir […] klein a« (Lacan, a.a.O.). Bezogen auf die Genese des Subjekts und seines Begehrens geht es hier »um die Wiederholung des Fortgehens der Mutter als Ursache für eine Spaltung im Subjekt […] Das Spiel meint wesentlich das, was, weil vorgestellt, nicht da ist« (a.a.O., S.69). So paradox die Formulierungen klingen: Lacan versucht, konzeptuell greifbar zu machen, dass der Preis für Re-Präsentation die Entfernung der Präsenz ist; etwas wird re-präsentiert, wieder anwesend gemacht (in der Vorstellung), aber zuvor, und dies in einem aktiven Vorgang, wird Anwesenheit vernichtet. Lacan versucht, den Schnittpunkt zu beschreiben, an dem eine Abwesenheit in der Wahrnehmung durch eine Anwesenheit in der Vorstellung ersetzt werden kann. Genau das ist in einer basalen Form der Vorgang der Symbolisierung (auf Lacans Begriff des Symbolischen werde ich im Abschnitt 3.3.3 eingehen; ▶ Kap. 3.3.3).

3.1.2 In der Perspektive Alfred Lorenzers

Lacan ist nicht der einzige psychoanalytische Autor, der die Szene kommentiert und daraus symbolisierungstheoretische Überlegungen entwickelt hat. Lorenzer (1986, S.55) meint: »Freud trifft damit genau den Vorgang einer ersten Symbolbildung. Die eine Szene – mit der Mutter – wird durch eine andere Szene – das Garnrollenspiel – repräsentiert. […] Es wird ein Symbol gebildet, indem eine Szene mit einer anderen verknüpft wird. Die eine Szene ›bedeutet‹ die andere; die eine Szene legt die andere aus. Zusammen – und zwar nur zusammen – bilden sie ein Symbol.« Es wird also etwas zusammengebracht, kann einander wechselseitig vertreten. Das Weggehen der Mutter spielen zu können, ist eine Symbolisierungsleistung, nicht zuletzt deshalb, weil für Gefühle und andere Erlebniszustände eine repräsentationale Form gefunden wird (was als ein allgemeines Kennzeichen kindlichen Spiels angesehen werden kann).

Auch bei Lorenzer steht dies im Kontext einer umfangreicheren Konzeption, nämlich seiner Theorie der Interaktionsformen. Das sind bei ihm szenische Beziehungsvorstellungen zwischen Selbst und anderen, die als der Niederschlag vorangegangener Interaktionen verstanden werden und das Erleben und Handeln leiten. Interaktionsformen liegen dabei an der Schnittstelle zwischen konkreter sozialer Erfahrung und Vorstellung. Anhand des Garnrollen-Spiels von Freuds Enkel verdeutlicht Lorenzer (1972, S. 94f.) seine Überlegung einer »Einübung von Interaktionsformen« zwischen Mutter und Kind. Gemeint ist damit ein Einschwingen von Mutter und Kind auf einander und die Interaktion miteinander sowie in der Folge auch die Repräsentation dieser Interaktion. Eine solche Einübung ist daran gebunden, dass bestimmte Handlungen und Interaktionserfahrungen sich wiederholen. Die psychische Welt als eine symbolische bildet sich durch Wiederholung[5] und Generalisierung aus: »Gerade weil sich eine Interaktionsform eingespielt hat, wird eine motorische Aktivität des Kindes, die sich situationsverändernd dem Interaktionskomplex beigesellt, als Interaktionsform sich bewähren mit dem Ergebnis, daß sie aus sich heraus den Prozeß von Wiederholung und Generalisierung in Gang setzt. [...] Das Kind hat die Interaktionsform variiert und findet zumindest vorläufig seine reale Befriedigung.« (a. a. O., S. 95) Bezogen auf das Garnrollen-Spiel werde »eine sinnlich-unmittelbare Interaktionsform [...] durch eine andere [...] ersetzt« (Lorenzer, 1981, S. 159) und im weiteren Verlauf der Entwicklung wandeln sich die psychischen Strukturen weiter durch die aktive Verwendung von Sprache.

5 Den Aspekt der Wiederholung diskutiert bezogen auf das Garnrollen-Spiel auch Derrida (1980), wenn auch in einem deutlich unterschiedlichen Referenzrahmen.

3.1.3 In der Perspektive einer doppelten psychischen Verneinung

Die von Löchel (1996) vorgelegte Lesart kann einige der erwähnten, eher überkomplexen Formulierungen etwas zentrieren und kann m.E. als eine solche gelten, auf die sich Autoren verschiedener Schulen einigen können. Sie schreibt: »Dieses symbolische Fädchen [das Garn auf der Spule, an dem Ernst diese wieder zurückziehen kann; TS] verhilft ihm dazu [...] die Darstellung eines Fort-Da einer nicht darstellbaren und nicht vorstellbaren – traumatischen – Abwesenheit zu substituieren und diese durch Wiederholung darin einzubinden.« (Löchel, 1996, S. 698) Es geht also um eine Bewältigung schwieriger Gefühle, die mit der Erfahrung einer Trennung von der Mutter verbunden ist. Weiter heißt es: »Deshalb kann sich der kleine Ernst auch so sehr über das Fort freuen: Er hat damit ein anderes, bedrohlicheres Fort fortgeschickt« (a. a. O.). Das »bedrohlichere« Fort ist die Erfahrung der Abwesenheit und Trennung, das aktiv gestaltete Fort bedeutet das Fortsein eines Fortseins, die Bewältigung der Abwesenheit durch die Erfahrung einer Gestaltung von Ab- und noch viel wichtiger: Anwesenheit. Deshalb schreibt Löchel: »Ich meine, daß Freud an dieser Stelle, mit diesem Spiel die später (1925h) entwickelte Struktur der Verneinung vorwegnimmt. Das Wegwerfen (o-o-o-o) entspräche dann der Anerkennung des Schmerzes der Abwesenheit in Form der Verneinung. Diese Verneinung geht der Bejahung (da) voraus, die sich nun als Verneinung der Verneinung erweist. Das vom kleinen Ernst freudig begrüßte Wiedererscheinen ist die durch das Symbol geschaffene Präsenz (und nicht das Abbild einer Sache).« (Löchel, 1996, S. 698)

»Verneinung der Verneinung« kann hier in folgender Weise verstanden werden: Die erste Verneinung ist diejenige, die darin besteht, dass in der Welt der Wahrnehmung die Mutter nicht vorhanden ist; die Erwartung, sie dort zu finden, wird frustriert bzw. verneint. Die zweite Verneinung, die sich auf die erste richtet, meint dann, diese Abwesenheit zu »verneinen«. Statt auf der Ebene »Mama ist nicht da« (erste Verneinung) zu verbleiben, wird aktiv eine zweite Ebene gebildet: »Mama ist *nicht* nicht da«. Statt bloß in der Wahrnehmung abwesend zu bleiben, wird sie in der Vorstellung anwesend gemacht; dies wird als »Verneinung der Verneinung« oder doppelte Negation beschrieben. Im Fort-Da-Spiel spielt Ernst (bzw. spielen Kinder in vergleichbaren Spielen) den Umgang mit Abwesenheit und Anwesenheit und erwerben und erproben so die Fähigkeit zur psychischen Symbolisierung, die es nicht zuletzt ermöglicht, eine bloß wahrnehmungsbezogene, konkretistische Erlebnisweise repräsentatorisch anzureichern – erst dann werden Erinnerung, Erwartung, Fantasie oder differenzierte Denkprozesse möglich.

3.2 Die Bedeutung der Verneinung für die Symbolisierung

Die Kinderserie *Die Dinos* (1991–1994) zeigt den Lebensalltag einer Dinosaurierfamilie aus Mutter, Vater, zwei pubertierenden Kindern (Sohn und Tochter) sowie einem Baby (das bereits sprechen kann und dies in erster Linie altklug tut). Wiederkehrend »beschwert« sich das (namenlose) Baby bei seinem Vater darüber, dass er »nicht die Mama« sei…

Hier zeigt sich psychoanalytische Entwicklungstheorie im Hinblick auf Abwesenheit und Repräsentation, Triangulierung, Verneinung, ödipale Konflikte u. a. Das Baby zeigt eine gewisse Symbolisierungsleistung, indem es den Papa sieht und dessen Unterschiedenheit zur Mama erkennt, die an die Trennung von dieser erinnert. An dieser Stelle kann die Bedeutung der Verneinung aufgegriffen und erweitert werden, die im Hinblick auf die doppelte Verneinung in der Bildung psychischer Repräsentanzen als bedeutsam herausgestellt worden ist.

In der Arbeit *Die Verneinung* (1925h) formuliert Freud die Annahme: »Ein verdrängter Vorstellungs- oder Gedankeninhalt kann […] zum Bewußtsein durchdringen unter der Bedingung, daß er sich verneinen läßt. Die Verneinung ist eine Art, das Verdrängte zur Kenntnis zu nehmen, eigentlich schon eine Aufhebung der Verdrängung, aber freilich keine Annahme des Verdrängten.« (Freud, 1925h, S. 12) Für Freud ist eine solche Kenntnisnahme eine »intellektuelle« Annahme. Zu sagen »Ich hasse meinen Bruder nicht«, hebt die Vorstellung des Hasses auf den Bruder ins Bewusstsein, was dadurch möglich ist, dass sie eine Negation erfährt. Freuds Beispiel an dieser Stelle ist die Beteuerung, bei einer Person im Traum handele es sich *nicht* um die Mutter – dass jemandem zum Traum die Mutter einfällt, auch wenn es in abgrenzender Weise geschieht, ist bedeutungsvoll.

Freud spricht hier von der »intellektuellen Urteilsfunktion«, deren Aufgabe es sei, einen »Gedankeninhalt« zu bejahen oder zu verneinen. Dabei bedeutet »[e]twas im Urteil [zu] verneinen [...]: das ist etwas, was ich am liebsten verdrängen möchte« (a. a. O.). In diesem Sinn ist dann auch Freuds Bemerkung zu verstehen: »Etwas im Urteil verneinen, heißt im Grunde: das ist etwas, was ich am liebsten verdrängen möchte.« (a. a. O.) und dabei sei die »Verurteilung« (also dass eine Vorstellung der Urteilsfunktion unterliegt) »der intellektuelle Ersatz der Verdrängung« (a. a. O.). Die Verdrängung tut letztlich dasselbe: Sie versieht eine Vorstellung mit einem negativen Vorzeichen, so dass sie nicht mehr bewusst ist. Aber genau so wie die Benennung einer Person, der ein »nicht« vorgesetzt wird, ist die verdrängte Vorstellung damit immer im Spiel.

Mit der Urteilsfunktion ist also gemeint, »einem Ding eine Eigenschaft zu- oder ab[zu]sprechen« bzw. »einer Vorstellung die Existenz in der Realität zu[zu]gestehen oder [zu] bestreiten« (a. a. O., S. 13). Als Element der Vorstellungswelt spricht Freud hier vom »Verneinungssymbol«, also eine Vorstellung, die den »Stempel« einer Verneinung erfährt. Oben im Zusammenhang der Internalisierung war bereits ein Zitat wichtig geworden, in dem Freud die Bildung des Psychischen mit der Nahrungsaufnahme vergleicht: »In der Sprache der ältesten, oralen Triebregungen ausgedrückt: das will ich essen oder will es ausspucken, und in weitergehender Übertragung: das will ich in mich einführen und das aus mir ausschließen. Also: es soll in mir oder außer mir sein.« (a. a. O.). Bezogen auf die Verneinung heißt dies nun zum einen, dass bestimmten Vorstellungen der Eintritt in die psychische Welt und im Besonderen ins bewusste Erleben verwehrt werden kann. Zum anderen ist damit die frühe »Ich«-Bildung betroffen (so jedenfalls in Freudscher Terminologie; konsequenter wäre es, von der Bildung der Selbst-Repräsentanz zu sprechen).

Freud spricht von einem »ursprüngliche[n] Lust-Ich«, das »alles Gute sich introjizieren« und »alles Schlechte von sich werfen« wolle – also konkret, das, was mit guten Erfahrungen (Lust) zu tun hat, in sich aufnehmen (auch psychisch), und das, was mit schlechten Erfahrungen (Unlust) zu tun hat, von sich wegzuhalten. Was mir Lust bereitet, das soll ein Teil von mir sein, das Unlustvolle wird der Außenwelt zugeschrieben, als von dort kommend und als feindlich erlebt. Das nennt Freud auch ein »purifizierte[s] Lust-Ich«: »Die Außenwelt zerfällt ihm in einen Lust-Anteil, den es sich einverleibt hat, und einen Rest, der ihm fremd ist. Aus dem eigenen Ich hat es einen Bestandteil ausgesondert, den es in die Außenwelt wirft und als feindlich empfindet.« (Freud, 1915c, S. 228) Im Hinblick auf Lustvolles »purifiziert« ist das Ich also, weil es bezüglich guter Erfahrungen »rein« ist und alles Schlechte außerhalb verortet wird. Das hat zur Folge, dass dem Kind in dieser frühen Zeit »[d]as Schlechte, das dem ich Fremde [...] zunächst identisch« sei (Freud, 1925h, S. 13). Auf diesen Grundlagen entwickelt sich ein »Real-Ich«, also die Fähigkeit zu prüfen, ob etwas »als Vorstellung Vorhandene[s]« auch »im Draußen« vorhanden ist (a. a. O.)[6]. Das ist von hoher Wichtigkeit in entwicklungspsychologischer Perspektive, denn damit ist implizit anerkannt, dass die Unterscheidung zwischen Innen und Außen, zwischen Selbst und Nicht-Selbst nicht immer schon gegeben ist, sondern eine Entwicklungserrungenschaft bedeutet: »Der Gegensatz zwischen Subjektivem und Objektivem besteht nicht von Anfang an. Er stellt sich erst dadurch her, daß das Denken die Fähigkeit besitzt, etwas einmal Wahrgenommenes durch Reproduktion in der Vorstellung wieder gegenwärtig zu machen, während das Objekt draußen nicht mehr vorhanden zu sein braucht.« (a. a. O., S. 14) Damit ist

6 Hier treffen also zwei Ebenen der Betrachtung zusammen: Zum einen geht es darum, ob in der Welt der Repräsentanzen etwas den Vorstellungen vom Selbst oder den Vorstellungen von anderen bzw. der »Außenwelt« zugeschrieben wird, zum anderen geht es um das Verhältnis von Vorstellung und Wahrnehmung, besonders dahingehend, dass Teile der Erlebniswelt *als* Wahrnehmung erlebt und von Vorstellungen unterschieden werden können.

eine Grundidee der Bildung innerer Objekte formuliert. Es ist möglich, sich relativ von der Wahrnehmung zu entfernen und eine innere Welt auszugestalten. Jede Konzeption von Fantasie beruht darauf: Es geht schließlich nicht nur darum, sich etwas in Erinnerung zu rufen, das einmal Wahrnehmung wahr, sondern auch, innere Vorstellungen originär zu bilden oder miteinander zu verknüpfen.

Eine etwas umständliche Denkfigur Freuds besteht ferner darin, dass er annimmt, das Objekt der Vorstellung werde nicht in der Realität gefunden, sondern »wiedergefunden«. Für ihn ist es die »Bedingung für die Einsetzung der Realitätsprüfung, daß Objekte verloren gegangen sind, die einst reale Befriedigung gebracht hatten« (a. a. O.). Irgendeine Art von Verlusterleben geht der Hinwendung an die Realität und der Bildung psychischer Repräsentanzen voraus (hier findet sich also in allgemeiner Form der Gedanke, dass Internalisierung mit Verlust zu tun hat, wie Freud ihn in *Trauer und Melancholie* vorgezeichnet hatte). Im weiteren Verlauf der psychoanalytischen Theoriebildung ist das aufgenommen worden: Frustration oder relative, vorübergehende Abwesenheit ist notwendig zur Ausgestaltung der inneren Welt. Eine Befriedigung, die niemals auch ausbliebe (also ein permanentes Zusammenfallen von Bedürfnis und Befriedigung), würde Entwicklung nicht auf den Weg bringen können. Bei Freud ist das noch sehr andeutungshaft formuliert: Das Objekt wird verloren (also eines, das »immer« da ist und für Befriedigung sorgt) und auf der Ebene von Realitätsprüfung und Repräsentanz wird es wiedergefunden, nun aber als eines, das gut und befriedigend ist, aber als Teil einer Begegnung. Dazu gehört nicht zuletzt auch die Anerkenntnis eines Unterschieds zwischen Repräsentanz und »realer« Person: »Die Reproduktion der Wahrnehmung in der Vorstellung«, so Freud, »ist nicht immer deren getreue Wiederholung; sie kann durch Weglassungen modifiziert, durch Verschmelzungen verschiedener Elemente verändert sein.« (a. a. O.) Die »Objekte« als Elemente der subjektiven Vorstellungswelt unterscheiden sich davon, wie die Person »objektiv« oder »real« ist.

Das ist die große Perspektive von Freuds Verneinungsarbeit und seiner Auseinandersetzung mit dem Garnrollenspiel seines Enkels (vgl. für zeitgenössische Kommentare zu *Die Verneinung* O'Neil & Akhtar, 2011). Was kann aus den Freudschen Überlegungen nun für das Weitere festgehalten werden? Symbolisierung bedeutet den Umgang mit Abwesenheit in der Wahrnehmung. Sie hat mit einer Konfrontation mit dem Verlust eines Objektes zu tun, keinem absoluten, sondern vorübergehenden Verlust, mit einer Trennung oder Abwesenheit. Mit Freuds Enkel gesprochen: Das Fort in der Wahrnehmung kann zu einem Da in der Vorstellung führen. In der frühen Entwicklung nehmen wir Befriedigendes in uns hinein, wir internalisieren das, was lustvoll ist (purifiziertes Lust-Ich), und was frustrierend ist, wird ausgestoßen und wir erleben es als »außen«, außerhalb des Bereichs des Selbst, es ist nicht »in« uns.

3.3 Ausgewählte Ansätze zur psychoanalytischen Symbolisierungstheorie

Die TV-Serie *Carnivàle* thematisiert Ereignisse im Umfeld eines Wanderzirkus Mitte der 1930er-Jahre im Mittleren Westen der USA. Vor diesem Hintergrund werden Themen des Kampfes zwischen Gut und Böse, christlicher Motive und Spiritualität erforscht. Der ersten Folge der Serie (»Milfay«, 2003) wird ein gesprochener Prolog vorangestellt, den der kleinwüchsige Charakter Samson vor einem schwarzen Hintergrund, in dichter Frontal-Einstellung spricht: »Vor dem Anfang, nach dem großen Krieg zwischen Himmel und Hölle, erschuf Gott die Erde und gab dem begabten Affen, den er Mensch nannte, die Macht darüber … Und in jeder Generation wurde ein Geschöpf des Lichts und ein Geschöpf der Dunkelheit geboren … Und große Armeen trafen bei Nacht in einem altehrwürdigen Krieg zwischen Gut und Böse aufeinander. Damals gab es Magie. Ehrgefühl. Und unvorstellbare Grausamkeit. Und so war es bis zu dem Tag, an dem eine falsche Sonne über der Dreieinigkeit explodierte und der Mensch für immer das Staunen gegen den Verstand eintauschte.« (Übers. TS)

An diesen Ausschnitt, wie an jedes künstlerische oder mediale Produkt, lassen sich psychoanalytisch unterschiedliche Blicke anlegen. Vorab ist auch hier der methodische Hinweis wichtig, dass für eine konkrete Interpretation des Ausschnitts ein anderes Vorgehen gewählt werden müsste als das bloße Nutzen zur Illustration von Theorie. An dieser Stelle ist wichtig, dass sich die Serie für einen Blick auf soziale Strukturen und gesellschaftliche Entwicklung eignet; ebenso könnte die Bedeutung des Verhältnisses von Vernunft und Spiritualität betrachtet werden. Außerdem ist es ertragreich, das Szenario der Serie, und insbesondere die interpersonalen Strukturen, als Ausdruck einer inneren Welt zu betrachten. Wenn der Protagonist der Serie ganz zu Beginn seine Mutter und sein Zuhause verliert und sich in einem wüstenartigen Ambiente dem Wanderzirkus anschließt, dann können die Geschehnisse auch als Ausdruck einer inneren Welt von Verlust, Entwurzelung oder Haltlosigkeit gesehen werden (► Kap. 6.4.4 zu einem weiteren Ausschnitt) – als verschiedene Selbstzustände, als die Bevölkerung der inneren Welt mit Außenseitern, skurrilen Figuren o. ä.

Im Weiteren stelle ich drei einflussreiche psychoanalytische Theorien zur Symbolisierung vor. Es handelt sich um die Ansätze Melanie Kleins, Alfred Lorenzers und Jacques Lacans.

3.3.1 Der Ansatz Melanie Kleins: Introjektion und Projektion

Melanie Kleins Ansatz ist im Kontext der vorliegenden Buchreihe bereits im ersten Teil zum Trieb-Konzept Thema gewesen (zur unbewussten Phantasie; Storck, 2018a, S. 70ff.), ebenso im zweiten Teil bezüglich der *Frühstadien des Ödipuskonfliktes*; Storck, 2018b, S. 70ff.). Das auf Klein zurückgehende Konzept der projektiven Identifizierung schließlich wird im fünften Band der Reihe (Storck, 2020a) eine Rolle spielen. Kleins Darstellungen und die in ihrer Denktradition stehenden Weiterentwicklungen weisen eine eigene Theorie-Sprache auf, so dass es nicht verwundert, dass es ein eigenes Wörterbuch dazu gibt (Bott-Spillius et al., 2011) und ein Handbuch, welches das Lesen der Arbeiten Kleins erleichtern soll (Rustin & Rustin, 2016).

Die Themen bei Klein sind anders als bei Freud, bei dem besonders die Bedeutung der frühkindlichen Sexualität und Lust- und Unlusterfahrungen im Mittelpunkt der Entwicklungstheorie stehen, stärker auf Angst und Aggression zentriert. Auch das erwähnte Konzept der unbewussten Phantasie ist hochrelevant für die Antwort auf die Frage nach der Bildung psychischer Repräsentanzen. Ferner gibt es wichtig Anschlüsse an Freuds Annahme, Gutes werde in der frühen Entwicklung aufgenommen und als zum Selbst zugehörig erlebt, während Schlechtes ausgestoßen werde – eine solche Konzeption früher Spaltung ist bei Klein zentral und im Rahmen einer solchen Figur tauchen ihre oft zitierten Überlegungen zur »guten Brust« und »bösen Brust« als innere Objekte auf (z. B. Klein, 1946, S. 137ff.). Es sind Formulierungen, die Klein wählt, um zu beschreiben, dass in der frühen kindlichen Entwicklung die Mutter nicht als ein ganzes Objekt wahrgenommen wird, das mal geliebt und mal gehasst wird oder das mal befriedigend ist und mal frustrierend, sondern das Objekt Mutter wird aufgespalten in einen Teil der Mutter, der nährend und liebevoll und lustvoll ist, und einen weiteren Teil, der frustrierend und relativ zurückweisend ist – als wären es zwei unterschiedliche Figuren. Das wird dann konkret im Bild einer guten und einer bösen Brust, eine Bebilderung von frühen Spaltungsprozessen zwischen Befriedigendem und Frustrierendem. Das begreift Klein als ein allgemeines Durchgangsstadium der Entwicklung und nennt es die paranoid-schizoide Phase. Damit soll kein pathologischer Zustand benannt sein, sondern es soll das frühkindliche Erleben beschreiben, in dem ähnlich wie in Freuds Gedanken des purifizierten Lust-Ichs das Schlechte/Unlustvolle als von außen kommend und verfolgend erlebt wird. Das ist das Paranoide daran. Und das Schizoide besteht darin, dass Aspekte des Erlebens voneinander getrennt bleiben. Zusammen genommen wird zwischen gut und böse gespalten und das Schlechte nach draußen verlagert – deshalb ist diese Phase »paranoid-schizoid«. Dem ist in der Entwicklungstheorie die depressive Position nachgeordnet, als eine Errungenschaft (die passager auch wieder verloren gehen kann), die es ermöglicht, Verluste von »ganzen« Objekten betrauern, reife Schuldgefühle erleben und psychische Integrationsleistungen vollziehen zu können.

In einer Betrachtung der Relevanz der Arbeiten Kleins für die psychoanalytische Theorie der Symbolisierung kann ihre Arbeit »Zur Psychogenese der manisch-depressiven Zustände« herangezogen werden (Klein, 1935). Ähnlich wie Freud in den Grundlegungen einer Objektbeziehungs- und Symbolisierungstheorie (in *Trauer und Melancholie*, aber auch in der Bemerkung in *Die Verneinung*, dass das Objekt »wiedergefunden« werden müsse) geht auch Klein von Trauerprozessen aus und schreibt darauf aufbauend: »Die frühkindliche Entwicklung wird von den Mechanismen der Introjektion und Projektion beherrscht. Von Anfang an introjiziert das Ich ›gute‹ und ›böse‹ Objekte, für die die Mutterbrust den Prototyp darstellt, und zwar den Prototyp von guten Objekten, wenn die Brust es befriedigt, von bösen, wenn sie ihm versagt wird.« (a. a. O., S. 55) Einerseits taucht der von Freud bekannte Gedanke auf, dass es Verlust, Trennung oder Versagung sind, die einflussreich für die Ausbildung von Repräsentanzen sind. Klein überschreitet dies nun (bzw. präzisiert es im Hinblick auf die beteiligten Prozesse), indem sie die ebenfalls bei Freud (und Ferenczi) skizzierte Figur von introjektiven Prozessen genauer ausarbeitet. Die Brust ist »böse« aufgrund der Versagung, die in Kleins Sicht so erlebt wird, als würde ein Teil der Mutter die mögliche Befriedigung vorent- bzw. für sich behalten, sowie aufgrund der auf sie projizierten eigenen Aggression.

Entscheidend in der Konzeption Kleins ist nun auch, dass introjektive und projektive Prozesse ineinander greifen und zusammenwirken. Sie schreibt: »Diese Imagines […] werden vom Kinde nicht nur in die Außenwelt, sondern durch den Prozeß der Einverleibung auch in das eigene Ich verlegt.« (a. a. O.) Das Kind verlagert etwas nach außen (am Grund dessen liegen eigene aggressive Strebungen bzw. diffuse Erregungszustände), was konkret bedeutet, dass es erste Repräsentanzen (unbewusste Phantasien, in ihrer Terminologie) von etwas bildet, das dem Selbst gegenüber fremd ist. Diesen Repräsentanzen werden eigene Anteile projektiv zugeschrieben, in einer ähnlichen Psycho-Logik wie der von Freuds purifiziertem Lust-Ich. Im Zuge der Bildung von Selbstrepräsentanzen wird nun allerdings zugleich etwas, das in Interaktionen mit anderen erlebt wird, (introjektiv) internalisiert, einschließlich der zugehörigen Phantasien. Anders als bei Freud wird hier also angenommen, dass etwas vom »Schlechten« unweigerlich auch wieder ins Selbst hineingenommen wird. Das Kind kann gar nicht anders, als auch etwas vom zuvor Projizierten wieder hineinzunehmen, nicht zuletzt deshalb, weil das Selbst immer in Relation zum Objekt steht, sukzessiv erlebt als verbunden und abgegrenzt.

Klein konzipiert projektive Prozesse in der frühsten Entwicklung auch darüber, dass so ein Umgang mit oral-sadistischen Impulsen gefunden werden soll, die als verfolgend erlebt werden. Etwas an der eigenen Trieb- und Affektwelt ist ängstigend, auch weil es nicht reguliert werden kann. In der paranoid-schizoiden Phase/Position werden Abwehrmethoden eingesetzt, die »auf die Vernichtung der ›Verfolger‹« zielen (a. a. O., S. 58), so allerdings die Verfolgungsängste nicht mindern, sondern nach außen verlagern, wo die Objekte als attackierend erlebt werden und versucht wird, sie zu vernichten. Die depressive Position, wie oben beschrieben, erst ist es, was einen Wandel von Teil-Objekt-Beziehungen zu solche »ganzen« Objekte möglich macht: »Erst nachdem das Objekt als ein ganzes geliebt wurde, kann sein Verlust als ein ganzer gefühlt werden.« (a. a. O., S. 59) Dann erlebt das Kind nicht nur eine gute und eine böse Brust, sondern eine ganze Person, an der es Anteile liebt und andere Anteile hasst, mit der es mal positive, mal negative Gefühle empfindet und mal lustvolle und mal unlustvolle Erfahrungen macht.

Für die Objektbildung und Symbolisierungstheorie ergibt sich konkret folgende Konzeption: Unweigerlich machen wir Erfahrungen von (Trieb-)Frustration bzw. der Frustration von Bedürfnissen, alleine dadurch, dass unsere frühen Bezugspersonen diese nicht permanent und ohne zeitliche Verzögerung erfüllen können. Das heißt es kommt in der Annahme Kleins immer zur Bildung eines schlechten Objektes (der versagenden, bösen Brust), und zwar einerseits durch die Introjektion, weil sich durch die Interaktion mit einer anderen Person Internalisierungsvorgänge realisieren, andererseits durch die Projektion des Schlechten und Bösen. Beide Aspekte des Prozesses (Bildung des schlechten Objekts durch Introjektion im Zuge von Versagungserfahrungen und Bildung des schlechten Objekts durch Projektion aggressiver Strebungen) lassen sich zeitlich oder logisch nicht voneinander trennen, vielmehr verstärkt die Introjektion noch die Notwendigkeit der Projektion von Aggression. Klein formuliert: »Wenn die Introjektion der […] Objekte begonnen hat, so setzt […] die Angst vor den introjizierten Objekten die Mechanismen der Ausstoßung und Projektion in Gang. Es kommt nun zu einer Wechselwirkung zwischen Projektion und Introjektion, die sowohl für die Über-Ich-Bildung wie auch für die Entwicklung der Objektbeziehung und Realitätsanpassung von grundlegender Bedeutung ist. Der fortgesetzte, stetige Antrieb zur Projektion der angsterregenden Identifizierungen auf das Objekt wirkt sich allem Anschein nach in dem verstärkten Antrieb zu immer wieder erneuter Introjektion des Objekts aus« (Klein, 1932, S. 180).

So realisiert sich das Verfolgende früher Objektbildungen. Im Ergebnis ist die innere Welt (auch) von bedrohlichen Objekten bevölkert. Glücklicherweise, so ist zu hoffen, haben wir nun nicht nur Erfahrungen von Triebfrustration, sondern auch Erfahrung von Triebbefriedigung. Das heißt wir internalisieren auch ein gutes Objekt, eine gute Objekterfahrung, die mit Lust, Befriedigung, sinnlicher Nähe und mit positiven Affekten zu tun hat. Angesichts der schlechten Objekte allerdings, fürchten wir, so Klein, die Vernichtung des guten Objektes im eigenen Inneren durch das Schlechte. Es geht um die Angst, dass die schlechten, gewaltvollen inneren Objekte die guten zur Seite drängen, verderben oder zerstören (das sind Aspekte, die später durch Otto Kernberg als Grundlage der Psychodynamik der Objektbeziehungen in der Borderline-Persönlichkeitsstörung genommen wurden). Auch dies verstärkt den Drang zur Projektion und zur Spaltung: Auch damit das Gute vom Schlechten nicht verdorben werden kann, müssen eigene aggressive Impulse und die Vorstellung des schlechten Objekts weiter projiziert werden, die Verfolgungsängste verstärken sich. Für Klein ist der wichtige Entwicklungsschritt, dass beides zusammengebracht werden kann: Dass es jemandem möglich ist, innere Objekte sowohl gut als auch schlecht (d. h. mit unterschiedlichen Anteilen) und die eigenen Gefühle als mal relativ schlecht (statt absolut schlecht), mal relativ gut zu erleben (letztlich auch die Voraussetzung für eine Toleranz für Ambivalenz) – und entsprechendes für Vorstellungen vom Selbst. Für beides, für das Objekt und für das Selbst, kann jemand dann psychisch mit »ganzen«, integrierten Repräsentanzen umgehen.

Wir befinden uns hier nicht auf der Ebene pathologischer Prozesse, sondern es wird ein Durchgangsstadium in der frühen Entwicklung beschrieben, in dem darum gerungen wird, unterschiedliche Affektzustände und unterschiedliche Vorstellungen von einem selbst und anderen miteinander zusammenzubringen. Es ist die »Grundlage für die Herstellung der Beziehung zur Umwelt« (Klein, 1930, S. 38) und hilft, differenzierte Beziehungen zueinander wahrnehmen und Affekte in differenzierter Weise wahrnehmen und regulieren zu können. Dabei ist zu beachten, dass Klein ein weit gefasstes Konzept von Symbolisierung vertritt, nämlich eines, das im Kern einer psychoanalytischen Theorie des Denkens überhaupt liegt. Symbolisierung ist nicht mehr nur die punktuelle Ersetzung eines Vorstellungsinhalts durch einen anderen, sondern beschreibt den Prozess der Bildung von psychischen Repräsentanzen überhaupt: »Weil körperliche Empfindungen in Kleins Arbeiten in Phantasien von Objektbeziehungen repräsentiert sind, können wir darin die Anfänge der Symbolisierung als einen wesentlichen Teil des Psychischen finden« (Bott Spillius et al., 2011, S. 187; Übers. TS).

Die Symboltheorie Melanie Kleins wird von weiteren Autoren fortgeführt, unter ihnen Hanna Segal. Segal (1991, S. 35) nutzt eine französische Redensart, »manger la vache enragé« (eine wütende Kuh essen, in der Bedeutung etwa »am Hungertuch nagen«), um die Konzeption zu bebildern, dass sich in der frühen Entwicklung ein Mangel, etwa Hunger, anfühlt wie die Anwesenheit eines schlechten Objekts. Das ist symbolisierungstheoretisch weitreichend, denn damit wird gesagt, dass Abwesenheit zunächst nicht repräsentiert ist: Es wird nicht erlebt, dass Nahrung oder nährende Liebe *fehlt*, sondern erlebt, dass etwas Quälendes anwesend ist: Statt dass mir Nahrung fehlt, habe ich eine wütende Kuh im Magen, die mich dort quält. Ein zweiter wichtiger Hinweis, den Segal im Hinblick auf die Theorie der Symbolisierung gibt, ist die Konzeption von Stufen der Symbolbildung. Sie unterscheidet zwischen »symbolischer Gleichsetzung« (in welcher das eine das andere unvermittelt vertreten kann, zum Beispiel das Geigespielen die Masturbation; vgl. Segal, 1991, S. 53f.) und »eigentlicher Symbolisierung«.

Der Ansatz Kleins bringt einige konzeptuelle Probleme mit sich. Das wichtigste ist, dass eine Konfusion darüber entsteht, wie äußeres und inneres Objekt unterschieden werden. Dadurch werden die psycho-logischen »Orte« von Introjektion und Projektion etwas unklar: Wenn ich projiziere, verändere ich dann die Person oder meine Repräsentation von ihr? Wichtig ist zu beachten, dass auch in der Terminologie Kleins Projektionen Prozesse im Rahmen der psychischen Welt sind, wenn sich auch manchmal terminologische Unklarheiten ergeben. Projektion bedeutet ja nicht, jemandem, der vor einem sitzt, physisch die eigenen Gefühle zu übermitteln, sondern eine Veränderung der inneren Welt. Es wird (zunächst) nicht das Gegenüber verändert, sondern die Vorstellung von ihm (und die von sich selbst), also Objekt- und Selbstvorstellung. Allerdings führt das unter Umständen dazu, dass ich mit dem Gegenüber anders umgehe, mich also sozusagen davor schütze, was ich an ihm erlebe, nachdem ich es ihm (unbewusst!) zugeschrieben habe – so kann ich beispielsweise meinen, mich gegen jemanden verteidigen zu müssen, bei dem (d.h. in der Repräsentanz dieser Person) ich zuvor meine eigene Aggression untergebracht habe. Wenn ich solcherart also konkret meine Umgangsweise mit jemandem verändere, wird sich auch dessen Umgangsweise mit mir verändern. Auf diese Weise kommt etwas von der Projektion und ihren Effekten in die Kommunikation oder Interaktion.

Wie sich in der Folge von Projektionen die Interaktion mit anderen verändert und welches andere Motive für die Projektion sein können als die Abwehr, ist im Konzept der projektiven Identifizierung gefasst, das eine zentrale Rolle bei Melanie Klein oder Wilfred Bion spielt. Es ist deshalb ein wichtiges Konzept in der Psychoanalyse, weil es sich auf einen Prozess bezieht, der kommunikativ und zugleich insofern evakuierend ist, als er etwas aus der psychischen Welt (oder zumindest aus den Selbstvorstellungen) heraushält. Definiert wird er in der Perspektive Kleins folgendermaßen: »Projektive Identifizierung ist eine unbewusste Phantasie, in der Aspekte des Selbst oder eines inneren Objekts abgespalten und einem äußeren Objekt zugeschrieben werden« (Bott Spillius et al., 2011, S. 126; Übers. TS). Auch hier muss auf die Schwierigkeiten einer Vermengung des »inneren« mit dem »äußeren« Objekt hingewiesen werden. Bott Spillius et al. (a.a.O, S. 134) betonen ferner, dass Klein sich die projektive Identifizierung nicht als ein interpersonelles Konzept vorstelle, sondern eben als Phantasie über Interpersonalität: »Sie setzte sich nicht mit dem Effekt der Projektionen des Subjekts auf das Objekt auseinander« (a. a. O., S. 134). Die projektive Identifizierung werde u. U. begleitet durch »evokatives Verhalten, das dazu dienen soll, den Empfänger der Projektion dazu zu bringen, der projektiven Phantasie gemäß zu fühlen und zu handeln« (a. a. O.). Insbesondere im Verständnis des Konzepts bei Bion geht es darum, etwas loswerden zu wollen, und zugleich darum, sich etwas aus dem Inneren des Anderen anzueignen bzw. diesen zu kontrollieren.

Bion führt diese Überlegungen zudem weiter, indem er zwischen einer »normalen« und einer »pathologischen« Form der projektiven Identifizierung unterscheidet (Bion, 1959). Er geht dabei davon aus, dass die projektive Identifizierung ein wichtiges Element der frühen Entwicklung ist, zu einem Zeitpunkt, an dem das Kind noch konkret auf den Anderen angewiesen ist, um seine Innenwelt zu strukturieren und seine Affekte zu regulieren. Hier geht es um die frühe Bezugsperson, die als ein »container« für potenziell überwältigende Zustände auf Seiten des Kindes verwendet wird und etwas davon »vorverdaut« an das Kind zurückgibt. Gelingt dies nicht, wird aus der »normalen« eine »exzessive« Form der projektiven Identifizierung, in einem hilflosen Versuch, das Unbewältigte doch noch beim anderen deponieren zu können. Das kehrt in späteren Momenten oder in klinischen Prozessen dann zurück, wenn jemand mit Unerträglichem konfrontiert ist. Legt man den Akzent dabei auf die (unbewussten) Motive für die Projektion, so stehen die Evakuation von Selbstanteilen oder Affekten (also ein Abwehr-Motiv) neben einer Kontrolle über das Objekt und neben der Kommunikation mit einem Gegenüber (das hat auch weitreichende Konsequenzen für eine Konzeption der Gegenübertragung; vgl. Storck, 2020a, Kap. 4.1, dort auch zu »regionalen« Unterschieden im Verständnis der projektiven Identifizierung zwischen Großbritannien und den USA). In der Komponente der Kommunikation mit dem Gegenüber, so im Ansatz Kernbergs, ist immer der implizite »Auftrag« an dieses enthalten, mit dem Projizierten etwas »anzustellen«, das Motiv ist »das Objekt dazu zu bringen, das Projizierte zu erleben« (Bott-Spillius et al., 2011, S. 142; Übers. TS). Allerdings bewegen wir uns bei dieser Akzentuierung des Konzepts bereits stärker auf eine Lesart zu, in der am Prozess der projizierten Identifizierung beide Teile der interpersonellen Situation beteiligt sind. Es geht um die Möglichkeit des Subjekts, sich mit der Verarbeitung des Projizierten durch das Gegenüber zu identifizieren (intrapsychische Lesart), und darum, dass sich das Gegenüber damit identifiziert, was das Subjekt projiziert und was so interpersonell spürbar wird (interpsychische Lesart). Beides wird von Ogden (1979) zusammengedacht.

3.3.2 Der Ansatz Alfred Lorenzers: Interaktionsformen

Im Ansatz Alfred Lorenzers (1970a, S. 91) gelten Symbole als »psychische Gebilde, die äußere Objekte und Vorgänge oder innere Vorgänge repräsentieren, die von diesen Objekten im Wahrnehmungs- bzw. Erkenntnisprozeß unterschieden werden können und die als selbständige Einheiten Gegenstand der Denk- und Erkenntnisprozesse werden.« Dabei handelt es sich um ein weitreichendes Argument: Symbole sind so etwas wie das Material unserer Vorstellungswelt. Weil wir mit Symbolen operieren, können wir uns etwas vorstellen, uns nach etwas sehnen, in die Zukunft blicken, über die Vergangenheit nachdenken usw. Lorenzer knüpft an eine Unterscheidung der Philosophin Susanne K. Langer (1942) an und unterscheidet zwischen präsentativer und diskursiver Symbolik. Symbole müssen nicht unbedingt sprachbezogen (diskursiv) sein, sondern können auch in szenisch-sinnlichen Darstellungen (präsentativ) bestehen, etwa in einigen Formen des Rituals oder in der Kunst.

Der Sprachbezug ist zentral für Lorenzers Theorie des Symbols. Er meint, »daß es im Symbolgefüge der Objektrepräsentanz eine Aufreihung gibt, die sich mit zunehmender Bewußtheit, mit zunehmender Fähigkeit, verbal erfaßt zu werden, und schließlich mit zunehmender Allgemeinheit des Begriffes immer mehr von jenen Vorstellungssymbolen entfernt, die besetzbar sind. Diese stellvertretenden Zeichen verlieren die Eigenart einer konkreten Repräsentanz eines Objektes in seiner historischen Besonderheit und seiner unaustauschbaren Beziehung zu diesem Erlebnissubjekt. Das Höchstmaß an Annäherung [...] an das konkrete Objekt für den Erlebenden ist an der Stelle zu lokalisieren, wo nach Freuds Auffassung Sachrepräsentanzen mit Wortrepräsentanzen zusammenkommen. An diesem Punkt ist das Zentrum der instrumentellen Wirksamkeit der Symbole als Objektrepräsentanzen anzunehmen.« (Lorenzer, 1970a, S. 96)

Lorenzers Auffassung nach wäre es nun jedoch »unsinnig, von einem unbewußten Symbol zu sprechen« (a. a. O., S. 90), was einleuchtet: Wenn Symbole der »Gegenstand der Denk- und Erkenntnisprozesse« sein sollen, dann bedarf es einer Zugänglichkeit für Erleben und Reflexion. Da nun aber ohne Zweifel Elemente des Psychischen unbewusst sein bzw. die Gegenstände des Denkens es durch Abwehrvorgänge werden können, plädiert Lorenzer für eine Abkehr von der Gleichsetzung zwischen Symbol und Repräsentanz: »Repräsentanzen sind, wenn sie erlebt werden können, Symbole. Symbole sind als Objektrepräsentanzen Instrumente der Triebökonomie; sie sind Strukturen, an denen sich die Besetzungen abspielen können.« Weiter meint Lorenzer, »psychodynamische[.] Prozesse« spielen sich »an Imagines ab« (a. a. O., S. 89). Das bedeutet also, Symbole sind bewusste Repräsentanzen, aber es sind auch unbewusste Repräsentanzen konzipierbar, nur sind es dann keine symbolischen Strukturen mehr: Unbewusste Repräsentanzen »sind nichtsymbolische Strukturen. Ich möchte vorschlagen, sie Klischees zu nennen« (a. a. O., S. 93). Klischees stehen zwar in einer genetischen Beziehung zu Symbolen, sind jedoch abhängig von »szenischen Arrangements« in Realität oder Fantasie. Dabei wird, so Lorenzer, zwischen »äußerem« Objekt und Repräsentanz nicht unterschieden – der »szenisch-situative Aspekt [...] saugt gleichsam das Objekt auf« (a. a. O., S. 114). Gemeint ist damit, dass die sprachbezogene Reflexion über das Szenische (Selbst und Objekt in affektbestimmter Interaktion) nicht mehr zur Verfügung steht: »[V]om Symbol zum Klischee ist [...] eine Linie des Überwucherns mit gestischen Gestalten anzunehmen – möglicherweise bis zum Ineinanderschmelzen von Selbst und Objekt.« (a. a. O., S. 112) Jemand erlebt dann Szenen, aber darin nicht mehr sich selbst und ein Gegenüber, im äußersten Fall kann der eigene Anteil an einer Interaktion nicht mehr vom Anteil des anderen unterschieden werden. Konsequenterweise spricht Lorenzer daher von der Verwandlung des Symbols in ein Klischee als einer Desymbolisierung, die zumindest für das Klischee sprachbezogen gedacht wird: Verdrängung bedeutet dann »Ausklammerung aus der sprachlichen Kommunikation« (Lorenzer, 1970b, S. 124).

Allerdings kann eine solche Desymbolisierung in zwei Richtungen erfolgen: einmal in Richtung des Klischees, wo immer mehr an sprachlichem Zugang verloren geht und immer mehr Szenisch-Gestisches leitend ist, aber es gibt auch die Desymbolisierung in eine andere Richtung, nämlich neben dem Verlust des Sprachbezugs und damit der Differenzierung zwischen Selbst und Objekt in einer Szene auch den

Verlust des Präsentativen, der sinnlich-szenischen Ausdrucksgestalt. Diese Art von unbewusster Repräsentanz nennt Lorenzer Zeichen. Hier gibt es »zu viel« Sprache, in Richtung einer Allgemeinheit und Abstraktheit des Denkens. So schreibt er: »Symbolische Interaktionsformen können zu emotional leeren, aus dem lebendigen Zusammenhang der Interaktionsstruktur abgetrennten Zeichen werden« (1974, S. 123). Dabei werden die Selbst- und Objektrepräsentanzen »zu schablonenhaft-isolierten, ›vergegenständlichten‹ Ichanteilen« (a. a. O., S. 125).

In dieser Weise können also zwei Formen der Desymbolisierung unterschieden werden: »Isolierte, von emotional leeren Zeichen gebildete Sprachfiguren einerseits und desymbolisierte bestimmte Interaktionsformen, d. h. Klischees andererseits« (a. a. O.). Etwas holzschnittartig formuliert lässt sich sagen, dass das Operieren mit Klischees beispielsweise in einer hysterischen Dynamik mit samt aller Theatralik darin auftaucht, und das Operieren mit Zeichen in einer zwangsneurotischen. Das ist ein wichtiger Beitrag Lorenzers zur Störungslehre der Psychoanalyse: Psychopathologische Symptome sind gekennzeichnet durch eine Desymbolisierung und es ergeben sich daraus Ziele, was Psychoanalyse leisten soll, nämlich eine Resymbolisierung: die Möglichkeit, dass die Vorstellungswelt sowohl in ihrer sprachlichen Bedeutung als auch in ihrer Sinnlichkeit und Emotionalität wieder zugänglich wird.

Lorenzers Ansatz wurde von Siegfried Zepf (2006) weiterentwickelt, der Lorenzers Symboltheorie um den Gedanken von Affektsymbolen ergänzt. Zepf definiert Symbole allgemein als Strukturen, die sich aus Zeichen und Bezeichnetem zusammensetzen. Anhand des begrifflichen Symbols lässt sich das leicht darstellen: Das Symbol Tisch setzt sich zusammen aus dem Wort T-I-S-C-H (dem Zeichen) und dem Tisch als Vorstellungsbild (in seinen Grundzügen ist das in Freuds Konzeption des Zusammentreffens von Wortvorstellung und Sachvorstellung in der Objektvorstellung enthalten; vgl. Freud, 1915e, S. 300). Weiter differenziert Zepf zwischen Begriffsintension (oder Begriffsinhalt) und Begriffsextension (oder Begriffsumfang). Die intensionale Bestimmung eines begrifflichen Symbols, beispielsweise des Tisches, ist das »Tischhafte« aller vorstellbaren Tische als deren abstrakt-identisches Merkmal (was zeichnet einen Tisch aus und was hilft uns dabei, einen solchen zu erkennen). Die extensionale Bestimmungen eines begrifflichen Symbols sind alle vorstellbaren Tische. So kann Zepf schreiben: »Gegenstände [werden] in einem Prozess bewusst [...], indem sie über die extensionalen Bestimmungen ihres Begriffs – über ihre Vorstellungen – identifiziert und über die Intensionen der Begriffe, in deren Umfang die Vorstellungen liegen, als konkrete Fälle bestimmter Abstraktionen ausgewiesen werden.« (a. a. O., S. 76) Ferner wird einem Element der Vorstellungswelt durch Prädikation zugesprochen, z. B. ein Tisch zu sein (also ein Fall-von), und durch Regulation abgesprochen, z. B. ein Stuhl zu sein (also kein Fall-von). So entstehen Verflechtungen begrifflicher Symbole in der psychischen Struktur (in der natürlich die begrifflichen Symbole, die wir von Personen, mit denen wir interagieren, eine wesentliche Rolle spielen).

Auf der Grundlage dessen formuliert Zepf (a. a. O., S. 223ff.) dann die Annahme nicht-begrifflicher symbolischer Strukturen. Auch für das Affekterleben kann eine Struktur aus Zeichen und Bezeichnetem angenommen werden, die zunächst jenseits der Sprache liegt (oder in der individuellen Entwicklung des Psychischen vor dieser), als Mittel zur Repräsentation affektiver Zustände. Darin geht es dann ebenso darum, bestimmte Objekte der inneren und äußeren Wahrnehmung als einen Fall-von erkennen zu können. Als Zeichen in einer affektsymbolischen Struktur gilt die körperlichen Erregungslage und deren Veränderung – steigt oder sinkt die Intensität der Erregung. Dies wird von Zepf (mit Mandler) Autonome Imageries genannt, erste, vorsprachliche Vorstellungen von körperlichen Erregungszuständen. Auch hier lassen sich dann extensionale Bestimmungen (Verläufe von Affektzuständen, z. B. Bedürfnis-Lust-Wohlbehagen) und intensionale Bestimmungen (daraus herausgelöste Zustände, die eine Repräsentation dessen ermöglichen, was z. B. »Freude« ist) unterscheiden. Wir haben hier also einen Aspekt psychoanalytischer Symboltheorie, der über die Sprache hinausgeht: Noch vor oder jenseits der Sprache werden verschiedene Erlebniszustände voneinander unterschieden, anhand dessen, dass körperliche Erregungszustände als Zeichen für einen Affekt fungieren.

3.3.3 Der Ansatz Jacques Lacans: Das Symbolische

Der psychoanalytische Zugang Jacques Lacans ist nicht zuletzt terminologisch ein spezieller (vgl. zu den Begrifflichkeiten z. B. Evans, 1996).

Der Begriff des Symbolischen spielt bei ihm eine zentrale Rolle, als eines der drei Register des Psychischen, neben dem Imaginären und dem Realen. Im Spätwerk der 1970er-Jahre (vgl. dazu Storck, 2019c) verbindet Lacan diese drei Register oder Ordnungen in der Figur der borromäisch verschlungenen Knoten (meist, wenn auch mathematisch nicht ganz zutreffend als »borromäischer Knoten« bezeichnet), dabei handelt es sich um drei Ringe, die so miteinander verschlungen sind, das beim Herauslösen eines Ringes auch die beiden anderen nicht mehr zusammenhalten würden. Das ist Lacans Argument dafür, dass die drei Bereiche des Psychischen miteinander so verschlungen sind, dass sie jeweils die andern beiden brauchen und nicht nur zu zweit dastehen können.

Ein weiterer wichtiger Beitrag Lacans ist seine Konzeption des Spiegelstadiums. Diese entlehnt er aus der Entwicklungspsychologie der 1930er-Jahre (Henri Wallon) und deren Befund, dass das etwa 18 Monate alte Kind sich selbst im Spiegel zu erkennen beginnt, als eine ganze Figur, während vorher das Binnenerleben des kleinen Kindes noch nicht so vereinheitlicht gewesen ist. Verschiedene körperliche Sensationen werden noch nicht als zusammengehörig erlebt. Was dann im Blick in den Spiegel passiert, der ein ganzes Bild zurückwirft, so die Konzeption Lacans (vgl. Lacan, 1936), ist eine Art Täuschung oder Verfehlung der subjektiven Perspektive. Subjektiv erlebt das Kind sich noch als unverbunden, fragmentiert, auch durch Erregungszustände, die noch nicht unter dem großen Ganzen eines »Ich« erlebt werden, sondern partikulär, und im Spiegel ist es auf einmal ganz. Lacan konzipiert nun einen Unterschied zwischen dem »Ich« (Je) und dem »mich« (moi) in einem Satz wie »Ich sehe mich«. Das Subjekt des Satzes kann sich nicht selbst zu fassen kriegen – das »(m)ich« als Objekt des Satzes ist immer eine Illusion, eine Vereinheitlichung eines Uneinheitlichen. Dort, wo ich transitiv mich auf mich beziehe, entwerfe ich ein anderes Bild als die Perspektive, aus der heraus ich auf mich blicke. Die Erfahrung des Fragmentarischen wird verfehlt, das Bild, das der Spiegel auf mich zurückwirft, ist ein anderes als das, was ich hineingegeben habe, es entspricht nicht meinem Binnenerleben.

Das hat nun Folgen für die Konzeption des Imaginären und des Symbolischen. Lacan differenziert zwischen dem »kleinen anderen« als einem imaginären Gegenüber, zu dem »nur« ein spiegelbildliches Beziehungserleben möglich ist: »der andere, der gar kein anderer ist, weil er wesentlich mit dem Ich gekoppelt ist, in einer immer reflexiven, austauschbaren Beziehung« (Lacan, 1954/55, S. 407). Hier geht es also darum, im Gegenüber nur das wiederzufinden, was man (vermeintlich) hineingegeben hat bzw. eine Art von, dann imaginär zu nennenden, Vervollständigung. Der kleine andere verweist auf das Register des Imaginären, es ist ein Umgang mit einem anderen, der kein eigentlicher anderer ist, weil es sich um eine reflexive, spiegelbildliche Relation handelt. Dem steht der »große Andere« konzeptuell zur Seite, als ein symbolisch bestimmtes Gegenüber, als Vertreter von Gesetz, Ordnung und Sprache – und damit sozialer Gemeinschaft.

Lacan begreift dies nun auf der Grundlage einer strukturalen Linguistik, also radikal sprachbezogen, jedoch anders als Freud. Freud begreift Unbewusstes als jenseits der Sprache, z. B. als Loslösung der Sach- von den Wortvorstellungen (auch im Ansatz Lorenzers ist dies deutlich geworden: Verdrängung als Desymbolisierung kann v. a. heißen: Ausschluss aus der Versprachlichung). Lacans Bezugspunkt ist seine Anlehnung an Überlegungen des Saussures oder R. Jakobsons. Hier geht es ihm um eine Konzeption entlang von Signifikant (Bezeichnendem) und Signifikat (Bezeichnetem), und so konzipiert er das Psychische. Psychische Prozesse werden in diesem Licht betrachtet, so etwa wie Verdichtung als Metapher und die Verschiebung als Metonymie. Solcherart betrachtet bestimmt er den großen Anderen A: »A ist für uns als der Ort des Sprechens definiert, dieser stets aufgerufene Ort, sobald es Sprechen gibt, dieser dritte Ort, der stets in den Beziehungen zum anderen, a, existiert, sobald es signifikante Artikulation gibt.« (Lacan, 1960/61, S. 214) Der große Andere bringt etwas Trennendes ein; bezogen auf das Symbolische weist das auch auf das Trennende der Sprache hin, die Unmittelbarkeit zerreißt, aber gerade dadurch den Eintritt in eine soziale Ordnung befördert. In Lacans Terminologie ist dies in der homophonen Figur eines »Non-/nom-du-père« gefasst: der Name des Vaters und dessen »Nein« als Begrenzung in einer triangulär strukturierten Entwicklung bedeutet den Eintritt ins Symbolische. Dieser Eintritt in eine Sprachgemeinschaft ist bei Lacan mit dem Gedanken verbunden, dass Subjektivität immer bedeutet, sich mit Unvollständigkeit auseinanderzusetzen, mit Begrenzung und mit Abstand von der unmittelbaren Erfahrung.

Das ermöglicht es, an dieser Stelle einige knappe Bemerkungen zur Objekt-Konzeption bei Lacan zu machen. Als ein weiterer spezifischer Beitrag ist sein Konzept des »Objekt klein a« zu nennen (▸ Kap. 3.1.1 zum Garnrollenspiel). Zwar muss gesagt werden, dass der unterschiedlichen Bedeutung, die Lacan dem Terminus im Verlauf seiner Arbeiten gibt, hier kaum gerecht geworden werden kann, aber einige Grundzüge können Erwähnung finden.

Lacan (1958, S. 220) begreift das Begehren als »das Begehren des Andern«. In einer frühen Auffassung bedeutet das, dass sich die subjektive Begehrensstruktur daran orientiert, vom anderen begehrt zu werden (das Zusammentreffen einer Lesart in Richtung eines genetivus subiectivus und eines genetivus obiectivus ist hier allerdings bedeutsam). Wir identifizieren uns, so Lacan, zunächst mit dem Begehren nach uns, mit unserem eigenen Begehrtwerden, und daraus erwächst das eigene Begehren. So schreibt Lacan (1960/61, S. 189) vom »Objekt, insofern es das Begehren des anderen ist, mit dem wir uns identifizieren«. Etwas später begreift Lacan das Objekt klein a nun als »Objektursache« des Begehrens: »[D]as Objekt des Begehrens ist die Ursache des Begehrens, und dieses Objekt als Ursache des Begehrens ist das Objekt des Triebes – das heißt das Objekt, um das sich der Trieb dreht.« (Lacan, 1964, S. 255) In der Auseinandersetzung mit dem Trieb-Konzept (Storck, 2018a, S. 86) war bereits Lacans Unterscheidung zwischen »aim« und »goal« im Hinblick auf das Triebziel thematisch geworden (Lacan 1962/63, S. 131; 1964). Das Begehren zielt (aim) auf das Objekt, hat aber die Rückkehr zum eigenen Körper zum Ziel (goal). Das Objekt wird so unweigerlich im (triebhaften) Begehren verfehlt und umkreist, als solcher Mangel in der Begehrensstruktur des Subjekts konstituiert es das Begehren. Lacan meint: »[D]as Objekt, das tatsächlich nicht mehr ist als das Dasein einer Höhle, einer Leere, die, wie Freud anmerkt, mit jedem beliebigen Objekt besetzt werden kann und dessen Einwirkung wir lediglich in Gestalt des verlorenen Objekt klein a kennen.« (Lacan, 1964, S. 188) Am Grund der Entwicklung der Repräsentation, des Begehrens, der psychischen Objektbildung liegt also der Mangel – imaginär wird er verleugnet und eine illusionäre Ganzheit geschaffen, symbolisch wird er anerkannt und darauf gründet psychische Struktur bzw. (un-lacanisch gesprochen:) Dynamik.

3.4 Fallbeispiel Edward

Das Fallbeispiel stammt aus dem sogenannten Single Case Archive (https://www.singlecasearchive.com), in dem publizierte analytisch orientierte Einzelfalldarstellungen gesammelt werden und zugänglich sind. In einem Beitrag setzen sich Levine und Faust (2013) mit »closet narcissism« auseinander, also einer Art von »heimlichem« oder privaten pathologischen Narzissmus im Verborgenen. Die Autoren sprechen von einer »verdeckten«, »hypervigilanten« oder »depressiven« Form. Die pathologisch-narzisstische Selbst-Überhöhung (der ja in der Regel starke Selbstwert-Zweifel unterliegen) äußert sich hier weniger sichtbar. Die »Schranknarzissten« sind eingenommen von eigenen unerfüllten Erwartungen an das Selbst (also etwa: Sobald jemand anfangen wird zu schreiben, wird es einen Roman-Welterfolg geben; sobald jemand mit dem Training beginnt, werden Meistertitel folgen). Es gibt die Vorstellung eines unausgeschöpften, aber unbegrenzten Potenzials, das aber auch nicht auf die Probe gestellt wird. Dabei sind es meist unrealistische grandiose Fantasien und es herrscht eine Überempfindlichkeit für Kritik vor, sowie Scham gegenüber unerreichten Zielen. Das schließt also auch die grandiose Fantasie eigener Wertlosigkeit ein.

In der Behandlung geht es um den Patienten Edward, einen 40-jährigen Mann, arbeitslos, alleinstehend, der zum Zeitpunkt der Behandlung mit seiner Mutter zusammenlebt. Zum Erstkontakt mit seiner analytischen Therapeutin bringt er die Ergebnisse verschiedener neuropsychologischer Tests aus den letzten 19 Jahren mit. Er beschreibt sein Gefühl, »in einer persönlichen Hölle zu leben«. Er fühle sich »in jeder Sekunde, an jedem Tag von Neid zerfressen«, er sei »wertlos und tiefgreifend fehlerhaft« (a. a. O., S. 202; Übers. TS, wie auch im Weiteren). Edward berichtet, er könne aus täglichen Aktivitäten keine Befriedigung ziehen, sorge sich wegen eines angstbezogenen Tremors und leide an einer Versagensangst. Auch sei er unsicher bezüglich seiner eigenen Fähigkeiten, so schreiben die Autoren, »so dass er die Worte von hochgeschätzten Philosophen, Dichtern und Musikern internalisierte, um sie in Unterhaltungen zitieren zu können und sich so aufgewertet zu fühlen« (a. a. O.).

Es falle ihm schwer, so berichtet der Patient, mit anderen in Kontakt zu kommen und er glaube, dass Menschen mit »jemandem wie [ihm]«

nichts zu tun haben wollen, sobald sie von seinem »neurologischen Problem« erführen (a. a. O.). Er schildert, unter »Gedächtnisprobleme[n]« zu leiden, erlebt, er könne nicht alles behalten, was er lese – Gedächtnisprobleme also, die womöglich mit einem überhöhten Anspruch an sich selbst zu tun haben. Edward fühle sich, als lebte er »mit zwei Gehirnen«: Eines davon sei sehr intelligent und das andere »zurückgeblieben [.]« (a. a. O.) Er wolle herausfinden, was mit ihm nicht stimme, sofern er doch keine intellektuelle Beeinträchtigung habe, und warum andere ihm »Lichtjahre voraus« seien, wenn er keine intellektuelle Beeinträchtigung habe. Es zeigt sich also, dass seine Vorstellung einer neuropsychologischen Auffälligkeit oder Hirnbeeinträchtigung so etwas wie die Erklärung dafür ist, warum andere besser sind als er. In Edwards Erleben weist er eine somatische Beeinträchtigung auf, die ihn in seinen Möglichkeiten hemmt. Er habe schon immer das Gefühl gehabt, »inadäquat« und »weniger wert« zu sein als andere (a. a. O.). Das sei während der letzten zehn Monate stärker geworden, seitdem er realisiert habe, dass er mit der Frau, die er liebe, nicht wirklich zusammen sein könne. Seitdem habe er durchgängig suizidale Gedanken und wochenlang das Bett nicht verlassen, leide an Appetitverlust. Die Therapeutin beschreibt ihren Eindruck: »Edward beschrieb diese Frau so, dass sie für alles stehe, was er sich wünschte, sein zu können, und benannte Fantasien danach, mit ihr zu ›verschmelzen‹« (a. a. O.). Hier geht es um etwas, das man psychoanalytisch als Selbstobjekt bezeichnen würde, eine Figur, die nicht um ihrer Selbst willen geliebt oder gebraucht wird, sondern als eine Erweiterung des Selbst, in ihren Funktionen für das Selbst. Edward hat die Überzeugung, dass seine interpersonellen Probleme und seine Konzentrationsprobleme auf neurologische Schwierigkeiten zurückzuführen seien, und er habe wiederholt Untersuchungen angestrebt, die immer ohne auffälligen Befund geblieben seien, er wolle aber endlich das Ausmaß seiner Beeinträchtigung herausfinden und dann in Neuropsychologie promovieren. Andere würden ihm zunehmend sagen, er habe kein Problem mit dem Gehirn, und das mache ihn wütend.

Biografisch berichtet er, Einzelkind zu sein. Als er zehn gewesen sei, hätten sich die Eltern getrennt und seitdem lebe er mit der Mutter zusammen. Der Vater erscheint in seinen Schilderungen passiv, untreu und desinteressiert an Edward. Wo es einmal gemeinsame Aktivität gab, sah die so aus, dass der Vater ein Flugzeugmodell baute und Edward daneben saß und zusah. Die Mutter beschreibt er als »schön«, »äußerst intelligent« und »nah an menschlicher Perfektion« (a. a. O., S. 203), aber auch als jemanden, der ihm gegenüber geringschätzig gewesen sei. Wenn er als Kind beim Sport Misserfolge gehabt hätte, hätte sie ihn als »Du kleines Arschloch« beschimpft, sei »wütend« und »herrisch« gewesen, es habe viel Geschrei gegeben, Bedrohungen und Beschimpfungen (a. a. O.). Die Mutter erscheint also als eine Figur, die als ganz grandios erlebt wird, aber zugleich gewaltvoll und entwertend ist. Es gibt, so der familiäre Bericht, den er gegenüber seiner Therapeutin wiedergibt, eine Episode in seinem zweiten Lebensjahr, da habe die Mutter ihn fast gegen die Wand geworfen, Onkel und Vater hätten das verhindert: »»Edwards Interpretation dieses Verhaltens seiner primären Bezugsperson war, dass sie ihn dafür bestrafen wollte, dass er seine Grandiosität zeigte, sich zu trennen begann und sich auf seine eigenen Bedürfnisse fokussierte.« (a. a. O., S. 206) Was er schildert, ist sein Erleben: Er ist bestraft worden dafür, dass er sich auf seine eigenen Bedürfnisse fokussiert (im Alter von weniger als zwei Jahren!). Das zeigt zweifellos etwas vom Umgang seiner Mutter mit einem Kleinkind, aber auch, welche Verbindungen sich in seiner Repräsentanzwelt ergeben, denn »so begann er zu glauben, dass seine affektiven Bedürfnisse unakzeptabel und beschämend seien« (a. a. O.). Edward beschreibt Bullying-Erfahrungen während der Kindheit, so die beschämende Erfahrung, im Alter von sechs Jahren von einem Mädchen verprügelt worden zu sein, von Mitschülern mit Steinen beworfen, beschimpft oder in einen Kofferraum gesperrt worden zu sein. Er habe einen einzigen besten Freund, seit zwölf Jahren, allerdings stellt sich heraus, dass dieser Freund mehr als die Hälfte dieser Zeit im Gefängnis verbracht habe. Ferner berichtet er, dass er für fünf Jahre eine Partnerin gehabt hätte, eine professionelle Domina. Als es mit ihr in der Beziehung allerdings intimer geworden sei, habe er sich abgewandt. Er habe Kontakt zu Stripperinnen, Prostituierten und besuche pornografische Websites, wo er vor allen Dingen masochistische Lust suche und finde. Er beschreibt allerdings seine Sexualität dahingehend, dass er sein sexuelles Drängen und seine Gedankengänge kontrollieren wolle, denn sein Sexualtrieb lenke ihn von seinen Zielen ab, koste ihn viel Geld und er würde lieber keinen haben.

Er habe während seiner Kindheit panische Angst davor gehabt hätte, irgendjemandem zu erzählen, was er fühle – das ist folgerichtig ein Thema, das bei Behandlungsbeginn auftaucht –, er habe sich geschämt und so »Wut und Hass auf die Menschen internalisiert« (a. a. O., S. 208). Die Therapeutin hat den Eindruck, dass er immer wieder prüfe, ob sie ihn »verlassen oder demütigen würde, bevor er sich sicher genug fühlte, seine Gefühle offen zu legen« (a. a. O.). Es wird deutlich, mit welchen Gefühlen, mit welchen Ängsten und Verunsicherungen, Edward in die Behandlung startet. Seine Gefühle zu anderen und seine Verlassenheitsängste zeigen sich in der therapeutischen Beziehung. Er muss das erst prüfen, bevor er sich emotional öffnet bzw. seine Themen wiederholen sich aus Beziehungen. Die Therapeutin erlebt aber auch, von Edward in die Position hinein gezogen zu werden, ihn abzuwerten – in seinen Schilderungen neurologischer Beeinträchtigung geschieht es leicht, in etwas Abfälliges ihm gegenüber hineinzugeraten, was vermutlich andere mit ihm oft erleben. Sie schildert auch, dass Edward versuchte, »früh in der Behandlung masochistische Fantasien ins Spiel zu bringen, und […] wohl [erwartete], dass ich ein dominantes Objekt sei, dass seine masochistische Aufgabe verlangte« (a. a. O.).

Die Therapeutin und der Patient erleben im Verlauf der Behandlung Edwards Angst angesichts seiner Fantasien, dass er jemandem Gewalt antun könnte. Das geht bis dahin, dass die Therapeutin ein »homicidal risk assessment« veranlasst, also eine externe Prüfung des Risikos eines Gewaltausbruchs. Diese schätzt das Risiko als gering ein. Das ist natürlich für einen therapeutischen Prozess eine sehr schwierige Situation, wenn die Therapeutin solche eine Prüfung außerhalb der Therapie anregt; in diesem Fall ermöglicht es beiden, über die zugrundeliegenden Ängste und Fantasien miteinander zu sprechen. In der Folge weint Edward und sagt, dass die Therapeutin das veranlasst hat, zeige ihm, dass sie sich wirklich um ihn sorge und darum, dass er sich oder anderen schaden könnte. Es zeigt sich aber darin auch ein Verwischen der Grenzen: Edward weint und ist danach überzeugt davon, dass auch seine Therapeutin geweint habe. Sie schreibt: »Er stellte sich oft vor, dass meine Gedanken, Gefühle und Erfahrungen dieselben wie seine waren« (a. a. O.). Das liefert den Anlass darüber zu sprechen, welche Fantasien von Verschmelzung mit seiner Therapeutin es für Edward gibt. Edward bezeichnet sie idealisierend als die »professionellste und empathischste Therapeutin«, »ohne Fehl und Tadel« (a. a. O.). Etwas ähnliches hatte die Beziehung zur Mutter ausgemacht, also sozusagen ein Podest zu errichten von Idealisierung (bei gleichzeitiger Erwartung von Gewalt und Entwertung seiner Bedürfnisse). Getragen von dieser nicht zuletzt als stützend erlebten Erfahrung kann der Patient wieder in seinen Beruf einsteigen – allerdings folgt bald darauf eine einigermaßen heftige depressive Reaktion, die ihm den Weg in den Beruf wieder verstellt. Therapeutin und Patient arbeiten in der Therapie damit und erkennen es als ein gewohntes Muster, das »aus der Internalisierung der Reaktionen seiner Mutter auf jedweden Versuch von Trennung oder Selbstständigkeit« stamme: »Nachdem er sich in Richtung Unabhängigkeit bewegt hatte, fühlte Edward sich zerrissen« (a. a. O.). Therapeutin und Patient können in der Folge die masochistisch-sadistische Konstellation (Entwertung durch die Therapeutin, wenn er sich entwickelt) durcharbeiten, die er befürchtet und erlebt.

Das Durcharbeiten dessen (Erwartung von Demütigung – Angst angesichts gewaltvoller Fantasien – Idealisierung – Pseudo-Entwicklung – depressive Dekompensation) ermöglicht eine Arbeit an Selbst- und Objektrepräsentanzen: Was erwartet er von anderen? Wie behandelt er sich selbst, wenn er sich entwickelt? Eine besondere Bedeutung hat in diesem Fall ferner die Beendigung der Behandlung, die Ablösung und die Frage danach, was von der analytischen Beziehung internalisiert werden konnte und nun als Teil psychischer Struktur genutzt werden kann.

Was heißt das jetzt im Hinblick auf die vorgestellten konzeptuellen Ansätze? Sie eröffnen eine Perspektive auf Edwards innere Welt der Objekte. Es gibt die Schilderung eines grandiosen, aber auch gewaltvollen und demütigenden Objekts, das aus der Erfahrung mit der Mutter stammt. Das hat natürlich mit der realen Mutter zu tun, aber auch mit der Internalisierung eines bestimmten Objekts. Dies ist grandios und unerreichbar, stößt ihn aber weg und demütigt ihn. Es gibt demgegenüber kaum ein Ausweichen, auch deshalb, weil der Vater als so distanziert und unpräsent erlebt wird. Es gibt keine Alternative zu dem grandiosen, aber entwertenden Objekt, keinen alternativen Ankerpunkt. Eng verbunden damit ist dann die Selbstrepräsentanz, die nur in Relation dazu erlebt werden kann: Hat er Teil an der Grandiosität des Objekts oder steht er diesem als wertlos gegenüber? Edward bildet also gleichzeitig mit den internalisierten Beziehungserfahrungen mit der Mutter einen damit korrespondierenden Selbstanteil aus, nämlich den wertlosen. In den Erfahrungen mit der Mutter hat sie ihn als wertlos behandelt und er internalisiert beide Anteile, das großartige Objekt und das wertlose, ungeliebte Selbst. Eng damit verbunden ist die Fantasie, wie das Objekt auf seine Entwicklung und Autonomie antworten wird. So wird Trennung zur Zerstörung von Beziehung. Ferner scheint nur in der Fusion mit dem grandiosen Objekt etwas anderes als Angst und Hass erlebbar. Verschmelzungsfantasien schützen vor der Desintegration, verhindern aber auch Entwicklung. Daher ist auch in der Behandlung die Verschmelzungsfantasie maßgeblich, bildet aber als eine Art Durchgangsstadium den Ausgangspunkt für eine reife Trennung.

4 Innere Objekte in Gesundheit und Krankheit

In einem nächsten Schritt soll es nun, nachdem über die Theorien zur Symbolisierung so etwas wie die Entwicklungspsychologie der Objektbildungen zum Thema geworden ist, stärker darum gehen, wie Objektvorstellungen/-repräsentanzen als Teil psychischer Struktur gedacht werden können.

Im Spielfilm *Synecdoche, New York* (US 2008, Kaufman) wird das Leben des Protagonisten Caden thematisiert, einem Theaterregisseur, der schwer krank ist und das Ziel verfolgt, das radikalste Theaterstück aller Zeiten zu inszenieren – ein Stück, welches das Leben abbildet, nicht zuletzt seines. Dazu mietet er eine riesige Fabrikhalle (später ein ganzes Fabrikgelände) an und lässt darin Schauspieler unablässig proben. Caden hält eine Ansprache vor den Schauspielern: »Ich werde mich mit nichts weniger als der brutalen Wahrheit zufrieden geben.« Er schildert der Crew weiter, er werde jedem der Schauspieler an jedem Tag einen Zettel geben, auf dem beschrieben sei, wie dieser sich an dem Tag fühle. Ein Schauspieler unterbricht ihn und fragt: »Wann werden wir vor Publikum spielen? Es sind jetzt 17 Jahre.« Caden wirft daraufhin ein, dass er sich selbst nicht entziehen werde – und dass er jemanden anstellen werde, der ihn selbst spielen werde, der in die Tiefen seines einsamen und abgefuckten Lebens einsteigen solle. Auch dieser Schauspieler werde, so Caden, Zettel mit Anweisungen erhalten, die genau den Anweisungen entsprechen werden, die er »jeden Tag von seinem Gott« erhalte.

Der Film thematisiert Cadens Weg darin, sich immer mehr in einer Art von Veräußerung seiner inneren Welt zu verstricken. Immer mehr bildet er sein eigenes Leben in einem Theaterstück eins zu eins ab. In einer nächsten Szene findet ein Casting statt, in dem Caden einen Schauspieler für seine eigene Rolle finden möchte. Unter den Bewerbern ist Sammy, der nur wenig äußere Ähnlichkeit mit Caden aufweist, sich aber nach seinem Vorbild kleidet. Er schildert, keinen Lebenslauf und kein Foto zu haben und noch nie als Schauspieler gearbeitet zu haben. Sammy berichtet Caden, dass er vom Vorsprechen erfahren habe, weil er Caden seit 20 Jahren folge – er wisse alles über ihn: »Also, stellen Sie mich ein und Sie werden sehen, wer Sie wirklich sind.« Sammy geht daraufhin in die Rolle und spricht als Caden. Er sagt, zur Assistentin sprechend: »Wir müssen niemand anderen mehr vorsprechen lassen. Der Typ trifft mich auf den Punkt.« Weiter sagt er zur Assistentin, dass sie beide sich danach ja vielleicht auf ein Getränk treffen könnten, um herauszufinden, was »das zwischen uns beiden« sei. Mit tränenerstickter Stimme sagt Sammy, in der Rolle als Caden, weiter, dass er noch nie jemandem gegenüber so gefühlt habe wie ihr gegenüber. In Sätzen, die eine eher derbe Poesie haben, spricht er über seine Nähewünsche der Assistentin gegenüber, und Caden neigt, wie beschämt wirkend, den Blick. Nach einer kurzen Pause sagt Caden: »Okay, Sie haben die Rolle«.

Im Weiteren verwischen die Grenzen zwischen Leben und Inszenierung noch mehr. Beides findet nun komplett im selben Areal statt. Sammy schreitet, nun auch jenseits einzelner Szenen, in der Rolle des Caden über das Set und gibt Regieanweisungen. Der »echte« Caden und dessen »echte« Assistentin (für die es allerdings mittlerweile ebenfalls eine besetzte Rolle gibt) folgen ihm, auch bis zu seinem Regieplatz, an dem Sammy als Caden sich neben die Schauspielerin setzt, die seine Assistentin spielt. Beide halten Small Talk, dabei wird eine Erkrankung des Sohnes der Assistentin zum Thema, der echte Caden sieht die echte Assistentin überrascht an und diese nickt. Es stellt sich dann heraus, dass auch die Rolle des Sammy mittlerweile im Stück besetzt ist – es gibt also einen Mann, der den Mann spielt, der Caden spielt…

Der Film endet in der Zerstörung des inneren psychischen Raumes (und von Cadens Leben), auf dem Weg dahin zeigen sich die verschwommenen Grenzen zwischen innerer Erlebniswelt und sozialer Interaktion (bzw. zwischen Realität und Vorstellung) am Beispiel der Theaterinszenierung der eigenen inneren Welt und des eigenes Lebens ohne Abgrenzung.

Was kann man nun über Objekte der Vorstellungswelt sagen, die nicht verlässlich oder konturiert abgegrenzt sind, oder auch entweder weit weg von allem Kontakt mit der Realität sind oder ohne Unterscheidung? Freuds Bemerkungen dazu haben sich, ausgehend von der Bewältigung von Verlusterfahrungen, um Formen der Internalisierung gedreht (Introjektion und Identifizierung sowie die Inkorporationsfantasie). Als Unterschied hat sich gezeigt, dass die Introjektion mit der Aufrichtung des Objekts im inneren zu tun hat, die Identifizierung mit der Veränderung des Objekts im Verhältnis zum Selbst (= der Objektvorstellung im Verhältnis zur Selbstvorstellung). Ein Introjekt ist im Freudschen Sinn die innere Repräsentanz von Personen, mit denen wir im Leben (besonders in der frühen Entwicklung) zu tun haben – ein Objekt, das als Ganzes in uns psychisch aufgerichtet wird, während die Identifizierung einzelne Eigenschaften betrifft. Ein weiterer Aspekt zur Aufrichtung der inneren Welt der Objekte hat sich dann in der Auseinandersetzung mit der Frage von Abwesenheit in der Wahrnehmung und Anwesenheit in der Vorstellung gezeigt, das hatte in einen Blick auf psychoanalytische Symbolisierungstheorien geführt.

Vor diesem Hintergrund soll es nun um ausgewählte psychoanalytische Objektbeziehungstheorien gehen (vgl. den Überblick bei Greenberg & Mitchell, 1983, Fonagy & Target, 2003). Auch wenn eine solche in Freuds Arbeiten angelegt ist, gilt er doch den meisten nicht im eigentlichen Sinne als ein Vertreter der Objektbeziehungstheoretiker. Im weiten Feld psychoanalytischer Objektbeziehungstheorien ist ein zentraler Referenzpunkt das Werk Melanie Kleins. Da ich deren Ansatz bereits für einen Zugang zur Symbolisierungstheorie genutzt habe, werde ich ihn im weiteren nicht nochmals gesondert betrachten, sondern mich auf die Überlegungen Fairbairns, Winnicotts, Balints und Jakobson beschränken, sowie mit dem Fokus auf die Pathologie von Objektbeziehungen einige Überlegungen Kernbergs heranziehen.

4.1 Der Ansatz Ronald Fairbairns

Ronald Fairbairns Werk ist in seiner Bedeutung für die Entwicklung und die Gegenwart der Psychoanalyse lange Zeit unterschätzt worden (vgl. für eine Zusammenstellung Fairbairn, 2007; zur Diskussion seines Werks z. B. Hensel, Scharff & Vorspohl, 2006; Clarke & Scharff, 2016), wenngleich er durch seine Arbeiten der 1940er-Jahre als ein wesentlicher Wegbereiter psychoanalytischer Objektbeziehungstheorie zu betrachten ist. Zeitgleich zu wichtigen Arbeiten Melanie Kleins setzt er sich – allerdings in Schottland, etwas abseits der Londoner »Szene« der Britischen Psychoanalytischen Gesellschaft – mit der Verbindung triebtheoretischer mit objektbeziehungstheoretischen Überlegungen auseinander. Ogden (2010, S. 131; Übers. TS) schreibt über Fairbairns Werk: »Ich habe festgestellt, dass Fairbairn eine Konzeption des Psychischen entwickelt, die in sich eine Struktur der frühen psychischen Entwicklung trägt, die in keinen anderen theoretischen analytischen Schriften des 20. Jahrhunderts gefunden werden kann«. Fairbairns Theorie der inneren Objektbeziehungen stelle »eine der wichtigsten Beiträge zu analytischer Theorieentwicklung in deren erstem Jahrhundert« dar (a.a.O).

Fairbairn schließt an die Freudsche Terminologie an, wendet dessen Konzeption aber an zentraler Stelle um, wenn er formuliert, was als seine zentrale These gelten kann: Die Libido ist nicht lustsuchend, sondern objektsuchend. Konkret heißt es: Freud »hielt[…], obwohl sich sein gesamtes Denksystem um Objektbeziehungen drehte, theoretisch an dem Grundsatz fest, daß Libido in erster Linie nach Lustgewinn strebe [*pleasure-seeking*; TS], das heißt richtungslos sei. Ich hingegen vertrete den Grundsatz, daß Libido in erster Linie nach dem Objekt strebt [*object-seeking*; TS], das heißt, zielgerichtet ist.« (Fairbairn, 1944, S. 159) Das bedeutet offensichtlich eine entscheidende Wandlung des Konzepts der Libido, eben von einer Perspektive, die in der Triebtheorie vor allem das ökonomische Moment sieht, hin zu einer stärker objektbeziehungstheoretischen. Was uns antreibt, ist also nicht unmittelbar Befriedigung (in einer a-sozialen Sphäre), sondern, einem anderen nahe zu sein. Wichtig ist dabei, dass damit der Kontext der Triebtheorie und selbst von deren libidotheoretischen Anteilen nicht verlassen oder diese aufgegeben wird, sondern es wird die Rolle des Objekts darin gestärkt und ins Zentrum gerückt. Das primäre Motiv ist nicht psychoökonomisch allein, sondern beziehungshaft-relational. Ziemlich deutlich wendet sich Fairbairn damit also gegen ein bestimmtes Verständnis der Freudschen Bemerkung, das Objekt sei das variabelste am Trieb (auch wenn diese Formulierung und der dahinter stehende Gedanke, wie oben erwähnt, auch derart verstanden werden können, dass die Repräsentation eines Trieb-Objekts erfahrungsabhängiger ist als die anderen Elemente des Triebs es sind), indem er herausstellt, dass das Objekt nicht nur nicht austauschbar ist, sondern darüber hinaus aktiv gesucht wird und das eigentliche Triebmotiv darstellt. Fairbairn entwirft dazu ein Modell, in dem das Verhältnis von »äußeren« Objekten (besser: andere Personen in konkreter Interaktion), »inneren« Objekten und Selbstanteilen deutlich wird und in dem zentral ist, dass die Objekte der psychischen Repräsentanzwelt immer Teil der subjektiven Erlebniswelt sind, dieser also nicht gegenüber stehen. Objekt und Selbst sind notwendigerweise miteinander verbunden: »Jeder Aspekt des Psychischen – einschließlich all der ›internalisierten Figuren‹, welche die innere Objektwelt konstituieren – ist notwendigerweise ein Aspekt von einem selbst.« (Ogden, 2010, S. 134; Übers. TS) Auch »aggressive Objekte« beispielsweise sind Teil der individuellen psychischen Welt und Subjektivität, auch dann, wenn es sich um Objektvorstellungen handelt.

Etwas, was bei Fairbairn auch eine Rolle spielt, meistens Melanie Klein zugeschrieben wird und heute besonders in den Konzeptionen Kernbergs zentral ist, ist die Dynamik von Spaltungsprozessen in der Strukturierung der inneren Welt. Spaltungsprozesse werden bei Fairbairn motiviert durch die Angst, das innere Objekt durch Liebe (oder Hass) zu zerstören. In der inneren Welt wird eine Art von Unterteilung vorgenommen, aus Angst, dass etwas von der eigenen Impulsivität, ob es nun Aggression oder »stürmische« Liebe ist, das Objekt als Objekt der eigenen Vorstellung beschädigen oder zerstören könnte. Das Ziel der frühen psychischen Entwicklung ist für Fairbairn die Entwicklung »reifer Abhängigkeit« (z. B. Fairbairn, 1941). Damit ist gemeint, dass jemand sich in seinen Beziehungen zu anderen auf eine reife Art abhängig machen kann, also etwa passive Wünsche einbringen und damit Nähewünsche erleben und äußern kann, ohne dass sie von der Angst begleitet sind, sich selbst in der Nähe zum anderen zu verlieren. Droht eine solche Angst vor Selbstverlust in der Abhängigkeit nicht, weil die frühkindliche Abhängigkeit überwunden wird, dann kann mit Fairbairn (1941, S. 71) von der Voraussetzung des Individuums für »Beziehungen zu Objekten, die es von sich selbst unterscheidet« gesprochen werden. Jemand kann dann Objektbeziehungen erleben und Beziehungen zu anderen führen, in denen mal Wünsche nach Abhängigkeit oder Passivität und mal solche nach Autonomie, Aktivität oder Gestaltung Platz haben.

Scharff (2005, S. 26) veranschaulicht Fairbairns Konzeption einer »endopsychischen Struktur« (also einer Struktur der psychischen Welt). Dazu ist zunächst einmal wichtig, dass Fairbairn (wie auch Freud) häufig unter dem Terminus »Ich« das bezeichnet, was aus heutiger Perspektive (bzw. Vorschlägen folgend, die erstmals von Hartmann gemacht wurden) eher »Selbst« genannt würde, also die psychische Repräsentanz der eigenen Person, die Selbstrepräsentanz (vgl. Storck, 2021). In Scharffs Darstellung ist daher, inhaltlich folgerichtig, aber in der Terminologie von Fairbairn abweichend, vom »Selbst« die Rede. Die Konzeption lässt sich nun in folgender Weise verstehen: In der Interaktion mit einem »idealen oder hinreichend gutem Objekt« stehen Selbst und Objekt immer miteinander in Verbindung. Wenn nun also das Objekt übermäßig »bedürfniserregend«, so die Terminologie, also stark stimulierend ist, dann kommt es zu Verdrängungsprozessen, die nicht nur das Objekt, sondern auch Teile des Selbst betreffen. Aspekte des »zentralen« Selbst werden verdrängt und bilden die Struktur eines »exzessiv bedürftigen Selbst« in Relation zum »bedürfniserregenden« Objekt. Etwas ähnliches kann auch bei gegenteiligen Bedingungen geschehen: Auch dann, wenn das Objekt auf andere Weise nicht »hinreichend gut« ist, sondern »zurückweisend«, werden Teile der Objektvorstellung und der Selbstvorstellung verdrängt und dies resultiert im äußersten Fall in der Ausbildung eines »exzessiv aggressiven Selbst« (in Relation zum zurückweisenden Objekt), von dem Fairbairn auch als einem »inneren Saboteur« spricht. Diese Gedanken zeigen recht deutlich den Ausgangspunkt einer Verbindung von Selbst und Objekt in der Welt der Repräsentanzen. Ein übermäßig erregendes Objekt verändert auch die Vorstellung, die jemand von sich selbst hat. Ein übermäßig zurückweisendes Objekt tut dies ebenso – beides führt zur Dysregulation von Bedürfnissen, einschließlich der Aggression.

Fairbairn (1954) spricht ferner vom »erregenden Objekt«, ein solches, das Abwehrprozesse hervorruft. Das kann es sowohl durch Zurückweisung als auch durch Überstimulierung und zieht so eine psychische Strukturbildung (also Veränderungen am Selbst und an den Objekten) nach sich. Sowohl zurückweisende als auch übermäßig erregende Objekterfahrungen werden verdrängt. Eine mögliche Folge, die Fairbairn beschreibt, besteht in einem Angriff des »antilibidinösen« Ichs auf das erregende Objekt, weil die Sehnsucht nach ihm (als einem, das angemessen Bedürfnisbefriedigung bereit stellen könnte) stark ist, aber nur in Zurückweisung oder fortgesetzter Stimulierung endet – das nennt er eine »indirekte Verdrängung«, durch die »das antilibidinöse Ich seine Feindseligkeit gegenüber dem libidinösen Ich zum Ausdruck« bringe (a. a. O., S. 210).

Greenberg und Mitchell rufen die bereits dargestellte Figur in Erinnerung, dass Selbst und Objekt im System der endopsychischen Struktur untrennbar (aber nicht verschmolzen!) sind: »Ein wesentliches Prinzip in Fairbairns strukturellem System ist, dass das Ich [Selbst; TS] und das Objekt untrennbar sind. Um bedeutsam zu sein, muss ein Objekt mit einem Teil des Ichs verbunden sein. Ein Objekt ohne einen korrespondierenden Teil des Ichs ist emotional irrelevant. […] Ein objektloses Ich ist ein Widerspruch in sich« (Greenberg & Mitchell, 1983, S. 164f.; Übers. TS). Das kann dabei helfen, eine eher komplizierte weitere Wendung Fairbairns nachzuvollziehen. Bei ihm heißt es, »daß das Objekt, in dem das Individuum inkorporiert ist, im Individuum inkorporiert sei« (Fairbairn, 1941, S. 72). Dieser kurze, komplizierte Satz bringt einen weiteren entscheidenden Umstand auf den Punkt: Wir internalisieren nicht den anderen als Objekt in uns, sondern wir internalisieren ein Objekt, in dem wir uns finden, das heißt unsere Beziehung zu ihm und vor allem auch: seine Beziehung zu uns. Etwas einfacher gesagt: Es ist bedeutungsvoll für die Ausbildung des Selbst, welche Erfahrungen wir davon machen, wie andere uns gegenübertreten und was das darüber sagt, wie andere uns sehen. Wir bilden uns nicht bloß Vorstellungen, sondern Vorstellungen der Vorstellungen, die andere Menschen von uns haben. Internalisierung ist also sowohl in ihrem

Vollzug, als auch in ihrem Gegenstand Teil einer intersubjektiven Konstellation.

Fairbairn differenziert zwischen vier »Techniken« der (pathologischen) Objektbeziehung (Fairbairn, 1941, S. 75; vgl. Padel, 1973, S. 290; Scharff, 2005, S. 20f.): zwanghaft, paranoid, hysterisch und phobisch. Sie unterscheiden sich dadurch, »wo« die guten Objekte und »wo« die schlechten erlebt werden (wichtig ist auch hier, dass es sich um Fantasien darüber handelt, ob man das Gute oder das Schlecht im Innen oder im Außen findet – selbst die Fantasie über ein schlechtes »äußeres« Objekt ist den vorangegangenen Überlegungen folgend Teil des psychischen »Innen«).

- In einer *zwanghaften* Struktur befinden sich sowohl das akzeptierte, gute als auch das zurückweisende, schlechte Objekt im Innen. Dort ringen beide miteinander, was sich nicht zuletzt im Gedankenkreisen zeigt: Das Hilfreiche (Kontrolle) kommt von innen, das potenziell Überwältigende (Erregung) ebenso.
- In der *paranoiden* Struktur wird das akzeptierte, gute Objekt als im Innen und das schlechte als im Außen fantasiert (in einem fehlschlagenden Versuch, dem Schlechten so zu entkommen). Was unlustvoll ist oder Angst macht, wird als von außen kommend erlebt, wie im paranoiden Symptom eines Verfolgungswahns. Das Gute ist »innen« (und dort bedroht), das Schlechte kommt von außen.
- In der *hysterischen* Struktur ist Fairbairn zufolge das Gute außen und das Schlechte innen. Das kann sich zum Beispiel in einer starken Selbstwertproblematik und einem stark anklammernden Verhalten im Außen zeigen – im außen wird permanent das gute Objekt gesucht, welches die schlechte eigene Innerlichkeit rettet.
- In der *phobischen* Struktur werden das gute und das schlechte Objekt als »außen« erlebt. Bedrohung werden im Außen verortet, für die Phobie ja leicht ersichtlich, und auch die Möglichkeit einer Steuerung der Angst liegt im Außen, in einer konkret helfenden Person.

Diese Techniken bzw. Formen der Struktur stellen so etwas wie eine Anwendungsform der Grundidee Fairbairns einer endopsychischen Struktur dar. Es geht um die Frage danach, »wo« die Objekte erlebt werden. Werden sie als Teil von einem selbst erlebt (»innen«) oder nicht?

Auch diese Überlegungen verweisen darauf, wie wichtig es ist zu beachten, dass das »Objekt« damit zu tun hat, wie andere Personen erlebt wurden und werden, sie sind deren subjektive psychische Repräsentanz. Wenn also ein Patient in einer Behandlung beispielsweise sagt »Meine Mutter war herzlos«, dann heißt das zunächst eben »nur«, dass er sie als herzlos *erlebt* hat oder erleben musste. Aller Voraussicht nach korrespondiert dieses Erleben natürlich mit Aspekten der konkreten Interaktion, aber in Behandlungen bekommen wir eben die Objektwelt zu spüren, wie sie subjektiv repräsentiert ist. Selbstverständlich sollte dies nun nicht derart missverstanden werden, dass Fairbairn oder auch zeitgenössische Psychoanalytiker sich nicht darum scheren würden, ob Mütter »tatsächlich« herzlos sind oder »nur« so erlebt werden (das verweist ja insgesamt auf die Debatte darüber, ob Freud realen Kindesmissbrauch zugunsten des Konzepts der unbewussten Fantasie verleugnet habe). Auch hier finden sich Bemerkungen Fairbairns in Arbeiten aus den 1940er-Jahren, die eine differenziertere Sicht auf die psychischen Folgen von Missbrauchserfahrungen in der Kindheit ermöglichen.

Objektbeziehungstheoretisch gedacht wird ein schlechtes Objekt gebildet bzw. psychisch aufgerichtet, ebenso wie ein gutes. Ein wesentlicher Beitrag Fairbairns besteht nun im Hinweis darauf, dass hier nicht der voreilige Schluss gezogen kann, dass konkret »schlechte«, etwa missbräuchliche Erfahrungen, auch zur Aufrichtung eines »schlechten« Objekts führen – Erfahrung übersetzt sich nicht eins zu eins in Repräsentation. Vielmehr ist es Fairbairn zufolge in vielen Fällen von konkret schlechten interpersonellen Erlebnissen, etwa bei Vernachlässigung oder Gewalterfahrung, so, dass ein »gutes« Objekt aufgerichtet wird, das in Relation zu einem »schlechten« Selbst steht. Eine solche Internalisierung des Guten angesichts schlechter Erfahrungen kann er annehmen, weil er die Auffassung vertritt, dass es psychoökonomisch sinnvoller ist, sich selbst als schlecht (und schuldig) zu erleben als das Objekt. Wird nämlich das Objekt als schlecht und schädigend erlebt und die Erlebnisse als Folge von Handlungen »schlechter« anderer erlebt, dann wächst die Hilflosigkeit, ihm weiterhin ausgeliefert zu sein. Unbewusst wird vorgezogen, sich selbst als schlecht und das Objekt (bzw. den anderen) als gut zu erleben – denn dann hat das Individuum es prinzipiell in der Hand, eine Wiederholung der schädigenden Erfahrung zu vermeiden, es muss ja »nur« in Zukunft selbst weniger schlecht oder falsch sein (»Wenn ich kein so schlechtes Kind wäre, wäre ich nicht verprügelt worden.«). Das eigentlich gute Objekt tut Schlechtes, weil das Selbst schlecht ist – so die Psycho-Logik. Da es sich dabei um eine Abwehrfigur handelt, die eine Funktion ausübt, lässt sich allerdings an den Zuschreibungen von »schlecht« an das Selbst und »gut« an das Objekt wenig ändern – mit dem Resultat verstärkter Selbstanklage oder Selbsthass. Fairbairns (1943, S. 97) Formulierung dazu lautet, »daß es besser ist, in einer von Gott regierten Welt ein Sünder zu sein, als in einer Welt zu leben, die vom Teufel beherrscht wird.« Die Logik hinter dieser Art der Internalisierung ist: Besser, ich bin schlecht und in der Welt bewegen sich gute Figuren, als dass ich gut bin, aber in einer Welt lebe, in der mir ständig Zerstörung droht, weil alles schlecht und gewaltvoll ist.

Das wird natürlich nicht zuletzt zu einem problematischen Faktor in Behandlungen, denn es wird dann umso wichtiger zu erkennen, wie bedrohlich die Erfahrung eines hilfreichen oder zugewandten, »guten« anderen sein kann – damit wird im Extremfall die psychische Struktur radikal in Richtung eines als umso schlechter erlebten Selbst gedrückt, in einer Art von Bestätigung der Abwehrstruktur eines wertlosen und existenziell schuldigen Selbst in einer freundlichen Welt. Je besser der Therapeut ist, desto schlechter fühlt sich der Patient (vgl. a. Storck, 2020b, zur negativen therapeutischen Reaktion). Das heißt natürlich nicht, dass Analytiker unfreundlich zu ihren Patienten sein sollten, da so deren Selbstgefühl aufgewertet würde (das schlechte Objekt »verdirbt« ja ebenso die Selbstvorstellungen), sondern es verweist auf die Notwendigkeit, im Blick zu behalten, dass es manchmal bedrohlich sein kann, liebevolle Nähe oder empathisches Verständnis zu erleben. Es wird dann zu einem zentralen Teil der Arbeit, mit einem Patienten daran zu arbeiten, wann andere wie erlebt werden, und wie das Selbst in Relation dazu gesehen wird. Fairbairn schreibt auch: »Der tiefste Widerstand überhaupt ist der Widerstand gegen die Aufdeckung schlechter innerer Objekte.« (Fairbairn, 1942) Denn diese erfüllen eine wichtige Funktion, es kann funktional wichtig sein, sie nicht als schlecht zu erleben, sondern als gut, bzw. so die Hoffnung zu haben, dass alles nur an der eigenen Schlechtigkeit lag.

Während der letzten rund 12–15 Jahre ist Fairbairn »wiederentdeckt« worden, u. a. von Vertretern der sogenannten relationalen Psychoanalyse (vgl. dazu Potthoff, 2006; Hensel, 2014; Dimitrijevic, 2014), einer wichtigen Strömung gerade in Nordamerika in den letzten knapp drei Jahrzehnten. Eine Grundannahme der relationalen Psychoanalyse ist, »daß die psychoanalytische Begegnung von zwei aktiven Teilnehmern gemeinsam konstruiert (ko-konstruiert) wird und daß die Subjektivitäten des Patienten und des Analytikers die Form und den Inhalt des Dialogs erzeugen.« (Fonagy & Target, 2003, S. 278; ausführlich auch bei Mertens, 2011, S. 205ff.) Allerdings ist diese Grundhaltung nicht ganz so weit weg von der Haltung der »klassischen« psychoanalytischen Perspektive, wie es manchmal den Anschein hat. Auch in der klassischen Psychoanalyse geht es natürlich darum, auf die Beziehung und die Gestaltung von Übertragung und Gegenübertragung zu blicken. Der Schwerpunkt der relationalen Psychoanalyse liegt jedoch auf einer nicht ganz so asymmetrischen Beziehung, in der nicht einfach nur die innere Welt des Patienten zur Darstellung kommt, sondern etwas ko-Konstruiertes entsteht. Weitere Einflussfaktoren für die relationale Psychoanalyse sind verschiedene entwicklungspsychologische Konzepte aus der Säuglings- und Kleinkindforschung, der Bindungstheorie oder der psychoanalytischen Selbstpsychologie Kohuts, demgegenüber wird einer triebtheoretischen Sichtweise eher mit Skepsis oder Ablehnung begegnet.

In der relationalen Psychoanalyse wird von einer »relationale[n] Struktur des Selbst« ausgegangen, das in einem dynamischen Austausch zwischen »Innen« und »Außen« steht und sich darin bildet (Potthoff, 2014, S. 46). Ähnlich wie Fairbairn es vorgezeichnet hat, wird von einer »konstituierende[n] Objektbezogenheit des Menschen« (a. a. O., S. 49) ausgegangen. »Relational« betont dabei das »Zusammenspiel und [die] Wechselwirkung innerer (verinnerlichter) und äußerer Objektbeziehungen«, die therapeutisch-konzeptuelle Richtung stellt eine Synthese aus interpersonaler Psychoanalyse (v. a. Sullivan, 1953) und Objektbeziehungstheorie (a. a. O., S. 45) dar. Faibairns Einfluss darauf ist groß, wenn auch oft nur implizit.

4.2 Der Ansatz Donald W. Winnicotts

Ein weiterer Ansatz der psychoanalytischen Objektbeziehungstheorien wird von Donald Winnicott vorgelegt, einer der wichtigsten Figuren in der (Weiter-)Entwicklung der Kinderanalyse und in der Konzeption eines psychoanalytischen Verständnisses von Aggression, aber auch von einer haltenden Umwelt in der frühen Entwicklung. Im Weiteren kann auch hier natürlich nur ein Ausschnitt der theoretischen Beiträge Winnicotts gegeben werden. Besonders relevant im vorliegenden Kontext ist die bereits erwähnte Figur »There's no such thing as an infant« (Winnicott, 1960, S. 587) – so etwas wie ein Baby gibt es nicht, d. h. in der (unterstellten) Perspektive des Säuglings gibt es ihn nur in Verbindung mit der Umwelt, konkret: in der Beziehung zur Mutter.

Winnicott differenziert zwischen »Objekt-Mutter« und »Umwelt-Mutter« (genauer dazu unten), wo beachtet werden muss, dass es hier wesentlich um die primäre Bezugsperson geht (meist die Mutter) und auch nicht prinzipiell um eine Phase, in der nur eine andere Person für den Säugling relevant wäre (es kann also auch um wechselnde Dyaden gehen). Es geht dabei um die Beschreibung eines Erlebens von Interaktion. Weiter wichtige Konzeptionen Winnicotts sind die Haltung einer »hinlänglich gute[n] Mutter« (Winnicott, 1953, S. 676f.), einer Mutter also, die nicht allumfassend bedürfnisbefriedigend ist (ohne zeitliche oder sonstige Begrenzung), sondern die »gut genug« ist, also entwicklungsangemessen auf das Kind eingeht und ihm sukzessive auch Raum gibt bzw. Frustrationen zumutet (und es so dem Kind ermöglicht, Entwicklungsschritte zu machen, statt ihm immer einen Schritt voraus zu sein). Winnicott hat sich auch mit der Struktur eines »falschen Selbst« beschäftigt oder, besonders in Jugendlichen, mit einer »antisoziale[n] Tendenz« (Winnicott, 1956) beschrieben (vgl. zu den Konzepten Winnicotts besonders Abram, 1996; Caldwell & Joyce, 2011). Psychoanalysegeschichtlich ist noch erwähnenswert, dass Winnicott in den Zeiten der »Controversial Discussions« innerhalb der Britischen Psychoanalytischen Gesellschaft (die in der ersten Hälfte der 1940er-Jahre stattfanden, sich u. a. um Auffassungen zur unbewussten Phantasie oder zur Deutungstechnik in der Kinderanalyse rankten und wesentlich zwischen

Melanie Klein und Anna Freud geführt wurden) die Position derjenigen vertrat, die als »middle group« zwischen zwei Lagern bezeichnet wurden (King & Steiner, 1991).

Als Ausgangspunkt kann also die Annahme genommen werden, es gebe so etwas wie das Baby als getrennt erlebte Person in der frühen Entwicklung nicht. Wie andere auch nimmt Winnicott an, dass Affekte in der frühsten psychischen Entwicklung vom Säugling bzw. Klein(st)kind allein nicht psychisch reguliert werden können. Vielmehr findet die Regulierung von Affekten im Rahmen der haltgebenden Beziehung zur primären Bezugsperson statt, die dafür gebraucht wird, mit intensiven Affektzuständen umgehen zu können, angefangen mit dem Wiegen zur Bewältigung früher Erregungs- und Spannungszustände bis hin zur Regulierung differenzierterer Affektzustände. Für Winnicott ist dabei das entscheidend, was er »primäre Mütterlichkeit« nennt (Winnicott, 1960), also die Möglichkeit der »Mutter« (bzw. frühen Bezugspersonen), die intensiven Affekte wahrzunehmen, psychisch aufzunehmen und vorzuverdauen. Das beschreibt Winnicott als »eine Ich-Beziehung zwischen Mutter und Säugling« (a. a. O., S. 397), im Rahmen derer der Affekt des Kindes durch das In-Beziehung-Stehen zur Mutter reguliert wird. Dazu bedarf es von Seiten der Mutter einer »genügend gute[n] Anpassung an die Bedürfnisse des Kindes« – ein Vermögen zur primären Mütterlichkeit. Nach Winnicotts Annahme wird »dem Kinde in der frühesten Zeit durch eine zureichend gute Umwelt die Möglichkeit gegeben, überhaupt zu sein« (a. a. O.).

Diese Funktion, die die Mutter übernimmt, stellt einen Entwicklungsmotor für das Erleben eines abgegrenzten Selbst dar. Gelingt es nicht, Halt in einer Beziehung zu finden, die auch hilft, Erregungszustände zu modulieren, dann wäre es viel zu bedrohlich, sich als psychisch abgegrenzt zu erleben, es stünde mit jedem Mal die psychische Existenz des Selbst auf dem Spiel, das isoliert von anderen und überwältigt von Erregung hilflos allein da stünde. Zur Repräsentation eines abgegrenzten Selbst, das als ein solches ja überhaupt erst in Beziehung treten kann, gehört die oben erwähnte entwicklungsangemessene Frustration von Seiten der primären Bezugsperson(en). Diese vermitteln nicht nur die Toleranz für schwierige Affekte, sondern auch für Getrenntsein und passagere Abwesenheit. Es geht um die Förderung der Aushaltbarkeit von relativer Trennung. Das ist Teil eines Entwicklungsprozesses, der gemäß der Theorie Winnicotts durch »Übergangsobjekte« unterstützt wird.

Das Entscheidende an Übergangsobjekten ist, dass sie nicht ganz zur subjektiven und nicht ganz zur interpersonellen Sphäre gehören. Also handelt es sich um Zwischenobjekte im Erleben des Kindes, die nicht ganz innerlich und nicht ganz äußerlich sind bzw. so erlebt werden. Für Winnicotts geht es um jenen »Erlebnis- und Erfahrungsbereich [...], der zwischen dem Daumenlutschen und der Liebe zu Teddybären liegt« (Winnicott, 1953, S. 667; im Freudschen Denken ist dies in der Überlegung zum Verhältnis zwischen Autorerotismus und Objektbeziehung vorgezeichnet). Fünf »Phänomene und Fähigkeiten« sind für das Umgehen mit dem Übergangsobjekt entscheidend:

- »die Art des Objekts«;
- »die Fähigkeit des Kindes, das Objekt als nicht zum Selbst gehörend zu erkennen«;
- »der Ort des Objekts (außen – innen – an der Grenze)«;
- »die Fähigkeit des Kindes, ein Objekt zu erschaffen«;
- »der Beginn einer zärtlichen Objektbeziehung« (a. a. O.).

Meist haben Übergangsobjekte irgendeine Art von haptischer Qualität, sie sind also beispielsweise besonders weich oder haben eine besondere Oberflächenstruktur. Wichtig ist, dass es nicht »zum Selbst« gehört, dass es sich sozusagen »an der Grenze« zwischen »Innen« und »Außen« bewegt und dass das Kind das Objekt »erschaffen« kann. Damit ist gemeint, dass das Kind eine innere Vorstellung des Objektes erschaffen kann und über den Umweg des Übergangsobjektes können schließlich auch innere Objektvorstellungen anderer Personen geschaffen werden, so dass eine »zärtliche Objektbeziehung« möglich wird.

Übergangsobjekte bewegen sich damit für Winnicott in einem »Übergangsraum« – einem Erlebnisraum zwischen Innen und Außen, d. h. dass das Individuum davon entlastet ist, sie dem einen oder dem anderen Bereich zuzuordnen. Mit dem Begriff des Übergangsraums meint Winnicott einen »dritten Bereich des menschlichen Erlebens«, einen »Zwischenbereich von Erfahrungen, zu denen innere Realität und

Außenwelt gleicherweise ihren Beitrag leisten« (1953, S. 668). Im Übergangsobjekt zeigt sich, was etwas für das Individuum bedeutet und wofür es steht, und zugleich geht es um die konkrete sinnliche Qualität. Der Übergangsraum ist eine Sphäre, »in welcher das Individuum ausruhen darf von der lebenslänglichen menschlichen Aufgabe, innere und äußere Realität voneinander getrennt und doch in wechselseitiger Verbindung zu halten« (a. a. O.). Damit ist gemeint, dass im »Normalfall« des Erlebens die Unterscheidung notwendig ist, ob etwas in der Vorstellung oder in der Wahrnehmung gefunden wird. Fehlt dieses Vermögen, wird es problematisch. Aber es gibt, so das Argument, in der kindlichen Entwicklung ein Stadium, wo wir davon entlastet sind, entscheiden zu müssen, und auch in unserem weiteren Erleben zum Beispiel in der Kunst, Religion oder Kreativität, wo es Bereiche gibt, wo innere Welt und äußere Realität auf andere Art als sonst miteinander in Austausch kommen.

Das Übergangsobjekt ist der »erste Besitz«, so Winnicott, das erste, über das das Kind nicht zuletzt psychisch verfügt. Dabei lässt es die Mutter zu, dass das Übergangsobjekt »schmutzig, ja sogar übelriechend wird, denn sie weiß nur zu gut, daß sie mit einer Reinigung die Kontinuität der Erfahrung des Kindes unterbrechen [...] könnte« (a. a. O., S. 670). Auch das verweist auf die besonderen sinnlichen Qualitäten des Übergangsobjektes: Selbst wenn es »übelriechend« wird, bleibt es das wichtige Objekt, das bestimmte Entwicklungsschritte zu bewältigen hilft. Nur das Kind kann es durch ein anderes ersetzen, es wird zärtlich behandelt und geliebt, aber auch »misshandelt« mit Aggression. Der Umgang mit Übergangsobjekten erleichtert den Übergang von der Welt der Wahrnehmung zur Welt der Vorstellung. Winnicott schreibt: »Es gehört nur für uns Erwachsene der Außenwelt an, nicht aber für das Kind; andererseits gehört es auch nicht zur inneren Welt des Kindes: das Übergangsobjekt ist keine Halluzination« (a. a. O., S. 671). Ein Übergangsobjekt kann nicht ausgedacht oder imaginiert werden.

Auch wenn das Übergangsobjekt also keinem der Bereiche Innen/außen fest zuordbar ist, so kann doch nichtsdestoweniger die Frage gestellt werden, was genau es vertritt bzw. für welches Erleben es eine Hilfe darstellt. Winnicott (1953, S. 672) nimmt an, »daß der Zipfel der Decke [...] irgendein Teilobjekt – wie z. B. die Brust – symbolisiert«.

Gemeint ist damit, dass das Übergangsobjekt für etwas steht – für einen Teil der Mutter. Meiner Auffassung nach lässt sich das noch ein Stück zuspitzen: Im Übergangsobjekt (und vermittels dessen) wird nicht schlicht eine der primären Bezugspersonen (und Teile dieser) repräsentiert, sondern die *Beziehung* zu ihr, vermittelt über den Geruch oder andere Sinneswahrnehmungen und damit letztlich auch die Regulierung von affektiven und leiblichen Zuständen sowie die Verknüpfung verschiedener Sinnesmodalitäten mit der Repräsentation. Das wäre m.E. in einem zeitgenössischen Verständnis des Konzepts das Entscheidende: Was das Kind im Umgang mit dem Übergangsobjekt also internalisiert und zu repräsentieren lernt, ist die Beziehung zu anderen in ihrem affektiven Gehalt.

Winnicott (1963) unterscheidet, wie oben erwähnt, zwischen »Objekt-Mutter« und »Umwelt-Mutter«, d. h. er postuliert »beim unreifen Kind die Existenz von zwei Müttern« (a. a. O., S. 96). Dabei geht es ihm um den Unterschied zwischen zwei Vorstellungen von der Mutter, »um den großen Unterschied zu beschreiben, der für den Säugling zwischen zwei Aspekten der Säuglingspflege besteht, der Mutter als Objekt oder Besitzerin des Teilobjekts, das die dringenden Bedürfnisse des Säuglings befriedigen kann [Objekt-Mutter; TS], und der Mutter als der Person, die das Unvorhersehbare abwehrt und die in der Berührung und allgemeinen Behandlung aktiv Pflege ausübt [Umwelt-Mutter; TS]. Was der Säugling auf dem Höhepunkt der Es-Spannung tut, und welchen Gebrauch er so vom Objekt macht, erscheint mir ganz anders als der Gebrauch des Säuglings von der Mutter als Teil der Gesamtumwelt.« (a. a. O.) Worin besteht nun der Unterschied genau? Während die Umwelt-Mutter »alles [bekommt], was man als Zärtlichkeit und sinnliche Koexistenz bezeichnen kann«, wird die Objekt-Mutter »zur Zielscheibe für erregtes Erleben, das durch rohe Triebspannung gestützt wird.« (a. a. O., S. 96f.) Das Erleben der Umwelt-Mutter ist viel stärker an die konkrete soziale Person gebunden, mit der das Kind interagiert, die Umwelt-Mutter als Teil der Vorstellungswelt ist das Ziel von triebhaften Strebungen, von stürmischer libidinöser und aggressiver Triebhaftigkeit. Die Umwelt-Mutter wird gesucht, wenn Nähe oder Beruhigung gebraucht wird. Die Objekt-Mutter hingegen ist sozusagen das, was mit dem Objekt Mutter als Teil der Repräsentanzwelt »angestellt« wird.

Der Gedankengang wird etwas leichter nachvollziehbar unter Berücksichtigung von Winnicotts (1969) Unterscheidung zwischen Objektbeziehung und Objektverwendung. In der Objekt*beziehung*, das ist das frühere Stadium der Entwicklung, hat das Objekt »Bedeutung gewonnen«. Projektionen und Introjektionen erfolgen, es ist eine Art »Erfahrung des Subjekts, die im Hinblick auf das Subjekt als isoliertes Phänomen beschrieben werden kann« (a. a. O., S. 103). Gemeint ist, dass das Kind ein inneres Objekt zur Verfügung habe und sich zu diesem in Beziehung erlebt. Daraus entwickelt sich die Möglichkeit zur Objekt*verwendung*. Das ist etwas irreführend, dass hier die Objektverwendung das Reifere ist. Die Verwendung des Objektes setzt die Objektbeziehung voraus: »Das Objekt muß, wenn es verwendet werden soll, notwendigerweise im Sinne eines Teils der wahrgenommenen Realität real sein und nicht etwa ein Bündel von Projektionen« (a. a. O.). Die Objektverwendung bedeutet, dass das Kind in kommunikativen, interpersonellen Prozessen auf die andere Person zurückgreifen kann, als eine Figur, die bei der Bewältigung schwieriger Affekte oder Spannungszustände (einschließlich der Bindungsbedürfnisse) helfen kann, deren Nähe dazu gesucht wird. Die Objektverwendung ist nur »unter Berücksichtigung der unabhängigen Existenz des Objektes mit seiner Eigenschaft, schon immer dagewesen zu sein« (a. a. O., S. 104) beschreibbar. Bei der Objektverwendung gehe das Kind mit einer Repräsentanz der Mutter um, die gleichsam Objektqualitäten auf einer reiferen Stufe umfassen als zuvor auf der Ebene der Beziehung zur Objekt-Mutter. Das bedarf einiger weiterer Überlegungen.

Für Winnicott ist die Entwicklung der Fähigkeit zur Objektverwendung der »vielleicht schwierigste Prozeß« in der menschlichen Entwicklung (a. a. O., S. 104f.), denn er besteht darin, »daß das Subjekt das Objekt außerhalb des Bereiches seiner eigenen omnipotenten Kontrolle ansiedelt; es handelt sich also darum, daß das Subjekt das Objekt als ein äußeres Phänomen und nicht als etwas Projiziertes wahrnimmt«. Geschieht das nicht und bleibt das Kind sozusagen auf der Ebene der Objektbeziehung im Winnicottschen Sinn stehen, wird es zum Beispiel unerträglich kränkend sein, wenn die konkrete Person nicht exakt dem entspricht, was von ihr verlangt wird. Erst auf der Ebene der Objektverwendung gibt es die »Anerkennung des Objekts als ein Wesen mit eigenem Recht« (a. a. O., S. 105; hier sind auch Melanie Kleins Überlegungen zur depressiven Position berührt, auf deren Ebene reife Schuldgefühle ebenso möglich werden wie die Vorstellung »ganzer« Objekte oder Wiedergutmachungsstrebungen). Objektverwendung bedeutet anzuerkennen, dass interpersonell etwas ausgehandelt werden muss, dass das Kind beispielsweise gestalten kann (und muss), damit etwas Wohltuendes oder Lustvolles in Interaktionen mit anderen möglich wird. Die soziale Welt entspricht nicht der Logik der Triebe, die sich auf die Objekt-Mutter richten.

Die Verbindung zwischen Objektbeziehung und Objektverwendung beschreibt Winnicott nun in drastischer Sprache: »Diese Wandlung von der Objektbeziehung zur Objektverwendung bedeutet, daß das Subjekt das Objekt zerstört.« Dabei wird das Objekt »erst dadurch etwas Äußeres« (a. a. O.), erst durch diese »Zerstörung« des inneren Objekts (als etwas, das der omnipotenten Kontrolle des Kindes unterläge) kann die Getrenntheit vom äußeren Objekt (bzw. in der von mir im vorliegenden Rahmen vorgeschlagenen Terminologie: von der konkreten Person, mit der interagiert wird) erlebt und eine soziale Beziehung aufgenommen werden. Das Objekt wird zerstört, aber auch wieder aufgerichtet, nun als eine potenziell realitätsbezogenere Repräsentation, als eine Vorstellung eines Gegenübers mit eigenen Bedürfnissen, das von mir unterschieden ist, so dass ich weder die Möglichkeiten noch das Recht dazu habe, mit ihm das anzustellen, was mit einem Objekt, das bloß Trieb-Gegenstand ist, möglich wäre.

Das Objekt[7] wird zerstört und damit es wieder aufgerichtet werden kann, muss es die Zerstörung überleben: »Das Subjekt sagt gewissermaßen zum Objekt: ›Ich habe dich zerstört‹, und das Objekt nimmt diese Aussage an. Von nun an sagt das Subjekt: ›Hallo, Objekt! Ich habe dich

7 Auch hier wird die Schwierigkeit, sowohl von einem »inneren« als auch von einem »äußeren« Objekt zu sprechen, offensichtlich. M.E. wird das Gemeinte deutlicher, wenn man formuliert, dass das Trieb-Objekt zerstört wird und weil die konkrete Person, mit der interagiert wird, dadurch nicht beeinträchtigt ist (die Beziehung zu ihm keinen Schaden nimmt), kann ein Objekt im Psychischen gebildet werden, dass auch realitätsgerechtere Vorstellungen umfasst und somit differenzierter ist. Das Gegenüber überlebt die Zerstörung des Trieb-Objekts, so dass das »differenziertere« Objekt gebildet werden kann.

zerstört! Ich liebe dich! Du bist für mich wertvoll, weil du überlebt hast, obwohl ich dich zerstört habe! Obwohl ich dich liebe, zerstöre ich dich in meiner (unbewußten) Phantasie.‹ Diese ist der eigentliche Anfang der Phantasie im Menschen. Das Subjekt kann jetzt das Objekt, das überlebt hat, verwenden.« (a.a.O., S. 105) Dass das Objekt überlebt, bedeutet, dass die konkrete Mutter, die konkrete primäre Bezugsperson im Außen, die heftigen Affekte des Kindes aufnehmen kann und davon nicht überwältigt wird. Solch ein Prozess könnte in zwei Richtungen entgleisen: Entweder indem die Mutter nicht empfänglich für die Affekte ist (und das Kind mit ihnen »allein« da steht), oder indem sie von ihnen »angesteckt« wird und es zu einer Art von Eskalation oder Intensivierung der Affekte im interpersonellen Austausch kommt, mit der Folge, das Kind und Mutter sich einem überwältigenden, unregulierten Affekt ausgesetzt sehen und beide keine Möglichkeit haben, damit umzugehen.

Dass das Objekt zerstört wird und überlebt, heißt also: Die primäre Bezugsperson kann sich zum Gegenstand heftiger, stürmischer Affektangriffe machen und ist danach aber immer noch da, die Beziehung zu ihm hat keinen Schaden genommen. Das führt zur Internalisierung eines realitätsgerechteren, hilfreichen inneren Objektes, an das sich das Kind auch mit schwierigen Affekten wenden kann.

4.3 Der Ansatz Michael Balints

Sigmund Freud ist manchmal vorgeworfen worden, eine »Ein-Person-Psychologie« formuliert zu haben, in der es vermeintlich nur um die Perspektive des Analysanden gehe, der sich in klinischen Prozessen in der Übertragungsbeziehung entwerfe, ohne dass der Analytiker viel dazu beitrüge. Eine konsequente Betrachtung auch der Freudschen Psychoanalyse fördert zwar zutage, dass sowohl seine allgemeinpsychologischen als auch seine behandlungstechnischen Konzeptionen ohne Beziehungshaftes kaum denkbar sind, trotzdem ist es beispielsweise Michael Balint überlassen gewesen, konsequenter die Grundlagen und Konsequenzen einer Zwei-Personen-Psychologie nachzuverfolgen. Balints Ansatz kann hier nur in seinen im vorliegenden Kontext wichtigsten Elementen kurz gestreift werden.

Balint geht im Menschen von einer »primären Liebe« aus, also von so etwas wie einem grundlegenden menschlichen Antrieb, der sich auf zärtliche (Objekt-)Beziehungen richtet, ähnlich wie in Fairbairns Hinweis auf das Objektsuchende der Libido. Balint schreibt: »Nach meiner Theorie wird das Individuum in einem Zustand von sowohl biologisch wie libidinös intensiver Bezogenheit zu seiner Umwelt geboren.« (Balint, 1968, S. 82) Es handelt sich dabei also nicht um einen Entwicklungsschritt (derart, dass wir erst dahin kommen müssten, uns an andere zu wenden), sondern es ist Teil unserer »grundlegenden« Ausstattung als Mensch. Das liefert Balint auch die Grundlage dafür, von einer sogenannten »Grundstörung« zu sprechen. Anders als in einer bloß neurosenpsychologischen Krankheitslehre wird es so möglich, »frühe« Störungen zu beschreiben, also solche, in denen es nicht um umgrenzte Wunsch-Verbot-Konflikte im reifen Sinne ginge, sondern um eine Beeinträchtigung in der Art und Weise, Beziehungen zu führen und zu erleben. In objektbeziehungstheoretischer Hinsicht sind mit dem Gedanken einer »Grundstörung« bzw. einer Konzeption pathologisch-narzisstischer Prozesse zwei Begriffe verbunden: der oknophile und der philobatische Charakter als zwei Modi einer gestörten narzisstischen Entwicklung (Balint, 1959).

Seitens des oknophilen Charakters werden die Objekte »als sicher und tröstlich empfunden, während die Räume zwischen ihnen bedrohlich und erschreckend sind« (1968, S. 83). Das führt zu einer übermäßigen Bedeutung der Objektbeziehung, einem Klammern an andere Personen, einem extremen Angewiesensein darauf, dass jemand anders da ist. Balint gebraucht hier den Begriff der Introjektion und beschreibt damit, wie ein Objekt internalisiert wurde, ohne danach verändert zu werden, ohne einen Austausch zwischen am Objekt und am Selbst wahrgenommenen Eigenschaften und psychischen Fähigkeiten – die »Kompetenz« der Regulierung bleibt in Gänze beim Objekt. Die narzisstische Dysregulierung liegt hier darin, dass jemand ohne die Objekte nicht beruhigt sein kann oder sich nicht zu helfen weiß. Deswegen sind die Räume »zwischen« den Objekten bedrohlich.

Für den philobatischen Charakter hingegen ist maßgeblich, dass »objektlose Räume [...] als sicher und freundlich empfunden [werden], während die Objekte trügerisch und bedrohlich sind« (a.a.O.). Darin liegt offensichtlich ebenfalls eine narzisstische Dysregulierung, im Rahmen derer sich jemand nur entlastet und entspannt fühlen kann, wenn er allein ist. Die Anwesenheit anderer (und erst recht das eigene Angewiesensein auf sie) führt zu Anspannung, sie werden nicht als hilfreich gesehen und der Gedanke, jemanden zu brauchen, für etwas, das man sich nicht selbst zu geben in der Lage ist, ist schwer erträglich. Daher werden, so Balint, die eigenen Ich-Funktionen überbesetzt. Es wird auf die (omnipotente) Vorstellung zurückgegriffen, ohne die Hilfe von anderen auszukommen, so dass die Objektwelt verarmt.

4.4 Der Ansatz Edith Jacobsons

Edith Jacobson ist nicht nur dafür bekannt geworden, dass sie sich im Dritten Reich weigerte, Informationen über jüdische Patienten weiterzugeben, und für diese Integrität eine Inhaftierung in Kauf nahm, sondern auch als Autorin, insbesondere mit Arbeiten zur *Depression* (1971) oder eben durch *Das Selbst und die innere Welt der Objekte* (1964). Auch sie beschäftigt sich mit dem Verhältnis von Objektbeziehung, Identifizierung und »Identitätsbildung«. Sie setzt sich mit der Frage auseinander, wie aus Internalisierungsprozessen psychische Struktur erwächst, und auch sie geht davon aus, dass zu Beginn der Entwicklung ein »früheste[s] psychophysiologische[s] Selbst« als »undifferenzierte[.] ›psychosomatische‹ Matrix« (Jacobson, 1964, S. 17) gegeben ist, also die Abgrenzbarkeit zwischen Selbst und Nicht-Selbst nicht immer schon besteht. Eine solche Sicht ist in der zeitgenössischen Parallele eine häufig vertretene Ansicht: Die Unterscheidung zwischen Selbst und Nicht-Selbst entsteht erst im Verlauf der Entwicklung. Jacobson greift hier auf Freuds Konzept eines primären Narzissmus zurück, als »früheste[.] infantile[.] Periode [...], die der Entwicklung von Selbst- und Objektimagines vorausgeht« (a. a. O., S. 26). Dies korrespondiert in ihrer Sicht mit einer frühen »Unreife« in der Libido: Zunächst gehe es um »primordiale, undifferenzierte Triebenergie«, erst im Verlauf um »differenzierte[.] Energie« (a. a. O., S. 27). Damit ist gemeint, dass qualitative Unterschiede von Erregungszuständen unterschieden werden können und als Entwicklungsschritt verstanden werden müssen. Jacobson verbindet diese Entwicklungsschritte in der Triebentwicklung mit denen der Entwicklung von Objektrepräsentanzen: »Aus den sich stetig vermehrenden Erinnerungsspuren lustvoller und unlustvoller triebhafter, emotionaler, ideationaler und funktioneller Erlebnisse und aus den Wahrnehmungen, mit denen sie assoziativ verknüpft werden, erwachsen Imagines der Liebesobjekte wie auch des körperlichen und seelischen Selbst.« (a. a. O., S. 30)

Zunächst ist »unser Bild vom eigenen Selbst, genau wie das primitive Bild vom Objekt, keine festgefügte Einheit« (a. a. O., S. 31), Selbstvorstellungen sind »mit den Objektimagines vermischt«, in einer »ständig wechselnden Reihe« (a. a. O.). Das bedeutet auch, ganz zu Beginn der Entwicklung kann nicht zwischen eigenen lustvollen Empfindungen und den Objekten, die in den Interaktionen eine Rolle spielen, die Lustvolles mit sich bringen, unterschieden werden. Mit der Figur einer undifferenzierten Matrix zwischen Selbst und Nicht-Selbst ist beschrieben, dass es in der frühsten Entwicklung eben nicht um ein Erleben geht, in dem erst ein Hunger-Gedanke aufgetaucht und dann Mama gekommen wäre, um den Hunger zu stillen – es geht nicht um eine Abfolge von Kognitionen und auch nicht um ein Erleben interaktioneller Prozesse, in denen einzelne Figuren abgegrenzt wären. Es gibt noch keine Fähigkeit des Säuglings, »zwischen seinen eigenen lustvollen Empfindungen und den Objekten, von denen sie herstammen«, zu unterscheiden (a. a. O., S. 49).

Im Verlauf dieser Entwicklung gibt es immer wieder »Wunschphantasien von Verschmelzung und Einssein mit der Mutter (Brust)« (a. a. O., S. 50). Die Aufgabe der Differenzierung wird nicht zuletzt dadurch erschwert, dass es durchaus Wünsche danach gibt, einen (vermeintlichen) Zustand des Verschmolzenseins aufrecht zu erhalten; insbesondere in Befriedigungserlebnissen und Wunschfantasien gibt es dann auch im Verlauf weiter Momente und Phasen passagerer Undifferenziertheit zwischen Selbst und Anderen: Bei jedem Befriedigungserlebnis »verschmelzen [… die] Selbst- und Objektimagines zeitweilig miteinander« (a. a. O.). Wunschfantasien nach Verschmelzung werden dabei befriedigt »auf dem Wege der Inkorporation« (a. a. O.) – was in Zustände der Verschmelzung drängt, ist dabei also zugleich Grundlage für erste Vorformen des Umgangs mit inneren Objekten; wie oben gezeigt wurde, ist aber hier entscheidend, ob aus dem Motiv, Inkorporation zur Abwehr der Introjektion (und damit der Abwehr der Bildung als vom Selbst getrennt erlebbarer Objekte) einzusetzen, in eine Art von Entwicklungslinie der Internalisierung eingetreten werden kann.

Diese zeitweilige Verschmelzung ist etwas, das aus Sicht Jacobsons bis zum Alter von drei Jahren vorkommt (a. a. O., S. 51). Es ist also ein gradueller Prozess, auf abgegrenzte innere Strukturen zurückgreifen zu können. Auch im Erwachsenenalter kennen wir dann relative und passagere Verschmelzungszustände, etwa in der Sexualität, die für uns in der Regel nicht bedrohlich sind, weil wir vorbewusst darauf vertrauen können, wieder den Weg »zu uns zurück« zu finden. In der klinischen Arbeit gibt es hingegen das Phänomen, dass Analysanden nicht gesichert darauf zurückgreifen, sich vom anderen im Anschluss an einen Moment der Verschmolzenheit wieder lösen zu können. So können Momente emotionaler Intimität hoch bedrohlich werden.

Zunächst, also während der ersten drei Jahre, werden befriedigende Erlebnisse und lustspendende Objektvorstellungen mit Libido besetzt, während Aggression auf andere gerichtet wird, »bis die Ambivalenz ertragen werden kann« (a. a. O., S. 54). Ein entscheidender Entwicklungsschritt ist das Aushaltenkönnen von Ambivalenz, die Toleranz dafür, dass es positive und negative Gefühle zum selben Objekt gibt, ohne man Sorge haben muss, dass die negativen Gefühle die positiven zerstören oder verderben. Aus Sicht Jacobsons kommt es zu »ambivalenten emotionalen Schwankungen zwischen liebender und vertrauender Bewunderung der omnipotenten Eltern und enttäuschter, mißtrauischer Abwertung der Liebesobjekte« (a. a. O., S. 55), solange die Ambivalenz noch nicht tolerierbar ist. Um dies erreichen zu können, sind die Interaktionen mit primären Bezugspersonen förderlich, die dem Kind dabei helfen, Gegenteiliges zu integrieren, beispielsweise aggressive Gefühle und Nähewünsche, statt dass das eine oder das andere ausgelagert werden muss und implizit oder explizit die Vorstellung für ein Kind besteht, mit wütenden Gefühlen würde der Objektwelt Schaden zugefügt oder mit Nähewünschen könnten die Objekte nicht erreicht werden.

Jacobsons Arbeit über das Selbst und inneren Objekte stammt von 1964, also etwas später als die Arbeiten Melanie Kleins aus den 1930er- und 1940er-Jahren, mit denen sie einige Berührungspunkte hat. Jacobson beschäftigt sich mit ähnlichen Themen wie Klein, kritisiert aber deren Theorie an einigen Stellen. Jacobson meint, dass bei Klein oft unklar sei, was sie mit »Objekt« meint: die »innere« Objektvorstellung oder die äußere Figur, mit der interagiert wird. Jacobson versucht, Klarheit zu schaffen, indem sie ihr Verständnis von Introjektion und Projektion definiert: »Die Begriffe Introjektion und Projektion [...] beziehen sich auf psychische Prozesse, deren Ergebnis es ist, daß Selbstimagines Züge von Objektimagines annehmen und vice versa.« (a. a. O., S. 57) Damit ist der wichtige Hinweis gegeben, dass Introjektion und Projektion etwas an der inneren Welt verändern, an den Vorstellungen, die jemand von sich selbst und von anderen hat. Weiter heißt es: »Die Mechanismen der Introjektion und Projektion haben ihren Ursprung in frühinfantilen Inkorporations- und Ausstoßungsphantasien und müssen von diesen unterschieden werden.« (a. a. O.; bereits im Ansatz von N. Abraham und Torok war oben deutlich geworden, dass es sich bei der Inkorporation um eine Fantasie, nicht um einen Mechanismus handelt.)

Im Entwicklungsverlauf kommt der Vereinheitlichung der Imagines (der Selbstimagines auf der einen, der Objektimagines auf der anderen Seite) eine entscheidende Bedeutung zu. Zunächst, so Jacobson (a. a. O., S. 63), gibt es »[m]ultiple, rasch sich verändernde und noch nicht klar auseinandergehaltene Teilimagines von Liebesobjekten und Körperteilen« (a. a. O., S. 63). Damit ist die Aufgabe einer »Schaffung von ›Ganzobjekten‹ der widerstreitenden Imagines der guten und der bösen Liebesobjekte und eines guten und bösen Selbst« (a. a. O., S. 74f.) verbunden. Ein Beispiel dafür ist die Bildung eines »ganzen« Objekts »Mutter«, Jacobson spricht von der »allmähliche[n] Fusion guter und böser Mutterimagines zu einer einheitlichen ›guten‹ aber manchmal auch ›bösen‹ Mutter« (a. a. O., S. 75) und hebt hervor, dass die Unterscheidung unterschiedlicher (Teil-)Objekte früher möglich sei als die Unterscheidung zwischen Selbst und Objekten (a. a. O., S. 71).

4.5 Entwicklungspsychopathologie der inneren Objekte im Ansatz Otto F. Kernbergs

Im Spielfilm *Being John Malkovich* (US 1999, Jonze) geht es darum, dass der Protagonist Craig mit Hilfe seiner Kollegin Maxine herausfindet, dass in einem Zwischenstockwerk ihres Bürogebäudes die Möglichkeit besteht, durch eine bestimmte Tür in den Verstand des Schauspielers John Malkovich einzusteigen. Nach einer Zeit verlangen sie Eintritt dafür und schließlich erfährt John Malkovich selbst von dieser Dienstleistung – 200 Dollar dafür, 15 Minuten lang John Malkovich zu sein. Malkovich konfrontiert Craig und Maxine und verlangt »Eintritt« in seinen Verstand. Auf diese Weise sieht er die Welt durch seine eigenen Augen und da auf diese Weise ein Paradox entsteht, nimmt er alles um sich herum als Variationen seiner selbst wahr. In einem Lokal sieht die Barsängerin aus wie er, alle Menschen an allen Tischen, Männer, Frauen und Kinder, der Kellner etc. ebenfalls. Hinzu kommt, dass alle Worte, die gesprochen werden oder beispielsweise auf der Speisekarte gedruckt sind, nur »Malkovich« heißen. Der Kellner fragt Malkovich beispielsweise: »Malkovich, Malkovich?«, seine Begleitung beim Essen haucht ihm verführerisch »Malkovich« entgegen, während sie sich am Dekolletee entlang fährt. Nach einer Zeit ruft Malkovich in Verzweiflung »Malkovich!« und wird bald darauf wieder aus seinem eigenen Verstand »ausgestoßen«.

Bereits mehrmals hat sich gezeigt, dass die Objekte unweigerlich Teil der subjektiven inneren Welt sind. Sie sind nicht außerhalb, sondern Teil der individuellen Repräsentanzwelt, insofern werden die Objekte als innere Strukturen verändert (durch Projektion beispielsweise), und in der Konsequenz sind (Teile der) Selbstrepräsentanz und (Teile der) Objektrepräsentanz immer miteinander verbunden. Der Film zeigt also nicht zuletzt eine Wahrheit des subjektiven Erlebens, wenn John Malkovich die Welt »durch seine eigenen Augen« sieht: Was er darin findet, ist immer das, was es bezogen auf ihn bedeutet. Zwar sollte man sich im anderen nicht nur selbst gespiegelt finden, nichtsdestoweniger gibt es keine Möglichkeit, die Welt zu erleben, ohne seine Beziehungen darin zu finden.

Um die Internalisierung von Beziehungen geht es auch im Ansatz Otto Kernbergs. Er formuliert ab den 1970er-Jahren eine psychoanalytische Objektbeziehungstheorie und eine Theorie zu Persönlichkeitsstörungen und der entsprechenden Behandlungstechnik, insbesondere bei Borderline-Persönlichkeitsstörung und der narzisstischen oder antisozialen Persönlichkeitsstörung. Kernberg schließt dabei an Gedanken Kleins, Fairbairns und Jacobsons und Autoren der amerikanischen Ich-Psychologie an. Anders als Freud nimmt Kernberg nicht Triebe als primäre Motivationssystem an, sondern Affekte (vgl. Storck, 2018a, S. 115ff.). Für ihn entwickeln sich Triebstrukturen sekundär aus den Basisemotionen (1976, S. 87). Ferner ist im Ansatz Kernbergs die Unterscheidung verschiedener Formen der Persönlichkeitsorganisation wichtig, hinsichtlich derer er zwischen einer neurotischen, einer Borderline- und einer psychotischen Organisation unterscheidet (Kernberg, 1984). Maßgeblich dafür ist, welche Abwehrmechanismen wirksam sind, ob die Fähigkeit zur Realitätsprüfung intakt ist sowie der Grad der Ich-Integration. Das berührt nicht nur psychoanalytische Strukturkonzepte (bzw. ist ein wichtiger Vorläufer dieser), sondern auch Überlegungen zum »personality functioning« im DSM-5.

Bei Kernberg (1976, S. 20f.) lassen sich vier »Hauptthesen« hinsichtlich der inneren Objektbeziehungen finden:

1. Introjektionen, Identifizierungen und Ichidentität werden als drei Ebenen des Prozesses der Internalisierung von Objektbeziehungen verstanden. Sie schlagen sich als Mechanismen psychisch nieder bzw. schaffen Strukturen.

Das bedeutet, dass aus der Erfahrung mit einem Gegenüber nicht bloß innere Bilder erzeugt werden, sondern auch Strukturen, so etwa das Vermögen zur Affektregulierung. Die Erfahrung, wie interpersonell mit intensiven Affekten umgegangen wird (und wie diese überhaupt erkannt und dem Kind zugeschrieben werden), hat einen entscheidenden Einfluss darauf, wie es uns im weiteren Leben möglich ist, unsere Affekte wahrzunehmen, zu differenzieren und zu regulieren.

Wie sich aus Erfahrungen Strukturen bilden, also einerseits Ichfunktionen, aber auch Persönlichkeitsanteile, zeigt der Film *Alles steht Kopf* (US 2015; Docter) besonders eindrucksvoll. Dort sehen wir die Basisemotionen am Schaltpult des Erlebens der 12-jährigen Riley und auch deren »Persönlichkeitsinseln«: Familie, Freundschaft, Ehrlichkeit, Quatschmachen und Eishockey als Eckpfeiler ihrer Persönlichkeit.

Die weiteren Hauptthesen Kernbergs lauten:

2. Solche Internalisierungen bestehen aus drei Grundkomponenten: aus
   a) »Objektbildern oder Objektvorstellungen,
   b) Selbstbildern oder Selbstvorstellungen und
   c) Triebderivaten oder Dispositionen für spezifische Affektzustände«
3. Die Organisation von Identifizierungssystemen findet auf der Ebene der Ichfunktion statt, zunächst elementar in Form von Spaltungen, dann auf der Ebene der Verdrängung.

Mit bedrohlichen inneren Erlebnisinhalten, seien sie konflikthaft oder nicht, kann jemand auf eher »reife« Weise, verdrängend, umgehen oder auf eher »unreife« Weise, spaltend. Im zweiten Fall gelingt eine Integration divergierender Bilder des anderen nur bedingt, wenn überhaupt.

4. Der Grad der Integration und Entwicklung von Über-Ich und Ich bemisst sich am eingesetzten Mechanismus: Spaltung oder Verdrängung.

In der Konzeptualisierung spielen weitere Überlegungen eine Rolle. So geht Kernberg für den Beginn der Entwicklung von »Einheiten« aus »Ichzuständen« und »einem bestimmten Objektbild« aus. So entstehen »verinnerliche frühe Objektbeziehungen, die von einem bestimmten Affekt, einer bestimmten Objektvorstellung und einer bestimmten Selbstvorstellung repräsentiert werden« (a. a. O., S. 24f.). Dies geschieht zum einen auf dem Weg der Introjektion als Reproduktion einer Interaktion, die aus drei Komponenten zusammengesetzt betrachtet werden kann: ein Objektbild, ein Selbstbild in Interaktion mit diesem sowie die affektive Färbung dieser Interaktion. Dabei kann eine aktive oder eine negative Valenz vorherrschen und es kommt (früh) zu einer Verschmelzung zu guten oder zu schlechten Objekt- bzw. Selbstrepräsentanzen. Von der Introjektion unterscheidet auch Kernberg als eine höhere Form die Identifizierung. Hierzu müssen Rollenaspekte erkannt werden können und es gibt eine stärkere Differenzierung zwischen Selbst und Objekt sowie der affektiven Färbung. Nicht nur gelingt bei einer förderlichen Entwicklung eine Integration der *Repräsentanzen*, sondern auch eine Integration im Hinblick auf die *Ich-Identität*, als eine »umfassende Strukturierung von Identifizierungen und Introjektionen unter dem steuernden Prinzip der synthetischen Funktion des Ichs« (a. a. O., S. 28). Das »Gefühl der Kontinuität des Selbst« (= ich bin derselbe in verschiedenen sozialen Situationen und über den Verlauf der Zeit hinweg, und auch in verschiedenen affektiven Zuständen) ist verbunden mit einer »Konsolidierung von Ichstrukturen«, ebenso wie es für ein »konsistentes, umfassendes Konzept der ›Welt der Objekte‹« der Fall ist (a. a. O.). Die Konsistenz und Kontinuität werden dabei (hoffentlich) durch die Umwelt anerkannt, so dass eine Wahrnehmung dieses Anerkennens durch das Individuum die Konsolidierung ermöglicht.

Kernberg beschreibt, und hier geht es dann direkter um den Bereich der (Entwicklungs-)Psychopathologie der Objekte zu, Beobachtungen in Behandlungen von Patientinnen und Patienten mit Borderline-Persönlichkeitsstörung. Dabei nennt er: Impulsivität, abgespaltene (dissoziierte) Ich-Zustände und »chaotische« Übertragungsphänomene (die schnell »aktiv« sind und rapide wechseln können), verbunden mit wechselnden Ich-Zuständen. In Behandlungen kann sich das derart äußern, dass der Analytiker den Eindruck hat, im Erleben des Patienten in unterschiedlicher Weise aufzutauchen, mal verfolgend, mal als Heilsbringer, in rasch wechselnden und extremen Unterschieden. Was sich dabei so rapide verändert, sind Verbinden von Selbst- und Objekterleben. Im Kernbergs Modell heißt das weiter, dass ein solches »Fortbestehen ›unverdauter‹

früher Introjektionen [...] das Ergebnis einer pathologischen Fixierung schwer gestörter früher Objektbeziehungen« sei (a.a.O., S. 31), die in eine pathologische Entwicklung der Spaltung münden (die ähnlich wie bei Melanie Klein für eine bestimmte frühe Entwicklungsphase als angemessen gilt): »Introjektionen positiver Valenz [entstehen] unter dem Einfluß libidinöser Strebungen getrennt von Introjektionen negativer Valenz unter dem Einfluß aggressiver Strebungen. Was ursprünglich ein Mangel an Integrationsfähigkeit war, wird allmählich, wenn überwältigende Angst auftritt, vom sich konstituierenden Ich als Abwehr benutzt, und Introjektionen mit verschiedenen Valenzen werden voneinander dissoziiert oder abgespalten. Dieser Vorgang dient dazu zu verhindern, daß die Angst, die an den Brennpunkten negativer Introjektionen auftritt, im Ich generalisiert wird, und beschützt die Integration positiver Introjektionen in einem primitiven Ichkern.« (a.a.O., S. 33) Die pathologische Form der Spaltung »stört die Integration von Selbst- und Objektbildern und die Depersonifizierung internalisierter Objektbeziehungen im allgemeinen« (a.a.O., S. 31), und zwar deshalb, weil vermeintlich nur auf diese Weise das Positive an den Objekten bewahrt werden kann – es darf nicht in Kontakt mit negativen Affekten oder Vorstellungen kommen, um den Preis mangelnder Integration. Es treten auch im späteren Erleben nicht-integrierte Objektbilder hervor, »niemals ›frei schwebende‹ innere Objekte«, sondern immer solche, die »spezifischen Ichstrukturen gegenüber[stehen], zu denen sie sich herausgebildet haben« (a.a.O.). Das verdeutlicht, wie aufgrund einer undifferenzierten und nichtintegrierten Ausbildung von Selbst- und Objektvorstellungen eine Verbindung von abgespaltenen Ich-Zuständen und einem bestimmten Erleben der (Teil-)Objekte resultiert.

Kernberg löst so ein wichtiges Problem, das sich im Freudschen Ansatz noch stellt, nämlich die Frage nach dem Verhältnis von Selbst (bzw. bei Freud: Ich) und Objektbeziehung. Zunächst einmal ist ja zu fragen, wie ein Objekt überhaupt internalisiert werden kann, wenn es noch keine Unterscheidung zwischen Selbst und Nicht-Selbst gibt. Wie kann ein Selbst gebildet werden, wenn für die Internalisierung von Interaktionserfahrung im Grunde angenommen werden muss, dass es bereits ein Selbst gibt, das sich in Interaktion mit einem Gegenüber erlebt? Die Antwort, die der Ansatz Kernbergs dazu geben kann, lautet:

Es werden nicht Objekte internalisiert, sondern *Beziehungen*, und in frühen Formen sind dies undifferenzierte Erlebnisweisen, aus denen erst im Verlauf Trennungen zwischen Selbst und Objekten möglich werden, über die Zwischenstufen von Teil-Selbst-Teil-Objekt-Repräsentanzen. Internalisiert wird, wie ich in Relation zum anderen bin (bei Fairbairn war dieser Akzent auch schon erkennbar gewesen).

Kernberg bleibt mit seinen Überlegungen nah an der klinischen Situation und entwickelt folgerichtet behandlungstechnische Konsequenzen (die letztlich in die Formulierung der Übertragungsfokussierten Psychotherapie führen; vgl. z. B. Yeomans, Clarkin & Kernberg, 2015). Auf der Basis der eben geschilderten, durch pathologische Spaltung beeinträchtigten Prozesse der Entwicklung umgrenzter Selbst- und Objektrepräsentationen und unter Berücksichtigung einer sich daraus ergebenden Konzeption von Selbst-Objekt-Dyaden (bzw. Selbst-Objekt-Affekt-Triaden), in denen Teil-Vorstellungen von Selbst und Objekt miteinander wie verklebt sind (jemand kann sich selbst nur in Relation zu einem bestimmten Objekt und unter der Maßgabe eines bestimmten Affekts erleben), ergibt sich eine Perspektive auf das Übertragungsgeschehen in Behandlungen. Darin sind jeweils unterschiedliche Selbst-Objekt-Dyaden »aktiv«, zum Beispiel ein mächtiges (Teil-)Selbst in Relation zu einem wertlosen (Teil-)Objekt und einem kontraphobisch motiviertem Triumphgefühl. Rasch abgelöst wird diese Konstellation dann jedoch beispielsweise von einem hilflosen (Teil-)Selbst in Relation zu einem dominierenden, vernichtenden (Teil-)Objekt und begleitender Angst. In Kernbergs Verständnis kommt es auch deshalb zu den Wechseln, weil unterschiedliche Selbst-Objekt-Dyaden einander abwehren.

Das ist die Grundlage für Kernbergs Modifikation der analytischen Technik in der Übertragungsfokussierten Psychotherapie, die zunächst für die Arbeit mit Borderline-Patienten entwickelt wurde und später ausgeweitet wurde. Die Hauptidee dieses Verfahrens ist es, die Integration von verschiedenen Selbstbildern und verschiedenen Objektbildern zu ermöglichen und aus der Dynamik wechselnder Selbst-Objekt-Dyaden heraus zu kommen.

4.6 Zusammenfassung

Was lässt sich nun zusammenfassend über psychoanalytische Objektbeziehungstheorien sagen? In verschiedenen Ansätzen der Entwicklungstheorie, besonders aber bei Winnicott, wird von einer frühen Ungetrenntheit im subjektiven Erleben ausgegangen. »There is noch such thing as an infant« bezieht sich auf eine frühe, undifferenzierte Matrix darin. Internalisierungsprozesse, so kann weiter gesagt werden, betreffen weniger Objekte, sondern Beziehungen. Diese sind es, die internalisiert werden. Objekte als Elemente der inneren Welt sind damit (sowohl argumentationslogisch als auch im Hinblick auf das Erleben) immer in Relation zum Selbst zu sehen, wie sich besonders deutlich in den Ansätzen Fairbairns oder Kernbergs zeigt. Das Objekt ist mit dem Selbst verbunden, »tut« etwas mit diesem oder umgekehrt. Jede internalisierte Erfahrung mit anderen bedeutet eine Veränderung darin, wie das Selbst strukturiert ist. Verschiedene Ansätze (Klein, Fairbairn, Jacobson, Kernberg) thematisieren in diesem Zusammenhang Spaltungszustände und -prozesse, die zu bestimmten Phasen der Entwicklung als eine Art von Durchgangsstadium dazu gehören, aber eine pathologische Form annehmen können. Mit Winnicott lässt sich auf einen Entwicklungsweg von der »Objektbeziehung« zur »Objektverwendung« bzw. auf das Verhältnis der »Objekt-Mutter« zur »Umwelt-Mutter« blicken – und damit darauf, wie die Objekte im Verhältnis zur sozialen Interaktion und zur Repräsentation dessen stehen, dass zwar die Objekte Teil der subjektiven Psyche sind, nicht aber das konkrete Gegenüber, auf das sich die Objektvorstellungen beziehen. Vermittelt wird dies, ebenfalls deutlich im Ansatz Winnicotts, durch den Umgang mit Übergangsobjekten bzw. einem Erleben im Übergangsraum.

Eine wichtige Folgerung möchte ich unterstreichen. Internalisierungsprozesse sollte man nicht »aktivisch« missverstehen. Sie bestehen nicht darin, dass das Individuum erlebend durch die Welt geht und sich »aussucht«, was aus der Welt es in sich aufnehmen und zum Teil seiner psychischen Struktur machen möchte. Weder handelt es sich um bewusste Prozesse, noch, das ist das Wichtigere, um etwas, das in seinem Ursprung aktiv-gestaltend wäre. Vielmehr ist in der Internalisierung eine Antwort auf die Erfahrung zu sehen, mit der das Individuum konfrontiert ist. Beziehungserfahrungen stoßen uns zu, auf gewisse Weise können wir nicht anders als etwas davon zu internalisieren. Das ist zum Beispiel bei traumatisierenden Entwicklungsbedingungen und deren Einfluss auf psychische Struktur(bildung) das entscheidende Problem: Jemand entwickelt innere Bilder und Strukturen, die weiterhin bedrohlich oder unbeständig sind.

4.7 Fallbeispiel Jasmin

Valdarsky (2015) beschreibt die psychoanalytische Behandlung mit ihrer Patientin Jasmin in einer Frequenz von vier Wochenstunden. Die mittzwanzigjährige Patientin kommt in die Behandlung und schildert, sie wisse nicht, was sie mit ihrem Leben anfangen solle, äußert dabei keine bestimmten Beschwerden. In den Schilderungen erscheint der Vater der Patientin als liebevoll zugewandt und warmherzig, die Mutter mit einer Neigung, sich zurückzuziehen. Dies sind die Berichte der Patientin über ihre Objekte, darüber also, was sie aus den Erfahrungen mit den Eltern internalisiert hat, was sich in inneren Bildern niedergeschlagen hat. Sie beschreibt die inneren Vorstellungen eines warmherzigen väterlichen Objekts und eines sich zurückziehenden mütterlichen Objekts. Die Schilderungen wirken allerdings »notdürftig und mager«, so der Eindruck der Analytikerin. Sie schreibt: »...aber ich will abwarten und sehen, wie sich die Übertragungs- und Gegenübertragungsbeziehung entwickelt, um mehr von diesen Beziehungen und der inneren Welt der Patientin zu verstehen« (Valdarsky, 2015, S. 113).

Recht früh im Verlauf bekommt die Analytikerin den Eindruck, »dass irgendetwas ›nicht stimmt‹« (a. a. O.). Sie erlebt ein Gefühl von Vergeblichkeit und Sinnlosigkeit in der Arbeit und das, obwohl Jasmin assoziiere, Deutungen aufnehme oder zurückweise und es ihr besser gehe. McDougall (1978, S. 209f.) hat etwas ähnliches mit dem Ausdruck »Roboter-Analysanden« beschrieben: analytische Patienten, die in der

Behandlung ›alles richtig machen‹, aber trotzdem der Eindruck von etwas Mechanischem entsteht und Veränderung blockiert bleibt. Valdarsky fällt es, so ihre Schilderung, schwer, »Präsenz« zu zeigen, sie erlebt in den Stunden Müdigkeit, keine eigenen Assoziationen und fühlt sich unlebendig: »Ich glaube […] ein sehr einflussreiches inneres Objekt zu erahnen, das physisch anwesend, psychisch aber abwesend ist«, sie sei »zur starren, eingefrorenen und unzugänglichen Mutter geworden« (Valdarsky, 2015, S. 114). Auf diese Weise wiederholen sich vorangegangene Beziehungserfahrung in der analytischen Beziehung, werden dort erneut in Szene gesetzt.

Die Analytikerin versteht das Geschehen als ein Zusammenspiel von Projektion und (projektiver) Identifizierung, als die Kommunikation der »Erfahrung, keinen zu haben, an den man sich wenden kann, und dass es zwecklos ist, nach jemandem zu suchen« (a. a. O., S. 114). Auf diese Weise kommuniziert die Patientin ihr unbewusst, welche Objekte in ihrem Inneren wirkmächtig sind. So versteht die Analytikerin ihr eigenes Gefühl von Vergeblichkeit und Sinnlosigkeit. Auf dieser Grundlage deutet sie etwas wie: »Ich bin mir nicht sicher, ob Sie das Gefühl haben, dass das, was Sie mir erzählen, mich wirklich erreicht und ich es irgendwie in mir bewahre.« (a. a. O.) Das ist also der Versuch, der Patientin etwas dazu zu sagen, wie die Analytikerin versteht, wie die Patientin sie erlebt. Aber die Patientin antwortet: »Doch, warum nicht?« Sie kann mit der Deutung an dieser Stelle, in dieser Form nichts anfangen. Es gibt in einigen Stunden Assoziationen zur und Erinnerungen an die Mutter und die Patientin sagt: »So war sie halt, dass wusste ich, und mehr habe ich nicht erwartet« (a. a. O., S. 115).

Es gibt zunächst wenig Veränderung in der Analyse. Die Analytikerin schreibt: »Allmählich spüre ich, dass Jasmins Haltung mir gegenüber zeigt, dass sie mich als Objekt überhaupt nicht wahrnimmt, nicht einmal als ›eingeschlossenes‹ oder abwesendes Objekt. In ihrer Welt existiere ich auch nicht in Form einer förderlichen Umwelt, aus der das Objekt mit einem Eigenleben noch hervorgehen muss.« (a. a. O., S. 115) Die Analytikerin entwickelt so die Hypothese, dass ihre Patientin sie noch nicht einmal als abwesende, enttäuschende Figur erlebt, die man emotional nicht für sich gewinnen kann, sondern dass sie von ihr *gar nicht* wahrgenommen wird. In der Objektwelt der Patientin gibt es kein

Bild und keine innere Entsprechung zur Analytikerin, so jedenfalls die Hypothese. Es geht um die »schiere Existenz« der Objekte, nicht um deren Beschaffenheit. Jasmin muss die Präsenz der Analytikerin »sozusagen überhaupt erst noch wahrnehmen, das macht die besondere Art ihrer Übertragung aus.« (a. a. O.) Die Übertragung ist eine solche, in der die Patientin gleichsam zeigt, wie es ist, wenn es keine Objekte gibt, die konturiert aus der Erlebniswelt herausgehoben werden könnten. »Es gibt weder ›mich‹ noch ›sie‹« (a. a. O., S. 115), schreibt die Analytikerin. Es geht um eine innere Welt ohne Besetzung durch andere oder der anderen durch sie, »in einer grenzenlos-bodenlosen Leere« und »ohne lebendige Repräsentation« (a. a. O.). Valdarsky nennt das eine »Substanzlosigkeit der Objekte« (a. a. O., S. 166).

Sie versucht, ihrer Patientin etwas dazu zu sagen: »Irgendwie scheinen die Worte zwischen uns in der Luft zu schweben, sie wirken irgendwie unlebendig, als kämen sie gar nicht von Ihnen und als wären sie gar nicht an mich gerichtet ... Mir kommt es fast so vor, als ob Sie gar nicht wirklich da wären, und als ob auch ich für Sie nicht wirklich da wäre.« Jasmin antwortet: »Was Sie da sagen, klingt sehr merkwürdig ... Ich verstehe das nicht.« (a. a. O., S. 166) Das ist erstmal ganz gut, dass die Patientin das sagen kann: Sie versteht nicht. Sie schweigt und die Analytikerin erlebt eine Sorge, sie könnte die Patientin mit der Deutung gekränkt haben und diese sich nun noch weiter zurückziehen. In der darauf folgenden Sitzung allerdings greift Jasmin die Deutung auf und verbindet sie mit der Erfahrung, dass alles an ihr vorbei rausche. Das ermöglicht die Arbeit daran über mehrere Stunden, die Patientin beschreibt »Ich bin nur ›da‹«, aber ich existiere nicht dazu. Es ist, als ob ich mit geschlossenen Augen leben würde«. Sie schildert ihr Erleben, dass alles geschehe, »ohne dass ich etwas dabei fühle.« Es gebe einen »Abgrund«, eine »Leere und Bedeutungslosigkeit, in die ich verschwinde, ohne auch nur das Geringste dabei zu empfinden.« Letztlich meint sie dazu: »[E]s erschreckt mich nicht, es beunruhigt mich nicht [...] Es ist nur alles grau und furchtbar langweilig.« (a. a. O., S. 116f.) In gewisser Weise kann man diese Bemerkungen als eine indirekte Bestätigung der Annahme der Analytikerin verstehen, es gehe nicht um Objekterfahrungen, die mit Angst, Enttäuschung oder ungestillten Wünschen zu tun haben, sondern um Leere.

Zunehmend entwickelt die Patientin ein Gefühl dafür, dass sie genau daran leidet. Durch die Arbeit damit entsteht etwas Vitales im Kontakt, aber die Analytikerin spürt auch eine Gefahr, »der verführerischen Sprachgewandtheit« der Patientin »auf den Leim zu gehen« (a. a. O., S. 117). Damit meint sie, dass viele Worte verwendet werden, die aber den emotionalen Kontakt eher zudecken als öffnen. Es gibt Sitzungen, in denen Jasmin viel redet und dann am Ende bemerkt, sie habe »heute überhaupt nichts gesagt« (a. a. O.). Die Analytikerin hat in korrespondierender Weise das Gefühl, zuzuhören, ohne wirklich zuzuhören, »in der Flut der Worte verloren gegangen« zu sein (a. a. O.), ohne sich emotional einschwingen zu können.

Das ist allerdings, wie sich im Verlauf herausstellt, ein Zeichen von Veränderung. Die Patientin äußert: »Jedes Mal, wenn ich hier war, erzähle ich mir hinterher, was hier passiert ist, um sicher zu sein, dass es tatsächlich so war, dass es wirklich passiert ist.« (a. a. O., S. 117) Sie beschreibt eine »leere Existenz« ohne leibliche Empfindung, bleibt dabei aber nicht stehen. Zunehmend gibt es ein langsames »Entziffern der seelischen Empfindungen« und ein Gefühl, »da« zu sein (a. a. O., S. 118). Aber die Veränderung hat auch mit einer Veränderung der Affekte zu tun. Die Analytiker beschreibt das so: »Mit dem Gefühl, dass in dieser Analyse etwas Lebendiges in unserer geteilten Erfahrung Gestalt annimmt und etwas von Jasmins innerem Lebendigwerden widerspiegelt, wächst in mir ein unbestimmtes Angstgefühl, das ich in seiner Bedeutung erst nicht zu erfassen vermag.« (a. a. O., S. 119) Die Veränderung in der emotionalen Qualität der analytischen Beziehung liegt darin, dass nach der Kontaktlosigkeit und dem vorangegangenen Gefühl von Vergeblichkeit nun Angst entsteht. Die Analytikerin meint, dass aus der »leeren Existenz« aus dem Beginn der Behandlung nun eine »Vernichtungsexistenz« entstanden sei, dahingehend, dass die Patientin eine Angst wahrnehmen kann, dass die Analytikerin nicht existiere. Die Patientin sagt: »Ich habe Angst, dass ich das alles nur erfunden habe, dass es Sie in Wirklichkeit gar nicht gibt.« (a. a. O.) Die sich nun entwickelnde Angst ist letztlich eine radikale Verlustangst, also eine Angst davor, dass es trügerisch sein könnte, sich ein inneres Bild der Analytikerin zu machen, denn dieses könnte wieder zerfallen oder sich als Illusion herausstellen. Nachdem es vorher einfach gar kein inneres Bild gibt, gibt es für Jasmin jetzt ein inneres Bild, das unbeständig ist und bei dem sie sich nicht sicher sein kann, ob sie es behält.

Die Analytikerin sagt dazu: »Je mehr Sie spüren, dass es mich gibt, und dass Sie mich brauchen, desto weniger bin ich gefühlsmäßig für Sie da. Und das versetzt Sie in Angst und Schrecken.« (a. a. O., S. 119) Das ist vermutlich am ehesten so zu verstehen, dass die Patientin merkt, dass sie die Analytikerin als ein eigenständiges Objekt wahrnimmt, an das sie sich wenden kann, das aber nicht permanent anwesend sein kann. Die Patientin schildert mehrere Träume, in denen sie mit einem Aufzug ins Nichts stürzt – also ein Bild dafür, wie ist es, wenn man ein Objekt braucht, das aber nicht verlässlich findet, sondern fallengelassen wird. Aber es verändert sich auch das Sprechen in der Analyse: Es geht nicht mehr um Worte ohne Kontakt, sondern um ein pausenloses Sprechen, das sich anfühlt wie ein Anheften an die Analytikerin, die nicht zu Wort kommen kann. Jasmin spricht, um Pausen zu füllen, keine Stille entstehen zu lassen, da sie sich nicht auf einen emotionalen Kontakt verlassen kann, der auch da ist, wenn man gerade keine Worte verwendet. Sie hat das Gefühl, Jasmin setze »die Sprache dazu ein, jeden Raum, der uns voneinander trennen könnte, zu beseitigen« (a. a. O.), Sprache werde verwendet »wie ein Objekt […], an dem sie sich festhält« (a. a. O.).

Es ist also eine lange analytische Behandlung. Die Analytikerin sagt ihrer Patientin etwas dazu, wie sie diese langsam entstehende Angst versteht: Solange es die Analytikerin als Objekt in der inneren Welt der Patient nicht gibt, ist der Sturz in den Abgrund langweilig, ohne Beteiligung von Angst. Aber wenn die Analytikerin existiert, könnte sie vernichtet sein. Lebendige Repräsentationen erwecken Angst vor dem Fallengelassen-Werden – das wird zum weiteren Gegenstand der analytischen Arbeit in dieser Behandlung.

Abschließend soll es darum gehen, kurz die vorangegangenen Überlegungen am Fallmaterial anschaulich zu machen. Objekte lassen sich in ihrem Stellenwert für die Erlebniswelt hinsichtlich unterschiedlicher Status beschreiben: Es kann um »ganze« Objekte gehen (als Resultat einer gelungenen Integration), sie können aber auch in Selbst-Objekt-Affekt-Dyaden eingebunden sein (wie es beispielsweise eine Rolle in der Psychodynamik der Borderline-Persönlichkeitsstörung spielt). Bei schweren psychosomatischen Störungen geht es oft um eine Ungetrenntheit zwischen Körper- und Objektrepräsentation und schließlich spielt die Konzeption verworfener, aus der psychischen Welt gleichsam herausgeschleuderte Objekte in der Psychose eine Rolle.

Die analytische Arbeit in der von Valdarsky beschriebenen Behandlung berührt noch auf eine bislang nicht berücksichtigte Weise die Bemerkung Winnicotts »There is no such thing as an infant«, für eine primäre Ungetrenntheit. Im Fall geht es um eine Stufe, bevor überhaupt Ungetrenntheit maßgeblich wird, sondern um eine Struktur, in der es keine Objekte gibt, noch nicht einmal eine Fusion. Jasmin kommt in die Behandlung, so die Annahme der Analytikerin, ohne Ängste vor Verschmelzung oder Vernichtung in einer fusionären Beziehung, sondern geprägt von »Leere« in der inneren Welt. Die analytische Arbeit, wenn es so eine schwere Form von Pathologie der inneren Objekte gibt, besteht dann in der originären Etablierung der Objekte als etwas Innerliches, darin also sich Vorstellungen von sich selbst und anderen zu machen. Deshalb ist es nicht verwunderlich, dass die Patientin erst dann Angst erlebt angesichts der Verunsicherung, ob das Objekt bleibt und Halt geben kann, sobald Internalisierungsprozesse in Gang gesetzt worden sind. Erst dann kann es um die Frage gehen, was von anderen in ihr bleibt und worauf sie psychisch zurückgreifen kann.

5 Das Objekt in psychoanalytischen Behandlungen

Im Folgenden soll es nun um die Objekte in analytischen Behandlungen gehen: Welche Rolle spielen Objektrepräsentanzen in der klinischen Situation? Neben dem Rekurs auf das dynamisch Unbewusste (Storck, 2019b) und das Übertragungskonzept (Storck, 2020a), insbesondere in den beiden Fassungen, die sich bei Freud unterscheiden lassen, ist hier als Ausgangspunkt erneut der Hinweis wichtig, dass wir es in Behandlungen mit den Objekten des Patienten als Teil von dessen psychischer Erlebniswelt zu tun haben, und nicht mit objektiven Informationen über Figuren in dessen Biografie. »Objekt« meint also im Folgenden ganz besonders eine innere Struktur, während ich vom »Gegenüber« dort sprechen werde, wo es um konkrete Interaktion geht – auch für die Frage des Analytikers als Objekt in der Übertragung ist das entscheidend.

Spätestens aus Sicht der psychoanalytischen Objektbeziehungstheorie ist es für die klinische Arbeit, die auf Veränderung abzielt, entscheidend, dass die analytische Beziehung das Medium ist, in dem sich vorangegangene Beziehungserfahrungen und -erwartungen zeigen (einschließlich der Fantasien), und zugleich das Mittel, durch welches Veränderung möglich wird. Die Welt von Selbst und Objekten lässt sich dabei augenscheinlich nur bedingt direkt erfragen – sondern sie inszeniert sich in der Beziehung zum Analytiker. Nur auf diese Weise ist ein verstehender und verändernder Zugang zum Erleben des Patienten möglich.

Im Spielfilm *The Road* (US 2009, Hillcoat), die Verfilmung eines Romans von Cormac McCarthy, wird das Szenario einer postapokalyptischen Welt als Ausgangspunkt genommen. Zu Beginn des Films sind wir als Zuschauer hineingeworfen in eine trostlose Welt, in graue Bilder von zerstörten Landschaften (kahle Bäume, leere Straßen und Wege, verlassene Häuser), und darüber erzählt zu traurig wirkender Klaviermusik der Protagonist, wie er mit seinem Sohn zu überleben versucht, all ihren Besitz in einem Einkaufswagen mit sich schiebend: »Die Uhren hielten um 1 Uhr 17 an. Es gab einen langen hellen Lichtstrahl und eine Reihe von leichten Erschütterungen. Ich glaube, es ist Oktober, aber ich bin nicht sicher, ich führe seit Jahren keinen Kalender mehr. Jeder Tag ist grauer als der davor. Es ist kalt und wird immer kälter, während die Welt langsam stirbt. Keine Tiere haben überlebt und die Ernte ist längst aufgebraucht. Bald werden alle Bäume der Welt umstürzen. Die Straßen sind voll von Flüchtenden, die Wagen mit sich schieben, und Banden, die Waffen tragen. Alle sind auf der Suche nach Treibstoff und Essen. Innerhalb eines Jahres brachen Feuer in den Bergen aus und man hörte ein irres Heulen. Es gab Kannibalismus – das ist die größte Angst. Am meisten sorgt man sich ums Essen, immer ums Essen. Essen, die Kälte und unsere Schuhe. Manchmal erzähle ich dem Jungen alte Geschichten über Mut und Gerechtigkeit, so schwer es auch ist, sich an sie zu erinnern. Alles was ich weiß, ist, dass das Kind meine Daseinsberechtigung ist. Und wenn er nicht das Wort Gottes ist, dann hat Gott nie gesprochen.« (Übers. TS). Während wir die Stimme hören, sehen wir beide durch zerstörte Natur und Trümmerlandschaften gehen, sie finden Skelette und verlassene, teils brennende Gebäude, der Mann ist bärtig, beide sind ungewaschen und ausgehungert.

Eine filmanalytische Betrachtungsweise würde auch hier anders vorgehen als das Material als Veranschaulichung einer Theorie oder klinischer Prozesse zu nehmen, sondern konsequent von der Rezeptionserfahrung ausgehen und die Interpretation von dieser leiten lassen. Im vorliegenden Kontext soll es darum gehen, diese Szenerie als ein Beispiel dafür zu verwenden, welche Erlebniswelt Patienten in einer analytischen Stunde entwerfen, beispielsweise im Traum oder allgemeiner in ihrer Interpretation der Welt. Ein Blick auf Objekte in Behandlungen kann sich dabei also von personalen Schilderungen auch entfernen: Ein Patient, der sich in seinem Erleben in einer Welt voller Zerstörung und Tod bewegt, bringt damit auch zum Ausdruck, wie er Beziehungen erlebt: kannibalistisch? Verbunden mit der Hoffnung auf göttlichen Beistand oder Erlösung? Dem Untergang geweiht? Die Landschaften lassen sich als Beschreibungen von emotionalen Zuständen betrachten, von Hoffnungslosigkeit, Zerstörung und Sterben.

Dass sich Objekte in Behandlungen zeigen, geschieht nicht zufällig, sondern vermittelt durch die Rahmenbedingungen. Dazu gehört das analytische Setting, unter anderem die Idee, dass Patienten auf der Couch liegen. Zwar gibt es auch eine Bemerkung Freuds (1913c, S. 467), Patienten lägen bei ihm auf der Couch, weil er es nicht ertrage, acht Stunden am Tag angestarrt zu werden, zugleich lässt sich aber auch noch eine methodische Begründung für das Setting finden, ebenso wie für die Wahl einer hohen Wochenstundenfrequenz oder eine eher abwartende Haltung des Analytikers: Durch alle drei Elemente soll die Regression gefördert werden, das bedeutet das Erleben des Patienten in einem weniger vernunftgeleiteten Denken und Fühlen, so dass sich Objektbeziehungen (im Freudschen Verständnis auch: Triebkonflikte) zeigen können. Die Welt der Wahrnehmung soll (relativ) durch die Welt der Vorstellung ersetzt werden (also der Blick auf konkrete Interaktion durch den Blick auf die Objekte) – was wichtige Konsequenzen für die Indikationsstellung hat, ebenso wie für die Verantwortung des Analytikers dafür, dass die Regression im großen und ganzen auf die analytische Stunde beschränkt bleibt und jemand sich außerhalb der Stunden durch die Anforderungen des (erwachsenen) Alltags halbwegs angemessen bewegen kann. Kurz gesagt: das analytische Setting soll dazu dienen, dass sich die Objekte und die Beziehungsvorstellungen des Patienten in der Übertragung entfalten können.

Die Haltung, die eingenommen und der folgend einem Patienten zugehört wird, folgt der Auffassung, dass ein Analysand über seine Objekte spricht (und sein Selbst in Relation dazu). Er berichtet natürlich aus seinem Leben und beschreibt die Personen, die darin wichtig sind – in diesen Beschreibungen gibt es die Ebene, in denen er seine Objektwelt entwirft – über sich Selbst und andere zu sprechen, vermag der Patient schließlich nur auf der Grundlage seiner Erlebniswelt und der Repräsentanzen. Nicht zuletzt erlebt er ja auch den Analytiker zum einen in Form einer sogenannten »Realbeziehung«, aber eingebunden in Übertragungsprozesse.

5.1 Fallbeispiel Frau A., Teil I

Anders als in den vorangegangenen Kapiteln werde ich nun ein Fallbeispiel in drei Teilen in den Aufbau des Kapitels einflechten. In der Vignette spielt der Begriff der Projektion eine besondere Rolle. Skogstad (2013) beschreibt die analytische Behandlung mit Frau A. Die Patientin ist Anfang 30 und in ihren Schilderungen zeigt sich eine erschreckende Beziehungsbiografie. Da geht es um den Suizid der Großmutter mütterlicherseits, während die Mutter der Patientin ein Baby war, und diese Großmutter hatte offenbar die Fantasie eines erweiterten Suizids, also sich und den Säugling gemeinsam zu töten. Außerdem verlor die Mutter der Patientin als junge Frau noch den Vater und die Patientin berichtet, ihre Mutter hätte »noch in Trauerkleidung« (a. a. O., S. 205) geheiratet. Der nächste Todesfall betrifft ein im Alter von zehn Monaten verstorbenes älteres Geschwisterkind der Patientin, drei Monate danach sei die Patientin geboren. Die ersten drei Lebenswochen habe sie allein im Krankenhaus verbracht, weil sie so häufig erbrochen habe. Als die Patientin 18 Monate alt gewesen sei, habe die Mutter ein weiteres Kind tot zur Welt gebracht. Es gibt eine ganze Reihe von schweren Verlusten, eine Welt von Tod, Krankheit und Verlust – und die Rede davon, dass in den Behandlungen die Objekte entworfen werden statt der konkreten Personen, soll hier natürlich nicht heißen, die Tatsache und die emotionale Wucht der real verlorenen Personen (und die Belastung durch die Bezugspersonen der Patientin dadurch) gering zu schätzen.

Skogstad betont in seinem Bericht die Perspektivität darauf, nur im eigenen Erleben einen Eindruck über die Objektwelt des Patienten zu haben und auf der Basis dessen ein Bild der Personen in dessen Leben zu gewinnen, indem er formuliert: »So wie ich die Mutter in der Analyse rekonstruieren konnte…« (a. a. O.). Auf der Grundlage dessen schildert er die Mutter als depressiv und ängstlich, unfähig zu trauern und emotional unzugänglich; sie habe Zweifel an ihrer Fähigkeit als Mutter gehabt und sei »angefüllt mit toten Objekten aus der Vergangenheit« (a. a. O., S. 206). Der Vater erscheint im Bericht der Patientin als eine wärmere, lebendigere Figur, aber kritisch und rechthaberisch, viel abwesend durch seine Arbeit und durch Außenbeziehungen außerhalb der Familie. Zunächst besucht die Patientin die Schulklasse, in der die Mutter als Lehrerin unterrichtet. In der Jugend streitet sie sich viel mit dem Vater, besucht dann ein Internat und während der Jugendzeit trennen sich die Eltern.

Sie sucht die analytische Behandlung auf wegen einer Depression und der Unfähigkeit, intime Beziehungen aufrecht zu erhalten. Sie habe kürzlich zurückliegend eine Partnerbeziehung beendet, in der sie sich wie ein kleines Kind gefühlt und zudem Gewalterfahrungen gemacht habe. Sie sei tätig für eine Wohltätigkeitsorganisation (wo es ebenfalls Konflikte gebe) und beschreibt ihren Wunsch, die Welt zu retten.

Als allgemeine Aspekte der analytischen Behandlung zeigt sich bei der Patientin ein Wunsch, dem Analytiker nah zu sein (auf seinem Schoß zu sitzen; in ihm zu sein), und eine Suche nach einer »nie endende[n] Einheit«, »ohne Unterbrechungen und ohne einen Dritten«, so erlebt sie beispielsweise Trennungen bei einer Wochenendunterbrechung oder bei Urlauben als belastend und fühlt sich wie »rausgeworfen« (a. a. O.). Es zeigen sich dann Angst und Wut als Reaktionen auf das Gefühl, betrogen worden zu sein. Ihren Analytiker erlebt sie als »kalt und undurchdringlich« (a. a. O.). Die Patientin schweigt häufig: »[D]ie Art ihres Schweigens machte es mir unmöglich zu erahnen, was in ihr vorging: Dachte sie über das, was ich gesagt hatte, nach, war sie verärgert und grollte mir oder hatte sie sich in eine eigene Welt zurückgezogen?« (a. a. O., S. 207) So realisiert sich eine Unsicherheit des Analytikers darüber, was in der Patientin vorgeht, er empfindet eine »Mischung aus Verzweiflung, Angst und Ärger« (a. a. O., S. 206). Deutungen scheinen die Patientin nicht zu erreichen. Der Analytiker hat das Gefühl, mit dem, was er sagt, auf eine Wand zu treffen und nicht zu ihr durchzudringen. Deutungen, die sich auf ihr Erleben bezieht, werden von ihr als der Vorwurf einer verzerrten Sicht erlebt, als eine Art von Korrektur durch den Analytiker. Sie antwortet mit dem Vorwurf, der Analytiker würde sich an ihr »nähren« (a. a. O., S. 207). Skogstad beschreibt das als einen »bittere[n] Groll auf ein feindseliges, versagendes Objekt« und die »Identifikation mit einem toten Objekt« (a. a. O.). Für ihn entsteht der Eindruck, als würde er in der Übertragungs-Gegenübertragungsdynamik zu einem »undurchlässigen Objekt« – als würde er nichts aufnehmen können, was die Patientin ihm emotional kommuniziert, so als prallte als dies von ihm ab. Darin zeigen sich wechselnd konkordante Identifizierungen in der Gegenübertragung (der Analytiker spürt etwas, das mit Selbstanteilen der Patientin zu tun hat: hoffnungslos und außerhalb jeglichen Kontakts) und komplementäre Formen (er spürt etwas, das mit Objektanteilen zu tun hat: unerreichbar wie die Mutter) (vgl. zur terminologischen Unterscheidung Racker, 1959). Er formuliert: »Ich verstand, dass mich die Patientin oft als Mauer empfand, auf die sie mit immer stärkeren Projektionen reagierte. Doch während sie dies tat, hatte sie das Gefühl, dass ich mehr und mehr in sie hinein projizierte […] Ihre Aggression erschien mir dann als der verzweifelte Versuch, zu diesem für sie verschlossenen Objekt durchzudringen.« (Skogstad, 2013, S. 207) Wichtig ist hier der Hinweis, dass die Projektionen der Patientin ihre Objekte betreffen, also als ein innerpsychischer Vorgang begriffen werden müssen. Über den Zugang der Einfühlung und der komplementären Identifizierung (sowie in Teilen durch eine veränderte Struktur der Interaktion) wird dies dem Analytiker zugänglich. Hier ist gemeint, dass die Patientin auf eine bestimmte Weise auf die Undurchdringlichkeit des Objekts (und damit korrespondierend auch die Undurchdringlichkeit des Analytikers) antwortet – nämlich mit immer stärkeren hilflosen Versuchen, etwas in ihn hineinzubekommen. Skogstad beschreibt sein Erleben, seine Fragen danach, ob und wie er die Projektionen der Patientin annehmen und verarbeiten kann.

Auf der Basis dessen schildert Skogstad eine Stundenfolge im fünften Jahr der Behandlung in einer Frequenz von fünf Wochenstunden. Es geht um die Woche vor einer Unterbrechung durch die Weihnachtsferien. In der Montagsstunde berichtet Frau A. von ihrem Wochenende. Skogstad schildert: »Eine ihrer Mitbewohnerinnen hatte ihr intime Einzelheiten mitgeteilt, was sie unangenehm und übergriffig fand. Der Sex mit ihrem Freund hatte ihr Schmerzen bereitet. Die Freundin einer Mitbewohnerin war erkrankt und sie musste sich um sie kümmern. Ihr gutes Spülmittel war aufgebraucht und durch ein billiges, ekliges ersetzt worden. Sie hatte auf einer Weihnachtsparty ein Geschenk bekommen, das sie nicht wollte und für das sie keinen Platz hatte. Und ihr Vater, der versprochen hatte, ihr zu helfen, war unerreichbar gewesen.« Er deutet ihr: »Sie fühlten sich übers Wochenende auf schmerzliche und überwältigende Weise mit dem Zeug anderer angefüllt und mussten ganz allein damit zurechtkommen, da ich unerreichbar war.« (a. a. O., S. 208f.) Die Patientin beantwortet das mit einem weiter ärgerlichen Bericht über intrusive, nicht-hilfsbereite Leute und wird zunehmend verzweifelt und eindringlich in ihrer Schilderung. Der Analytiker sagt, wenn er so ruhig bleibe, während sie so eindringlich rede, habe sie vielleicht das Gefühl, er nähme das Ausmaß ihrer Verzweiflung nicht wahr (a. a. O., S. 209). Frau A. äußert daraufhin Klagen über die rigiden Grenzen eines Freundes und des Analytikers. Es gibt Ärger und Feindseligkeit und sie verlässt die Stunde fünf Minuten vor dem Ende.

In der Stunde am nächsten Tag wirkt sie zunächst ruhiger, erklärt ihr Gehen, wird dann aber angespannt und ärgerlich. Sie fühle sich, als würde sie mit dem Kopf gegen die Wand rennen. Der Analytiker sagt, wenn sie sich von ihm nicht verstanden fühle, müsse sie etwas in ihn hineinkriegen, durch die frühzeitige Beendigung der Stunde vor Vortrag oder die durchdringende Stimme heute (a. a. O.). Es ist offenbar wieder schwer, zur Patientin durchzudringen. Der Analytiker fühlt sich selbst ärgerlich und verzweifelt, es geht in der Stunde wenig voran und es wird wenig verstehbar, was passiert ist.

In der darauf folgenden Mittwochsstunde schildert die Patientin einen Traum: »Ein Klo ist verstopft. Ein Mann und eine Frau versuchen es frei zu kriegen. Im Klo ist weder Wasser noch sonst etwas. Ich sage ihnen, man müsse einen Sauger nehmen. Ich benutze einen Sauger, doch dann kommt eine Menge Scheiße hoch.« (a. a. O.) Im Anschluss an den Traum sagt Frau A., sie fühle sich heute besser und verbindet den Traum mit der analytischen Arbeit. Dem Analytiker kommt das beschwichtigend vor. Weiter sagt sie, dass ihre Mutter sie »als Toilette« für ihre Gefühle benutzt und sei doch so unerreichbar gewesen, sie selbst sei »voller Scheiße« (a. a. O.). Sie wirkt näher an ihrem Erleben, scheint sich allerdings zunehmend schlechter zu fühlen. Der Analytiker sagt ihr, »dass sie das Gefühl habe, es sei etwas mit mir, dem Klo, nicht in Ordnung, so dass sie mit dem Sauger hineinstoßen müsse, um den Scheiß zu mir durchzukriegen; sie habe jedoch das Gefühl, die Scheiße käme auf sie zurück und sei dann in ihr.« (a. a. O., S. 209f.) Seine Gedanken im Fallbericht, rückblickend, gehen in die Richtung, dass seine Intervention einen ungedachten Begleittext gehabt haben könnte, so als hätte er ihr gesagt: »Sie denken, ich bin wie ein verstopftes Klo, in das Sie hineinstoßen müssen, tatsächlich aber bin ich offen und zugänglich; Ihr Bild von mir ist falsch.« (a. a. O., S. 211) Sollte sich so etwas der Patientin vermitteln, ist es offenkundig problematisch (wenn auch nicht immer vermeidbar): Es geht in der Arbeit mit Übertragung und Gegenübertragung schließlich nicht darum, die Fantasien der Patientin zu »korrigieren«. Sagt jemand zum Analytiker »Sie sind ein herzloser Mensch«, dann ist die Beantwortung nicht eine herzliche Umarmung, sondern besteht in der gemeinsamen Bearbeitung, wie dieses Bild verstanden werden kann und womit es im Zusammenhang steht. Auf die betreffende Intervention hin schweigt die Patientin lang und sagt schließlich feindselig, der Analytiker sei nur an sich selbst interessiert (a. a. O., S. 210). Der Clou ist: Auf eine Weise hat sie recht, insofern nämlich, als sie spürt, wie schwer es ist, die Empathie des Analytikers zu erreichen. Denn mit ihrer Bemerkung sagt sie ja letztlich: Sie haben das nicht aufgenommen, was ich versuche, Ihnen emotional zu kommunizieren, auch wenn es Scheiße ist.

In der Donnerstagsstunde beschwert die Patientin sich über ihren Vater, der nicht verfügbar sei, obwohl er es versprochen habe. Sie fühle sich allein und könne nichts Gutes in sich behalten. Sie wirft dem Analytiker vor, dass er sie – über die Ferienunterbrechung – ebenfalls alleine lasse, während sie doch gerade ihre Anstellung verliere. Der Analytiker deutet das Erleben der Patientin: »Wenn ich mich wirklich kümmern würde, wäre ich geblieben, um für Sie da zu sein, wenn Sie mich brauchen.« (a. a. O.) Auch hier reflektiert er später, dass diese Interventionen einen sarkastischen Unterton gehabt haben könnten, als würde er sagen: »Sie sind zu anspruchlich; niemand wäre bereit zu tun, was Sie verlangen.« (a. a. O., S. 212) Wieder fällt es schwer, das aufnehmen, was die Patientin zu kommunizieren versucht. Insofern überrascht es auch wenig, wenn sie daraufhin sagt: »Sie wollen sich bloß gut fühlen als jemand, der sich kümmert.« (a. a. O., S. 210) Der Analytiker sagt, wenn sie vor der Pause »so voller schrecklicher Gefühle« sei und sich »einsam, unfähig und schlecht fühle«, dann brauche sie es, dass er diese Gefühle in sich aufnehme und sich selbst »schlecht und unfähig« fühle, dann gehe es ihr vielleicht besser (a. a. O.). Das schafft etwas Beruhigung und so gehen beide in die Unterbrechung. Ich werde die Schilderung der Behandlung weiter unten wieder aufnehmen, nachdem einige Überlegungen zur Arbeit mit den Objekten entwickelt worden sind.

5.2 Die Übertragungsbeziehung als Mittel des Erlebens

Zunächst kann hinsichtlich der Frage nach der Arbeit mit den Objekten daran angeschlossen werden, was zuvor (Storck, 2019b) über das dynamisch Unbewusste diskutiert worden ist. Dort war das erkenntnistheoretische Dilemma zum Thema geworden, mit dem sich die Psychoanalyse konfrontiert sieht: Wie soll Unbewusstes erkannt werden? Was legitimiert eine Deutung, die sich ja definitionsgemäß auf Unbewusstes richten soll? Als Antwort hat sich ergeben, dass der Zugang zu (dynamisch!) unbewussten Prozessen und Erlebnisaspekten einzig über die analytische Beziehung gefunden werden kann. Darin finden Deutungen ihr Validierungskriterium, auch indem szenisch verstanden wird (vgl. Argelander, 1967; Lorenzer, 1970). Es wird dabei betrachtet, wie ein Analysand die Beziehung gestaltet und was sich darin davon zeigt, was für ihn auch im Erleben anderer Beziehungen maßgeblich ist. An dieser Stelle ist zunächst noch ein Schritt zurück erforderlich, in einer skizzenhaften Schilderung des Konzepts der Übertragung (Storck, 2020a), wie es oben in der Vignette Skogstads ja bereits von Bedeutung gewesen ist. Entscheidend ist im vorliegenden Kontext zunächst, die Unterscheidung zwischen einer »frühen« und einer »späten« Fassung des Konzepts im Freudschen Denken zu beachten.

Die frühe, oder weiter gefasste Bedeutung von »Übertragung« (vgl. Bollas, 2006) findet sich in Bemerkungen Freuds in der *Traumdeutung* (1900a) und ist dort eng verbunden mit dem Konzept des Tagesrestes. Damit ist zunächst etwas sehr einfaches gemeint, nämlich dass wir ungleich häufiger von etwas träumen, das mit den Erlebnissen des Tages oder der jüngeren Zeit zu tun hat. Das ist das Material, in das sich unbewusste Konflikte einkleiden. Im Hinblick auf das Übertragungskonzept ist das insofern wichtig, als Freud annimmt, die »unbewußte Vorstellung« sei »als solche unfähig«, ins Vorbewusste zu gelangen. Sie könne nur eine Wirkung erlangen, »indem sie sie sich mit einer harmlosen, dem Vorbewußten bereits angehörigen Vorstellung in Verbindung setzt, auf sie ihre Intensität überträgt« (Freud, 1900a, S. 568). In der frühen Fassung des Übertragungskonzeptes ist also beschrieben, dass sich triebhaft-affektive Intensität von einer Vorstellung auf eine andere überträgt, es wird, in Freuds besetzungstheoretischer Argumentation, ein Quantum verschoben. »Das Unbewußte«, so Freud weiter, umspinnt mit seinen Verbindungen vorzugsweise [...] Eindrücke und Vorstellungen des Vorbewußten« (a. a. O., S. 568f.). Die Tagesreste bieten also »dem Unbewußten etwas Unentbehrliches [...], die notwendige Anheftung zur Übertragung« (a. a. O., S. 568f.). Übertragungsvorgänge dienen also dazu, dass etwas (verändert) ins Bewusstsein gelangen kann, es werden bewusstseinsfähige, genügend ähnliche Vorstellungsbilder »gefunden«. Übertragung ist also ein Mittel der entstellten Bewusstwerdung. Entscheidend ist, dass es sich dabei um unbewusste Prozesse handelt; nur deshalb kann die Entstellung zum Zweck der Bewusstwerdung funktionieren. Implizit ist in diesem Konzept die Frage enthalten, was es für ein Bewusstwerden des Unbewussten braucht. Die (zeitgenössische) Antwort darauf ist: Es braucht psychische Formen, die aushaltbar, tolerabel und akzeptabel sind, dafür bietet die analytische Beziehung eine Möglichkeit.

Das ist das Bindeglied zur späteren Fassung des Übertragungskonzeptes bei Freud (wobei »später« hier nicht auf einen großen zeitlichen Abstand verweist, sondern nur auf wenige Jahre). Das gängigere, weniger weit gefasste Verständnis von Übertragung ist viel stärker an die analytische Beziehung und die klinische Situation angebunden und wurzelt in

Freuds Bemerkungen zum Behandlungsabbruch seiner Patientin Dora (Freud, 1905e). In der Arbeit sei Freud von der (zuvor noch wenig dezidiert beschriebenen bzw. konzeptualisierten) Übertragung »überrascht« worden (a. a. O., S. 283), also vom Ärger der Patientin auf ihn, die laut Freuds Interpretation mit dem Ärger auf den Vater zu tun hatte. Es gibt andere Kommentatoren, die eher die Mutterbeziehung Doras in den Vordergrund stellen. Die Reflexion über den Behandlungsverlauf ermöglicht Freud die bekannte Definition: »Was sind Übertragungen? Es sind Neuauflagen, Nachbildungen von den Regungen und Phantasien, die während des Vordringens der Analyse erweckt und bewußt gemacht werden sollen, mit einer für die Gattung charakteristischen Ersetzung einer früheren Person durch die Person des Arztes.« (a. a. O., S. 279) Das ist mit dem Beziehungshaften gemeint, in dem Unbewusstes sich entstellt zeigt (und damit, über Freud hinausgehend, auch die Objektwelt in ihren nicht-verbalisierbaren Anteilen). Übertragung meint hier im engeren Sinn, dass jemand seinen Analytiker wie eine andere Figur der Biografie oder auch des aktuellen Lebens erlebt und psychisch »behandelt«, dass der Analytiker sich gleichsam in die Objektwelt des Patienten einfügt. Das ist ein regelhafter Vorgang: »Es ist […] völlig normal und verständlich, wenn die erwartungsvoll bereitgehaltene Libidobesetzung des teilweise Unbefriedigten sich auch der Person des Arztes zuwendet.« (1912b, S. 365), die Besetzung werde »den Arzt in eine der psychischen ›Reihen‹ einfügen, die der Leidende bisher gebildet hat« (a. a. O.). Das weist nun auch darauf hin, dass es nicht nur sehnsuchtsvolle Wünsche sind, die sich in der Übertragung äußern, sondern ebenso Wut oder Zurückweisungsimpulse, also all das, was von der »Beziehungsbiografie« eines Patienten den Weg in die Behandlung findet. Freud (1905e, S. 281) schreibt daher, die Übertragung sei einerseits das »größte Hindernis« für analytische Prozesse, insofern darin der Arzt nicht als Arzt gesehen wird, sondern als potenzieller Liebespartner oder nicht-professionelles Beziehungsgegenüber. Darin besteht ein Hindernis, ein Widerstandsaspekt (vgl. Storck, 2020b). Aber zugleich ist die Übertragung auch das »mächtigste Hilfsmittel« der Psychoanalyse, da das Beachten der Übertragung andere Aspekte des Erlebens eines Patienten zutage fördert als die bewussten, verbalisierbaren. Eine Zusammenfassung dieses Konzeptverständnisses findet sich bei Greenson (1967, S. 183; Kursiv.

aufgeh. TS): »Übertragung ist das Erleben von Gefühlen, Trieben, Haltungen, Phantasien und Abwehr gegenüber einer Person in der Gegenwart, die zu dieser Person gar nicht passen, sondern die eine Wiederholung von Reaktionen sind, welche ihren Ursprung in der Beziehung zu wichtigen Personen der frühen Kindheit haben und unbewußt auf Figuren der Gegenwart verschoben werden.« In dieser Definition zeigt sich also so etwas wie ein (häufiger) Spezialfall der frühen Begriffsfassung. Diese kennzeichnet Übertragung als ein Mittel der Bewusstwerdung, die spätere bezieht sich konkret auf die analytische Beziehung in der Gegenwart, durch die etwas bewusst, aber gleichzeitig entstellt wird.

Damit ist nicht zuletzt an das Persönlichkeitsmodell der Psychoanalyse angeschlossen, in der Psychisches aus Beziehungsvorstellungen als dessen »Bausteinen« besteht. Ganz allgemein lässt sich wiederholen: Psychische Repräsentanzen sind der Niederschlag von Interaktionserfahrungen, von denen etwas internalisiert wird. Aus Beziehungsvorstellungen können wir Repräsentanzen von Selbst, Objekten und Affekten herausheben. Die aus Interaktionserfahrungen stammenden Beziehungsvorstellungen färben nun alle weiteren Interaktionen in der einen oder anderen Weise. Aktuelle Beziehungserfahrungen werden im Licht der vergangenen gesehen (wobei hier »Erfahrung« auch Fantasien, Sehnsüchte, Ängste etc. einbegreift). Dadurch werden unsere Möglichkeiten, neue Erfahrungen zu machen, nicht determiniert, aber geleitet. Das bedeutet, dass Übertragungsphänomene allgegenwärtig sind, auch außerhalb der analytischen Behandlung. Das meint auch Freud: »Machen wir uns klar, daß jeder Mensch durch das Zusammenwirken von mitgebrachter Anlage und von Einwirkungen auf ihn während seiner Kinderjahre eine bestimmte Eigenart erworben hat, wie er das Liebesleben ausübt« (Freud, 1912b, S. 364).

Greenson (1967, S. 183) trägt vier Grundannahmen zur Übertragung zusammen:

1. »Übertragung ist eine Variante der Objektbeziehungen.«
2. »Übertragungsphänomene wiederholen eine frühere Beziehung zu einem Objekt.«
3. »Der Mechanismus der Verschiebung ist der wesentliche Vorgang bei Übertragungsreaktionen.«

4. »Übertragung ist ein regressives Phänomen.« (d. h.: sie speist sich aus infantilen Vorbildern)

Im Erleben der Übertragung sind für Greenson (a. a. O., S. 184) »drei ganze Menschen« beteiligt, »ein Subjekt, ein früheres Objekt und ein gegenwärtiges Objekt«. Bei Freud und auch in Greensons Definition geht es um neurotische Übertragungsphänomene. Dazu müssen zwei Voraussetzungen gegeben sein: einmal die »Fähigkeit des Individuums, zwischen dem Selbst und der Objektwelt zu unterscheiden« (erst dann kann ein Gegenüber so wie ein früheres bzw. in Verbindung mit den inneren Repräsentanzen erlebt werden), und dann die »Fähigkeit, Reaktionen von einer früheren Objektrepräsentanz auf ein Objekt in der Gegenwart zu verschieben« (a. a. O.). Das sind neurotische Übertragungsphänomene. In der Anfangszeit der Psychoanalyse geht Freud davon aus, dass nur bei neurotischen Erkrankungen (»Psychoneurosen«), also Phobie, Hysterie oder Zwangsneurose, Übertragungsphänomene auftauchen und nicht zum Beispiel bei psychotischen oder (in heutiger Sicht) psychosomatischen Erkrankungen. Das ist im Laufe der Zeit verändert worden, so dass man heute in der Psychoanalyse von verschiedenen Übertragungsformen ausgeht (vgl. ausführlicher Storck, 2020a, Kap. 4.2).

Die analytische Beziehung liefert also eine Art von Tagesrest oder eine Entsprechung zum manifesten Trauminhalt – in dem sich etwas zeigt und zugleich verbirgt. Sie liefert einem Patienten die aktuellen Eindrücke und potenzielle »Verkleidungen« für Unbewusstes, so dass sich etwas aktualisieren kann. Wenn man so will, dann gibt die analytische Beziehung dem Unbewussten eine Form und deshalb wird es in Szene gesetzt, verstehbar und veränderbar. Basal meint Übertragung also: Etwas findet ein Objekt, das bewusstseinsfähig ist, eine Darstellungsweise oder Erlebnisform. Eine stärker beziehungshafte Definition würde heißen: Übertragung meint die Reproduktion von Gefühlen oder Fantasien, die im Umfang eines Objekts eine Rolle spielen, im Erleben eines anderen Objekts (bzw. von einer Beziehungsvorstellung im Umfeld einer anderen), wodurch etwas für den Analytiker zugänglich wird.

Während in einer »klassischen« Sicht auf Übertragung im Vordergrund steht, dass Aspekte einer Objektbeziehung auf eine andere übertragen werden, kann in einer diese ergänzenden Sicht Folgendes herausgehoben werden: Übertragung und Objekte als Elemente einer Behandlung haben damit zu tun, dass Patienten unbewusst für Teile ihrer psychischen Welt nach Formen suchen oder versuchen, Objekte zu bilden, also Erlebnisformen zu finden, innerhalb derer sie etwas in Beziehungen kommunizieren können und an denen etwas verändert werden kann. Eine solche psychische Formbildung, die Bildung von neuen psychischen Formen, steht in enger Verbindung mit den Zielen analytischer Prozesse, zum Beispiel der psychischen Integration, dem Erleben/Mentalisieren von dem, was in Beziehungen geschieht.

5.2.1 Die Bereitschaft zur Rollenübernahme

Das Konzept der Rollenübernahmebereitschaft stammt von Joseph Sandler, einem der wichtigsten Objektbeziehungstheoretiker der Psychoanalyse, auf dessen Ansatz ich im Kapitel 6.1 genauer eingehen werde (▶ Kap. 6.1). Mit der Bereitschaft zur Rollenübernahme folgt Sandler der Annahme, »daß die Rollenbeziehung des Patienten innerhalb der Analyse zu jedem beliebigen Zeitpunkt aus einer Rolle, die er sich selbst zuweist, und einer komplementären Rolle, die er dem Analytiker zu diesem Zeitpunkt zuweist, besteht. Die Übertragung würde demnach einen Versuch des Patienten darstellen, von sich aus zwischen sich und dem Analytiker eine Interaktion, eine Wechselbeziehung durchzusetzen. [...] In gewissem Sinne versucht der Patient, in der Übertragung [...] diese Rollen in verkappter Form zu aktualisieren.« (Sandler, 1976, S. 300) Analytische Therapeuten blicken darauf, wozu sie vom Patienten gebraucht und verwendet werden, welche Rolle ihnen zugewiesen wird – und meist sind das eher die unangenehmen, konflikthaften. Patienten aktualisieren ja nicht das, was ihnen leicht fällt, sondern das, was schwer fällt und mit Hilflosigkeit, Hemmung oder Überflutung zu tun hat. Die Bereitschaft zur Rollenübernahme ist also eine große Forderung an die analytische Haltung und erfordert eine Toleranz dafür, von unangenehmen Zuweisungen getroffen zu werden.

Konkret ist aus Sandlers Sicht vom Analytiker eine »sein Verhalten betreffende gleichschwebende Rollenübernahmebereitschaft« (a. a. O., S. 304) gefordert, die »sich auch in den offenen Reaktionen des Analytikers gegenüber dem Patienten, ebenso wie in seinen Gefühlen und Gedanken« zeigt, also »auch in seinen Einstellungen und seinem Verhalten und [...] ein entscheidendes Element innerhalb der ›nützlichen‹ Gegenübertragung dar[stellt]« (a. a. O., S. 301). Dabei ist zu beachten, dass der Analytiker nicht als persönlich nichtssagende Figur auftaucht, sondern dass er als konkreter Teilnehmer einer realen Interaktion auch eine ihm zugewiesene Rolle übernimmt. Sandlers Argument ist nämlich ferner, dass es zu einer »Kompromißbildung zwischen eigenen Strebungen und der kontrollierten Übernahme der Rolle [kommt], die ihm der Patient aufzwingt« (a. a. O., S. 302). Hinzu tritt etwas, das als »therapeutische Ich-Spaltung« beschrieben worden ist, womit benannt ist, dass der Analytiker immer Teil einer Beziehungsszene ist und die Aufgabe hat, darauf zu blicken, welche Szene es ist (genauer in Storck, 2020a). Der Analytiker reagiert also nicht entsprechend der Objektrepräsentanzen des Patienten, sondern auch vor dem Hintergrund seines eigenen Erlebens im Rahmen eines authentischen Kontaktes (▶ Kap. 5.4 zum Verhältnis von Übertragungsbeziehung und Realbeziehung).

5.2.2 Formbildung in der analytischen Beziehung

In zeitgenössischen psychoanalytischen Konzeptionen spielt der Aspekt der Formbildung bzw. der Bildung von Repräsentanzen für das zuvor Nicht-Repräsentierbare eine wichtige Rolle (z. B. Levine, Reed & Scarfone, 2013). In der analytischen Beziehung werden nicht nur Vorstellungsinhalte des Patienten in Szene gesetzt (oder Rollen aktualisiert), sondern indem sich Analytiker ihren Patienten zur Verfügung stellen, wird auch das Angebot einer internalisierbaren Funktion gemacht. Gerade bei nicht-neurotisch erkrankten Patienten geht es nicht nur darum, dass die Welt der Objekte verändert wird, sondern oft genug auch darum, erstmals tragfähige psychische Strukturen aufrichten zu helfen, um über Beziehungen nachzudenken. Den Patienten wird also auch etwas zur Verfügung gestellt, was sie als Funktion internalisieren können, indem sie eine Art Vorbild dafür finden, wie Beziehungen erlebt, Affekte reguliert oder ausgedrückt werden (ohne dass dies in direkt übender Weise geschähe). Der Analytiker ist also nicht nur »Beispiel« einer Objektrepräsentanz, sondern auch Mittel für die Bildung von Repräsentanzen überhaupt. Formbildung im hier gemeinten Sinn bedeutet, Patienten dabei zu helfen, die Möglichkeit psychischer Repräsentation (weiter) zu entwickeln – also Symbolisierungs- oder Mentalisierungsfähigkeit.

Die damit verbundene analytische Haltung, wie sie besonders Bion (z. B. 1962) beschrieben hat, ist gekennzeichnet von einer Reverie (gelegentlich übersetzt als »träumerisches Ahnungsvermögen«) und einer Fähigkeit zum Containment. Im Großen und Ganzen ist eine methodisch geleitete Empfänglichkeit dafür gemeint, was Patienten unbewusst übermitteln. Analytiker nehmen affektiv etwas Unsagbares und Unbewältigbares auf, »verdauen« es sozusagen vor und können Patienten dann eine Form dafür anbieten, so dass Affektzustände oder zuvor unrepräsentierbare Erlebnisanteile eine Repräsentation erfahren. In Bions Begriffen gesprochen: Der Analytiker nimmt eine Haltung der Reverie ein, die es ihm möglich macht, das rohe Sinnes- und Erregungsmaterial des Patienten (das er Beta-Elemente nennt), aufzunehmen (als ein Container, der etwas umzuwandeln vorbereitet) und es mittels seiner Alpha-Funktion zu transformieren (im Grunde mehr eine *Formation* als eine Transformation, also eine originäre Formbildung für zuvor Ungeformtes) – in Material des Denkens, sogenannte Alpha-Elemente. Als diese werden sie dem Patienten rückvermittelt und von diesem wiederum aufgenommen. Botella und Botella (2005) verbinden ähnliche Überlegungen mit der figurabilité, also so etwas wie die Möglichkeit der Formbildung (angelehnt an Freuds Bemerkung zur »Rücksicht auf Darstellbarkeit« als Teil der Traumarbeit; Freud, 1900a; Botella & Botella, 2005, S. 45).

5.3 Fallbeispiel Frau A., Teil II

Damit kann die Behandlung Frau A.s wieder aufgenommen werden, wie Skogstad sie beschreibt. Einige Zeit nach der zuvor beschriebenen Stundenfolge geht es erneut um eine Sequenz in der Behandlung.

In der Montagsstunde sagt die Patientin, sie sei froh, nach dem Wochenende wieder zu kommen, sie habe sich ängstlich und hoffnungslos gefühlt während der Unterbrechung (Skogstad, 2013, S. 212). Sie berichtet dann von ihrer Arbeit und wird dabei zunehmend ärgerlich. Eine Kollegin schmeichle sich beim Chef ein, wohingegen dieser zu Frau A. kalt und abwesend sei. Der Analytiker benennt in seiner Intervention den Chef als kalte abweisende Mutter, zu der Frau A. meine, nicht durchdringen zu können. Frau A. erwähnt eine andere Kollegin, die seelische Probleme habe und sich oft in eine Privatklinik einweisen lasse. Der Analytiker sagt, sie fühle sich unglücklich und unwohl. Die Patientin wird ärgerlich und meint, »unglücklich« passe nicht, sie verliere wieder ihre Arbeit, es ist für sie gravierender. Der Analytiker thematisiert, dass sie sich unverstanden fühle.

Am Tag darauf kommt sie in die Stunde und äußert, sie wolle einen neuen beruflichen Weg einschlagen, klingt aber immer hoffnungsloser und depressiver. Der Analytiker hat das Gefühl, die Patientin nicht erreichen zu können.

Wieder einen Tag später kommt die Patientin in die Stunde und schweigt zunächst lang. Nach einer Weile sagt sie: »Ich weiß nicht, warum ich überhaupt gekommen bin« (a. a. O.). Der Analytiker deutet etwas zu »zwei Analytikern«, die die Patientin möglicherweise erlebe: einen verständnisvollen und einen vernachlässigenden oder feindseligen. Frau A. weint und sagt etwas Resignatives. Dann berichtet sie einen Traum: »Ich bin im Haus meiner Tante (in dem sich meine Großmutter umbrachte) in der Küche. Die Küche ist kalt und dunkel, ohne Fenster. Statt einem Herd ist dort ein großer offener Kamin, der zum Heizen des Raumes nutzlos erscheint und in dem kein Feuer brennt. Ich hab das Gefühl, ich werde hier leben und muss die Wohnung herrichten. Doch wie kann ich sie renovieren?« (a. a. O., S. 213) Einmal mehr ist hier der Hinweis darauf wichtig, wie Traumdeutung in der Psychoanalyse sich vollzieht. Im Anschluss an einen solchen Traumbericht würde man die Patientin fragen, was ihr Traum (und der Traumbericht) für sie bedeute und welche Einfälle sie dazu habe. Natürlich würde man beim Zuhören eigene Einfälle haben (z. B. dass der Umzug in die neue Wohnung, bei der man noch nicht wisse, wie sie zu renovieren sei, auch eine Ebene des Erlebens analytischer Veränderung berührt), aber man würde nicht deuten, ohne über die Einfälle der Patientin gesprochen zu haben.

In der folgenden Donnerstagsstunde erscheint Frau A. anders als zuvor. Sie fühle sich besser und habe das Gefühl, sie hätte in der Stunde des Vortags etwas beim Analytiker abgeladen. Sie habe erst Sorge gehabt, was das mit ihm mache, dann aber gedacht, er könne schon damit umgehen. Der Analytiker deutet, dass sie sich befreit fühle, wenn sie das Gefühl habe, das für sie Verstörende sei beim Analytiker angekommen und verstöre nun ihn; solange er ruhig sei, habe sie das Gefühl, es sei noch alles bei ihr (a. a. O.). Zuvor hatte er selbst ja seinen Eindruck reflektiert, es gelinge ihm nicht, etwas aufzunehmen. Frau A. antwortet, sie habe vorher nicht denken können, ihr Kopf sei vergiftet gewesen (a. a. O.). Daraufhin meint der Analytiker, das Gift in ihrem Kopf sei die Wut und Verzweiflung, »die es ihr unmöglich machten zu denken«: Wenn sie das Gefühl habe, er habe ihr das Gift abgenommen, dann könne sie wieder denken (a. a. O.). Die Antwort der Patientin darauf ist, dass ihre Mutter ihre »massiven Gefühle« nicht habe aufnehmen können. Der Analytiker deutet, dass sie zu Beginn der Woche das Gefühl gehabt habe, »mit einer kalten, depressiven Mutter zusammen zu sein«, die ihre Wut und Verzweiflung nicht habe aufnehmen können; sie habe das Gefühl gehabt, sie müsse sie »renovieren«, dann jedoch selbst wie diese depressive Mutter zu werden (a. a. O.). Skogstad beschreibt daraufhin seine eigene Interpretation des analytischen Gesprächs an dieser Stelle, und schildert, er habe »intensiv die Verzweiflung« erlebt, »das depressive, tote Objekt in ihr nicht wieder beleben zu können, wiederum konnte ich mich ganz für ihre Projektionen öffnen und sie verdauen. Anders als in dem vorherigen Material nahm ich daher ganz ihre Projektionen auf und agierte nicht ein undurchlässiges Objekt. Die unterschiedlichen Objekte, die sie erlebte, spiegelten sich in meinen unterschiedlichen seelischen Zuständen wider.« (a. a. O., S. 214) Was er hier reflektiert, ist ein Wandel in der Figur des unerreichbaren Objekts, zu dem er sich gemacht fühlt, hin zur Möglichkeit, etwas von den Projektionen der Patientin aufzunehmen und darüber mit ihr ins Arbeiten zu kommen. Ich werde weiter unten ein weiteres Mal auf die Behandlung zurückkommen.

5.4 Ebenen der analytischen Beziehung

Oben war bereits die Frage nach dem Verhältnis von Übertragungsbeziehung und Realbeziehung zum Thema geworden. Im Folgenden soll es nun darum gehen, verschiedene Ebenen der analytischen Beziehungen in ihren Merkmalen und in ihrem Verhältnis zueinander genauer in den Blick zu nehmen (vgl. Gödde & Stehle, 2016; Staats, 2017).

In der TV-Serie *In Treatment* (vgl. Zwiebel, 2017) wird die Arbeit des Psychotherapeuten Paul Westen gezeigt – jede Folge behandelt eine Stunde mit einem Patienten oder einer Patientin. Eine der Behandlungen ist die mit der knapp 30-jährigen Laura, die ihrem Therapeuten Paul nach etwa einem Jahr Behandlung sagt, dass sie während dieses gesamten Zeitraums in ihn verliebt gewesen sei und über eine (auch sexuelle) Beziehung mit ihm fantasiert. Beide versuchen nun, aufzuarbeiten, was das zu bedeuten hat (»Week 4: Laura«, 2008). Laura sagt ihm vehement: »Es gibt zwischen uns mehr Intimität als zwischen den meisten Paaren auf der ganzen Welt. Oder nicht?« Wenig später schildert sie: »Ich weiß, als Therapeut sagen Sie sich, dass es alles Teil der Therapie ist, herauszufinden, warum ich mich in Sie verliebt habe und wie das mit meiner Vergangenheit verbunden ist und all das. Aber läuft es nicht immer so, Paul? Determiniert unsere Vergangenheit nicht immer, in wen wir uns verlieben? Was also, wenn man es zurückführen kann auf die Mutter, die einem etwas vorenthält, oder den narzisstischen Vater, das abwesende Elternteil? Macht das unsere Liebe weniger real?« Es verändere nichts daran, wie sie fühle: »Warum ich es fühle, dafür wird es immer eine Erklärung geben. Aber dass ich es fühle, kann man nicht abweisen.« Weiter wehrt sie sich gegen die Vorstellung, es gehe hier um eine »Patientin, die sich miserabel fühlt« und sich vorstelle, ihr Therapeut sei ihr »Supermann, Retter, Mentor«. Sie idealisiere ihn nicht, sondern sehe ihn, wie er wirklich sei, mit seinen Mängeln und allem.

Laura bringt einleuchtende Argumente, die implizit ganz im Einklang mit der psychoanalytischen Theorie des Psychischen und der Objektbeziehungen sind: Wie sonst als im Licht vergangener Beziehungserfahrungen sollten wir aktuelle erleben, einschließlich der Liebesgefühle? Gefühle sind ja nicht qualitativ anders, nur weil man sie in einer analytischen Behandlung seinem Analytiker gegenüber fühlt. Im Weiteren solle es jetzt weniger um den behandlungstechnischen Umgang mit einer augenscheinlich schwierigen Situation gehen, sondern um die Frage, wie sich Realbeziehung und Übertragungsphänomene begegnen. Übertragungsprozesse sind, wie oben dargestellt, allgegenwärtig und werden in analytischen Prozessen, vermittelt über Rahmen, Setting und Haltung, vertieft. Dazu gehört nun auch die Ebene des Arbeitsbündnisses. In klassischer Auffassung bezieht das Konzept sich auf die Fähigkeit des Patienten, sich auf das analytische Arbeiten einzustellen, insbesondere im Hinblick auf eine Trennung zwischen erlebendem und beobachtendem/analysierendem Ich (vgl. das Konzept der »therapeutischen Ich-Spaltung«, Überblick bei Storck, 2020a, Kap. 5.2). Damit ist gemeint, dass ein Patient sich auf die analytische Beziehung einlässt, zugleich aber auch den Schritt mitgehen kann, darauf zu blicken, was in dieser Beziehung geschieht und spürbar wird (z. B. indem die Verliebtheitsgefühle dem Analytiker gegenüber gespürt werden, aber auch hinterfragt werden kann, was es bedeutet, sich in ihn zu verlieben). Als Bestandteile des Arbeitsbündnisses gelten: Verständigung auf Rahmen, Setting, Methode sowie die analytischen Grundregeln (freie Assoziation, gleichschwebende Aufmerksamkeit) und eine Aufklärung über Elemente des Prozesses.

Mit einer analytischen Haltung ist allgemein (zumindest in zeitgenössischer Perspektive) nicht gemeint, dass der Analytiker sich unpersönlich oder unemotional verhalten sollte (er sollte sich persönlich, aber nicht privat einbringen, wo es dem Prozess dienlich ist) – aber er stellt sich als ein potenzielles Objekt zur Verfügung und in Auseinandersetzung mit diesem werden Aktualisierungen und Reinszenierungen möglich. Dabei kann und sollte er nicht eine glatte Spiegelfläche sein (das würde sehr viel mehr Einfluss nehmen als das Angebot eines authentischen Beziehungsgegenübers), selbstverständlich spielt es für einen Patienten eine Rolle, mit welcher Person er es im Behandlungszimmer zu tun hat. Zu fragen ist allerdings, welchen Anteil die »Realbeziehung« hat.

In einer aktuellen Überblicksarbeit differenziert Gödde (2016) zwischen

- der Übertragungs-(Gegenübertragungs-)Beziehung (Der Analytiker wird im Lichte der inneren Objekte erlebt und »behandelt«, was als die Grundlage von Veränderungsprozessen gedacht wird),
- der »Arbeitsbeziehung« (geprägt durch das Arbeitsbündnis, die Einigung darauf, dass und wie miteinander gearbeitet wird, einschließlich einer Verständigung über die Voraussetzungen und Mittel der Veränderung)
- und schließlich der »Realbeziehung« (auch in Abwendung früherer psychoanalytischer Charakterisierung des Analytikers als Chirurg oder Spiegelplatte).

Auch in der analytischen Haltung, der es um einen Blick auf die Welt der psychischen Repräsentanzen des Patienten mittels der Übertragung geht, ist also eine reale Ebene zu beachten. Was mit dieser realen Ebene gemeint ist, bringt Balint auf den Punkt, wenn er schreibt, es gehe in analytischen Prozessen um die »Interaktion zwischen diesem einen Patienten und diesem einen Analytiker« (Balint, 1968, S. 196). Andernfalls wäre eine Idee von Passung in der therapeutischen Beziehung überflüssig oder man würde gar auf die Idee kommen, eine Behandlung mit demselben Patienten sei immer gleich, egal welchen Therapeuten er hat. Vielmehr es ist gerade dieser Analytiker, den ein Patient erlebt, und in dieser Beziehung wird das Erleben des Analytikers als realer Person verknüpft mit inneren Objekten. Der Analytiker bringt unweigerlich »persönliche« Merkmale in die Beziehung: Geschlecht, Alter, Kleidung, Frisur, Einrichtung des Behandlungsraums oder Sprachstil.

Der Analytiker bleibt abwartend-zuhörend und natürlich geht es darum, dass Patienten sich in der analytischen Beziehung entfalten. Aber darin ist eine emotionale Antwort nicht ausgeschlossen, auch wenn es in behandlungstechnischen Formulierungen der »klassischen« Psychoanalyse oder auch der Ichpsychologie der 1950er-Jahre gelegentlich so wirken mag. Übertragungsebene und Realebene der analytischen Beziehung sind immer miteinander verwoben. Es wird eine reale Beziehung angeboten, damit sich die Übertragungsprozesse daran anheften können. Auch auf der Ebene des Patienten sind Schilderungen von »realen« Ereignissen notwendigerweise mit deren Repräsentation verbunden.

Eine der wichtigsten Konsequenzen der Beachtung der Realbeziehung ist es, dass die therapeutische, analytische Beziehung immer auch ein Stück weit verzerrte Erwartungen an die inneren Objekte entvalidiert. Beziehungen, so wird dann deutlich, können auch anders aussehen als in den zurückliegenden Erfahrungen und den Erwartungen. Die Wiederholung allein reicht nicht aus, so zentral sie für den Verstehenszugang ist. Das Ziel ist es, etwas von den (inneren und äußeren) Wiederholungen aufzufangen, aushaltbarer zu machen und zu verändern. Dazu ist es in vielen Behandlungen erforderlich, am Beispiel der therapeutischen Beziehung eine Toleranz gegenüber der Getrenntheit in nahen Beziehungen zu ermöglichen – das bedeutet die Erfahrung, dass diese Unterschiedenheit und Getrenntheit vom Gegenüber kein Hindernis, sondern die Voraussetzung für eine Vertiefung der Beziehung ist. Der Analytiker (vermittels der Funktionen und als Element des Denkens selbst) wird so ein »neues« Objekt und bietet eine »Objektbeziehung« mit »erhebliche[n] heilende[n] Wirkungen« (Balint, 1968, S. 193) an.

Ferner ist natürlich zu beachten, dass der Anteil des Analytikers an der Realbeziehung nicht nur äußere Faktoren oder Elemente der professionellen Beziehung betrifft, sondern auch seine Gegenübertragung (vgl. zum Konzept Storck, 2020a, Kap. 3). Nachdem diese anfangs als »Störfaktor« für das analytische Arbeiten betrachtet worden war, wurde im Verlauf der weiteren Theoriebildung ihr Wert als Mittel des Zugangs zum Beziehungsgeschehen und der Repräsentanzwelt herausgestellt. Es lässt sich dafür argumentieren, zwischen Gegenübertragung als der emotionalen »Beantwortung« der Übertragung des Patienten und Eigenübertragung als genuine Übertragungsprozesse von Seiten des Analytikers zu differenzieren. Zum einen ist dann zu hoffen, dass der Analytiker seine inneren »Filme« etwas besser kennt als der Patient seine, zum anderen muss hervorgehoben werden, dass es auch bei Übertragung und Gegenübertragung nur auf konzeptueller Ebene um distinkte Aspekte geht – in der klinischen Begegnung müssen beide als Elemente der ko-kreativ hergestellten Verbindung gelten.

Vor diesem Hintergrund ist im Hinblick auf die Objekte in psychoanalytischen Behandlungen Rackers (1959) Unterscheidung zwischen konkordanter und komplementärer Identifizierung in der Gegenübertragung von hoher Bedeutung. Racher zufolge beruht »[k]onkordante Identifizierung […] auf Introjektion und Projektion oder – anders ausgedrückt – auf der Resonanz des Äußeren im Inneren« (a. a. O., S. 159). Es geht hier also um die Identifizierung des Analytikers mit der (Teil-) Selbstrepräsentanz des Analysanden, um »psychische Inhalte, die im Analytiker auf Grund gelungener Einfühlung aufsteigen« (a. a. O., S. 159f.). Auf einer zweiten Ebene schließt Racker an eine Formulierung H. Deutschs (1926) an, die von einer »komplementären Einstellung« spricht und damit die Identifizierung des Analytikers mit den »inneren« Objekten des Analysanden anspricht. In Rackers Worten heißt es: »Zu komplementären Identifizierungen kommt es dadurch, daß der Analysand den Analytiker wie ein inneres Objekt behandelt; folglich fühlt sich der Analytiker auch so behandelt, was heißt, er identifiziert sich mit diesem Objekt.« (Racker, 1959, S. 159)

Im Ansatz Sandlers, der im Kapitel 6.1 genauer vorgestellt werden wird, wird in ähnlicher Weise herausgestellt, dass sich »reale« und Übertragungsbeziehung verbinden, und zwar unter Rückgriff auf das Verhältnis von Bühne und Theater: »Die Figuren auf der Bühne stellen sowohl die verschiedenen Objekte des Kindes als auch das Kind selbst dar. […] Das Theater, das die Bühne enthält, entspricht den Ich-Aspekten; die verschiedenen Funktionen wie Szenenwechsel, Heben und Senken des Vorhangs, die ganze Hilfsmaschinerie für die ablaufende Bühnenproduktion entsprechen jenen Ich-Funktionen, die wir normalerweise nicht gewahren. Während die Figuren auf der Bühne […] den Selbst- und Objekt*vorstellungen* entsprechen, entspricht ihre besondere Form und ihr Ausdruck an jedem beliebigen Punkt des Stücks den Selbst- und Objekt*bildern*.« (Sandler & Rosenblatt, 1962, S. 241) Die Autoren differenzieren zwischen den Objektvorstellungen als eher konstanten oder ein Stück weit abstrahierten Elementen der Objekte und den Objektbildern als einzelner szenischer Aspekte, in denen Selbst und Objekte eine Rolle spielen.

Was kann dies nun im Hinblick auf den Umgang mit Lauras Verliebtheit in den Therapeuten in *In Treatment* heißen? Entscheidend für die Möglichkeit einer Fortsetzung der Behandlung ist die Frage, ob der Analytiker seine Arbeit machen kann, d. h. ob er als Analytiker analytische Arbeit mit Laura als Patientin machen kann. Dass sie sich verliebt und dass diese Verliebtheitsgefühle nicht qualitativ verschieden von anderen Verliebtheiten sind, kann Teil der Behandlung sein – es liegt am Analytiker zu prüfen, ob es ihm noch gelingen kann, der Patientin ein professionelles Beziehungsangebot zu machen, in dem Verstehen und Verändern möglich ist (statt Handeln). Eine innere Exploration der »Eigenübertragung« ist also die Voraussetzung für eine Exploration der analytischen Beziehung unter Übertragungsaspekten, vor allem im »Hier-und-Jetzt«, so dass u. U. deutlich werden kann, mit welchen Sehnsüchten Laura konfrontiert ist und ob sich zumindest in der Sexualisierung ihrer intimen Wünsche nicht auch andere Gefühle zeigen und verbergen, etwa Traurigkeit oder Angst.

5.5 Fallbeispiel Frau A., Teil III

Ich komme ein letztes Mal zur Behandlung von Frau A. zurück. In einem weiteren späteren Abschnitt der Analyse kommt Frau A. in eine Freitagsstunde und sagt, es gehe ihr besser, sie sei entspannter. Sie fragt, wann die nächste Analyseunterbrechung sei und wird dann hoffnungslos und depressiv. Der Analytiker ist besorgt, fühlt sich ebenfalls hoffnungslos und deutet, wenn sie ihm sage, dass sie sich besser fühle, mobilisiere das Ängste, er würde sich entspannen und abwenden, über das Wochenende oder die nächste Pause, so dass sie »unmittelbar« auf ihn einwirken müsse (Skogstad, 2013, S. 215). Frau A. meint daraufhin, es sei *wirklich* hoffnungslos und zählt Gründe dafür auf. Der Analytiker antwortet, sie brauche es, dass er sich hoffnungslos fühle und dass er an seiner Unfähigkeit verzweifle und letztlich akzeptiere, dass er es nicht kann (a. a. O.).

Dann kommt die Wochenendunterbrechung und am Montag danach kommt sie wieder in die nächste Stunde. Deren Kern besteht in einem Traumbericht. Sie sagt, sie habe in der letzten Sitzung etwas Schlechtes beim Analytiker lassen können, und dann fällt ihr ein Traum ein: »[S]ie versuchte, Libellen vorm Ertrinken zu retten; sie rettete drei, doch die vierte klemmte einen Flügel ein, sie konnte ihr nicht helfen und war betroffen darüber.« (a. a. O., S. 215; Kursiv. aufgeh. TS)

In der darauf folgenden Mittwochsstunde ist Frau A. aufgebracht wegen eines (eigenen) Bewerbungsinterviews und wegen ihrer Kollegen. Sie werde ausgenutzt und ausgesaugt. Als der Analytiker das hinterfragt oder die Perspektive darauf erweitern will, wird er als Verfolger erlebt. Er deutet ihr, er könne nur ihre Sicht annehmen; wenn er das nicht täte, dann werde er auch zu jemandem, der sie aussauge.

Sie kommt am nächsten Tag wieder und sagt, es gehe ihr besser, sie bereite jetzt neue Bewerbungen vor. Nach der vorangegangenen Stunde habe sie auf dem Nachhauseweg die Bäume und das Licht genossen. Auch hier fällt ihr wieder ein Traum ein: »Ein See in den Bergen, Bäume sind in ihn hineingefallen und viele Blätter bedecken ihn. Ich gehe weg und denke, der See kann sich selbst regenerieren und all das tote Zeug, das in ihn hineinkommt, säubern.« (a. a. O., S. 215; Kursiv. aufgeh. TS) Sie beschreibt das Gefühl, sie könne »alles mögliche tote Zeug« beim Analytiker lassen. Darum war es ja auch schon vorher einige Male gegangen, auch bei der »Scheiße«: Kann sie das, was überwältigend und mit schlechten Fantasien verbunden ist, an ihn übermitteln? Sie glaubt, dass er damit umgehen und sich selber regenerieren könne, so wie der See in den »Zeug« reinfällt. Ihr fällt dann noch ein weiterer Traum ein: »Ich bin wieder in der Küche im Haus meiner Tante. Aber diesmal ist die Wand zwischen der Küche und dem angrenzenden Raum entfernt (was tatsächlich irgendwann geschehen war), um mehr Raum zu schaffen und Licht reinzulassen.« (a. a. O.; Kursiv. aufgeh. TS) Hier zeigt sich in den Träumen vermutlich eine Andeutung von Veränderung, die Raum oder Helligkeit schafft.

Vermutlich kann man in dieser Behandlung die Position des Analytikers als eine zwischen zwei Positionen begreifen, die sich zum Teil allerdings auch überlagern. Zum einen gibt es eine komplementäre Identifizierung in der Gegenübertragung, er ist in seinem Erleben identifiziert mit den Objekten der Patientin, also mit einem undurchlässigen Objekt, mit einem emotional nicht erreichbaren oder toten Objekt. Das zeigt sich in der Sequenz, als er das Gefühl beschreibt, das nicht aufnehmen zu können, was die Patientin von ihm will und an ihn kommuniziert. Nicht umsonst sagt sie dem Analytiker in dieser ersten Sequenz, er interessiere sich nur für sich, und wird ärgerlich. Der Analytiker schwankt zwischen dieser Position und der Position eines neuen Objektes, das etwas aufnimmt und vorverdaut und der Patientin so etwas sagt wie, dass sie es brauche, dass auch er verzweifle und sich so fühle wie sie, dann sei sie davon entlastet oder sogar entgiftet.

Die Frage danach, wie sich die Objekte in der Behandlung vermitteln, führt nun zur Antwort, dass sie das in dem tun, was der Analytiker zu spüren kriegt; hier, dass er zu einem toten, undurchdringlichen Objekt wird, sowie in den Träumen. In der mittleren Sequenz gab es den Traum von einer Wohnung, die zu renovieren ist, aber man weiß noch nicht wie, später den sich regenerierenden See und ganz am Ende den neuen Raum, in dem eine Wand entfernt worden ist, die vorher noch da war. Dies lässt sich als eine Veränderung der Erlebniswelt beschreiben und damit eben auch dem Erleben von Selbst und Objekt in Beziehung, die nun Raum und Entwicklung erfährt.

6 Objekte interdisziplinär

Die TV-Serie *The Deuce* thematisiert das Aufkommen der Porno-Industrie in New York im Verlauf der 1970er-Jahre. Während der ersten Staffel geht es dabei auch um die veränderte Lage der Zuhälter auf den Straßen. In einer Szene (»What kind of bad?«, 2017) ist die junge Bernice in der Stadt angekommen und der Zuhälter Larry hat, vorerst ohne sie, eine Absprache mit einem anderen Zuhälter (Rodney) getroffen – nämlich die, dass er sie für 2000 Dollar an diesen »verkauft«. Die Szene zeigt, wie Larry und Rodney sich wortlos über das Einverständnis in den Deal verständigen, als Larry Bernice an dessen Tisch in einem Diner führt. Larry sagt ihr noch: »Das ist Rodney, du gehörst jetzt zu ihm«. Bernice ist entsetzt, Larry weiter: »Stell dir vor, du wärst eine Baseballspielerin, die werden ständig verkauft.« Er verlässt das Diner und Bernice stellt sich Rodney und zwei der anderen Frauen, die für ihn arbeiten, unsicher vor. Eine von ihnen antwortet und nennt ihren wirklichen Namen, woraufhin Rodney lacht, denn er nennt sie anders als sie heißen. Das hat er nun auch mit Bernice vor, deren Namen er für unpassend für mögliche Freier hält – er werde sie »Ginger« nennen…

Im Objektbegriff der Psychoanalyse geht es nicht um eine »Objektivierung« von Personen – der Terminus »Objekt« verweist durch seine Wurzeln in der Freudschen Triebtheorie darauf, dass es hier um ein Vorstellungsobjekt (psychischer »Besetzungen«) geht, also um so etwas wie den psychischen Gegenstand des Denkens und Fühlens. Mit Kernberg gesprochen: »Der Begriff ›Objekt‹ in ›Objektbeziehungstheorie‹ müßte genauer ›menschliches Objekt‹ heißen« (Kernberg, 1976, S. 57), aber eben ein »inneres«, ein solches also, wie es in der subjektiven Repräsenzwelt auftaucht. Die Grundlage dafür ist in entwicklungspsychologischer Perspektive, dass sich Interaktionen in Beziehungsvorstellungen niederschlagen und aus diesen Beziehungsvorstellungen Vorstellungen vom Selbst und von anderen gebildet werden, wie sie in Beziehung zueinander stehen und entstehen.

6.1 Der Ansatz Joseph Sandlers

Im vorangegangenen Kapitel wurde bereits kurz die Unterscheidung Sandlers und Rosenblatts zwischen Objektvorstellungen und Objektbildern erwähnt – darin wird zwischen den eher allgemeinen und den szenisch-besonderen Elementen des Psychischen differenziert, in denen die Objekte im Erleben auftauchen. Objektvorstellungen sind so etwas wie eine Rollenbeschreibung für ein Theaterstück und die Objektbilder bilden ab, wie einzelne Figuren dann in Szenen auftauchen.

Mit der Konzeption Sandlers ist auf einen wichtigen Ansatz in der psychoanalytischen Objektbeziehungstheorie (Sandler & Sandler, 1999) verwiesen, der an dieser Stelle noch nachzutragen ist. Auch Sandler geht es um eine Integration von psychoanalytischer Triebtheorie und Objektbeziehungstheorie, er versucht zu erkunden, welche Rolle Objektrepräsentanzen in einer triebtheoretischen Betrachtung spielen oder wie eine besetzungstheoretische und eine auf Repräsentationen abzielende Terminologie miteinander zusammenhängen. Ferner hat Sandler gemeinsam mit anderen Autoren den sogenannten Hampstead Index entwickelt, einen Versuch, psychoanalytische Konzepte systematisch zu prüfen. Im Band zum Unbewussten (Storck, 2019b, S. 98ff.) war ein wichtiges Konzept Sandlers und Sandlers (1984) behandelt worden, nämlich die Differenz zwischen dem Gegenwarts- und dem Vergangenheitsunbewussten. Ebenfalls (▶ Kap. 5.2.1) war bereits das Konzept der Rollenübernahmebereitschaft (Sandler, 1976) zum Thema geworden. Ähnlich viel Aufmerksamkeit haben

Sandlers (1983) Überlegungen zu den privaten, impliziten Theorien in analytischen Behandlungen und der Bedeutung des Verhältnisses zwischen Theorie und Praxis erfahren.

Freud betitelt das Schlusskapitel seiner späten Arbeit *Abriß der Psychoanalyse* von 1938 mit »Die Innenwelt« (umfasst ganze zwei Seiten). Über die Phase des »Ende[s] der ersten Kindheitsperiode« (um fünf Jahre) heißt es dort: »Ein Stück der Aussenwelt ist als Objekt, wenigstens partiell, aufgegeben und dafür (durch Identifizierung) ins Ich aufgenommen, also ein Bestandteil der Innenwelt geworden.« (Freud, 1940a, S. 136) Bei Freud ist weiterhin der Gedanke zentral, auf diese Weise die Bildung des Über-Ichs zu beschreiben: Äußere Gebote und Verbote werden internalisiert, das hat eine wichtige Bedeutung für die Bewältigung ödipaler Konflikte (zumindest in der Freudschen Konzeption; vgl. Storck, 2018b, S. 55ff.). In ihrer Arbeit »Der Begriff der Vorstellungswelt« greifen Sandler und Rosenblatt (1962) das auf und setzen sich mit der Frage nach der Objektbildung auseinander, indem sie schreiben, das Kind vermische »innerhalb seiner Vorstellungswelt ständig Aspekte dessen, was wir, als Beobachter, als ›innere‹ oder als ›äußere‹ Realität beschreiben würden« (a. a. O., S. 239). Oben ist es um Winnicotts Konzept des Übergangsraums gegangen, das ähnliche Phänomene in den Blick nimmt (▶ Kap. 4.2). Dieser Prozess beschreibt etwas anderes als die bei Freud zentrale Verinnerlichung von Aspekten der Eltern, welche die Auflösung des Ödipus-Komplexes begleitet, es sind also Erweiterungen des Konzepts von Internalisierung nötig geworden, insbesondere im Anschluss an Freuds Bericht über das Garnrollenspiel seines Enkels (▶ Kap. 3.1). Das Kind, so heißt es bei Sandler und Rosenblatt weiter, muss »sich eine Vorstellung von jenem ›Außen‹ als Teil seiner Vorstellungswelt schaffen« und dieser Prozess »unterscheidet sich gänzlich von der Verinnerlichung von Aspekten der Eltern, welche die Auflösung des Ödipuskomplexes begleitet.« (a. a. O.)

Sandler und Rosenblatt setzen sich mit der Frage nach der Internalisierung auseinander, indem sie den Begriff der »Vorstellungswelt« einführen, in dem die bereits erwähnte »Abstufung« eher abstrahierter Objektvorstellungen und je spezieller Objektbilder der Ausgangspunkt ist (vgl. a. Zepfs Unterscheidung zwischen intensionalen und extensionalen Bestimmungen; ▶ Kap. 3.3.2).

Eine Vorstellung (gleichbedeutend verwendet mit »Repräsentanz«) kann für Sandler und Rosenblatt (1962, S. 240) »so aufgefaßt werden, daß sie eine mehr oder weniger dauerhafte Existenz als Organisation oder Schema besitzt, das aus einer Vielfalt von Eindrücken aufgebaut wird.« Auch taucht die Figur auf, dass unter der Vorstellungswelt und ihren Elementen so etwas wie eine Abstraktion aus verschiedenen Einzelerlebnissen verstanden werden kann. Am ehesten kann man sich das für die Selbstrepräsentanz eben vorstellen: Jemand hat eine Idee davon, wer er ist, weil er durch die Welt geht, etwas erlebe und sich selbst in verschiedenen Erlebnissen als kontinuierlich oder identisch erlebt, auch wenn er unterschiedliche Dinge tut und sich in unterschiedlichen Szenen bewegt. Eine Vorstellung wird den Autoren zufolge ab dem 16. Lebensmonat »auf der Grundlage d[..]er Bilder« von einer Person gebildet (a. a. O.).

Bei der Bildung der ersten Bilder handelt es sich um einen Prozess, dessen Wuzeln noch früher in der Entwicklung im Bereich des Körpererlebens liegen. Freud (1923b, S. 253) meint: »Das Ich ist vor allem ein körperliches« und verweist damit darauf, dass die ersten inneren Strukturen, in denen sich eine Bezogenheit auf die Welt und zugleich die Abgegrenztheit von ihr zeigen, mit dem Erleben des Körpers zu tun haben (auf eine Weise wäre es konsequent, davon zu sprechen, dass das Selbst vor allem ein körperliches sei). Die erste Repräsentation ist die von Körpergrenzen oder Körperkonturen. Die ersten Interaktionen mit der Umwelt und anderen Personen sind solche, in denen Berührungen eine Rolle spielen, über die sich die Erfahrung von Kontakt an einer Grenze vermittelt – der Grenze dessen, was so erst als »eigener« Körper repräsentiert werden kann (▶ Kap. 2.2.3). Das ist die Grundform einer Unterscheidung zwischen innen und außen, zwischen Selbst und Nicht-Selbst, die ersten Selbstgrenzen sind die Körpergrenzen, meinen auch Sandler und Rosenblatt (1962, S. 242). Auf diese Weise bildet sich etwas später in der Entwicklung die Selbstvorstellung, welche die Autoren folgendermaßen definieren: »Unter Selbstvorstellung verstehen wir die Organisation, die die Person so vorstellt, wie sie sich selbst bewußt und unbewußt wahrnimmt und die einen wesentlichen Bestandteil der Vorstellungswelt bildet.« (a. a. O., S. 241) Körpergrenzen sind die Grundstruktur von Ichgrenzen; hierin liegt die Möglichkeit, aus Beziehungserfahrungen sukzessive Bilder davon herauszulösen, was Selbst und was Objekte sind. »Aus dem ursprünglich undifferenzierten Sinnesapparat [...] eine Vorstellungswelt aufzubauen«, so heißt es weiter (a. a. O., S. 243), »ist eine Funktion des Ichs«. Hier sei nur knapp der Hinweis gegeben, dass die unklare terminologische Differenzierung zwischen »Ich« und »Selbst« die Dinge auch hier komplizierter macht. Meist ist in der Psychoanalyse wie erwähnt vom »Ich« als der Summe seiner Funktionen die Rede und vom Selbst als der psychischen Repräsentation der eigenen Person. Hier geht es um beides zugleich – um die Ichfunktion, Vorstellungen von der Abgegrenztheit des Selbst auszubilden. Denn: »Das Ich setzt bei seiner Bemühung, das Gleichgewicht [gemäß Lust und Unlust; TS] aufrechtzuerhalten, Selbst-, Objekt- und Affektvorstellungen [...] ein.« (a. a. O.) Damit ist benannt, dass Beziehungsvorstellungen und »in« ihnen Repräsentanzen von Selbst, Objekt(en) und Affekten gebildet werden. Gerade im Ansatz Fairbairns war schon der Gedanke aufgetaucht, dass jede Vorstellung des Selbst immer eine vom Selbst-In-Beziehung ist. Die Objektbeziehung wird von Sandler und Sandler (1999, S. 154) folglich definiert »als intrapsychische Beziehung [...], die im bewußten oder unbewußten subjektiven Erleben durch Phantasierepräsentanzen dargestellt wird. Objekt und Subjekt spielen eine gleichermaßen wichtige Rolle in den psychischen Repräsentanzen, die den Wunsch oder die Wunschphantasie bilden. Tatsächlich ist es die Interaktion zwischen den Selbst- und den Objektrepräsentanzen, die von größter Bedeutung ist.«

Eine gewisse Unklarheit ergibt sich daraus, dass nicht ganz deutlich wird, wie das Ich als Summe seiner Funktionen gebildet wird – es wird als Ichfunktion beschrieben, Beziehungsvorstellungen sowohl in Gänze als auch im Hinblick auf Selbst, Objekt und Affekt zu erleben; nur: wie entsteht das Vermögen, dies zu tun? Wenn die Ausbildung einer Vorstellungswelt eine Funktion des Ichs sein soll, wie wird dann das Ich gebildet? Die Antwort kann eigentlich nur sein, dass auch das Ich nur in Wechselwirkung mit der Bildung von Vorstellung entstehen kann. Nur indem Vorstellungen internalisiert werden, kann auch etwas von psychischen Funktionen internalisiert und ausgebildet werden. So kann man etwa Lorenzer (1972) folgen, wenn dieser von Interaktionsformen spricht, und weiterführen, dass das frühe Internalisieren von Interaktionen immer auch den Aspekt des Umgangs mit der Erlebniswelt und der Realität einschließt (so wird z. B. auch das Vermögen zur Affektregulierung im Zusammenhang mit der Internalisierung dieser Funktion der frühen Bezugspersonen gebildet).

In anderen Arbeiten setzt sich Sandler dezidiert mit Prozessen von Identifizierung und Introjektion auseinander (Sandler & Perlow, 1987). Unter Introjektion wird die »Zuweisung eines besonderen Status an bestimmte Objektvorstellungen« verstanden (Sandler & Rosenblatt, 1962, S. 245) – das zeigt sich darin, »daß das Kind in Abwesenheit seiner Eltern so reagiert, als seien sie anwesend« (a. a. O.). Es kommt zu einer »Formierung« einer Objektrepräsentanz »zum Introjekt« (Sandler & Sandler, 1999, S. 160). Als Identifikation wird hingegen eine »Modifikation der Selbstvorstellung auf der Grundlage einer weiteren Vorstellung« verstanden, »die als Modell dient (gewöhnlich eine Objektvorstellung)« (Sandler & Rosenblatt, 1962, S. 244). Die Selbstvorstellung wird anhand von bestimmten Vorstellungen des inneren Objektes verändert. Identifikationen sind »organisierte Veränderungen in der Selbstvorstellung« (a. a. O.) und betreffen immer einen Vorgang in der Innenwelt. Die oben vorgeschlagene Unterscheidung, unter Introjektion die Aufrichtung des Objekts bzw. der Objektrepräsenzanz zu verstehen und unter Identifizierung die Veränderung der Repräsentanz des Selbst in Relation zur Repräsentanz des Objekts führt zur Annahme, dass Identifizierungen nur im Anschluss an Introjektionen denkbar sind. Sandler und Rosenblatt sprechen daher von der »Identifikation mit dem Introjekt« (a. a. O., S. 246).

Die Schwierigkeiten eines »doppelten« Objektbegriffs, in dem zum einen »Objekt« diejenige Person ist, mit der Interaktionen erfahren werden, zum anderen aber auch eine psychische Struktur, werden auch hier deutlich. Sandler und Sandler (1999, S. 167; Hervorh. aufgeh. TS) begreifen »inneres Objekt« dabei noch etwas komplizierter, wenn sie damit »die psychischen Strukturen« bezeichnen, »die wir außerhalb des Bereichs des subjektiven Erlebens ansiedeln können«. Sie verwenden den Begriff »nicht für bewußte oder unbewußte erlebnishafte Selbst- und Objektrepräsentanzen« (a. a. O., S. 167; Hervorh. aufgeh. TS), denn »[d]as innere Objekt, wie es hier verstanden wird, tritt nur in Gestalt seiner Derivate in Erscheinung.« (a. a. O., S. 171)

6.2 Die Diagnostik psychischer Objekte

Im weiteren soll es nun um den für klinische Prozesse besonders relevanten Bereichen gehen, wie zu einer »Diagnostik« psychischer Objekte gelangt werden kann, neben dem bereits thematisierten Bereich der unmittelbaren Erfahrung von Übertragung und Gegenübertragung, die dem Analytiker zeigen kann, welche Beziehungsvorstellungen für einen Analysanden bewusst und unbewusst leitend sind. Deutlich ist bisher geworden, dass sich die Objektwelt nur sehr bedingt erfragen lässt, sie sich aber nichtsdestoweniger in Sprache und Dialog zum Ausdruck bringt.

6.2.1 Der Thematische Apperzeptionstest

Eine Möglichkeit zur Exploration der Objektwelt liefern projektive Testverfahren. Grundlegend ist zu beachten, dass Projektion im Rahmen eines projektiven Tests etwas leicht anderes meint als der Abwehrmechanismus der Projektion (vgl. Storck, 2020b) oder projektive Vorgänge im Zusammenhang früher Bildungsprozesse der psychischen Welt. Als Abwehrmechanismus dient der Vorgang der Projektion dem Ziel, unerträgliche Selbstanteile »ins Außen« zu verlagern, also einer Objektvorstellung zuzuordnen statt der Selbstvorstellung (entscheidend ist dabei, dass es sich als solcher um einen inneren psychischen Vorgang handelt). Ähnlich verlaufen Entwicklungsprozesse in Teilen derart, dass Unangenehmes/Unlustvolles in irgendeiner Weise ausgestoßen, während Angenehmes/Lustvolles hineingenommen wird[8]. Der Grundgedanke des projektiven Tests folgt dem Gedanken, dass Aspekte der psychischen Welt nach außen getragen werden, in der Geschichte, die zu Bildtafeln oder Tintenkleksen erzählt wird und sich in einem Spielszenario zeigt. Dabei

8 Das ist natürlich etwas zu schematisch formuliert. Ohne Zweifel kommt es auch zu Internalisierungsprozessen, die unangenehme und »schlechte« Objekterfahrungen betreffen; andernfalls könnte nicht die Rede von »schlechten« Objekten bzw. Introjekten sein. Im Abschnitt zur Theorie Fairbairns ist das bereits deutlich geworden (▶ Kap. 4.1).

geht es nicht prinzipiell um unerträgliche Selbstanteile, sondern darum, etwas von der inneren Welt gleichsam in Szene zu setzen.

Der Thematische Apperzeptionstest (TAT) ist in den 1930er-Jahren entwickelt worden (Morgan & Murray, 1935) und besteht in einem Set aus szenischen, meist figürlichen Bildtafeln, zu denen Probanden gebeten werden, eine Fantasiegeschichte zu erfinden, dramatisch und mit einem Verlauf der Ereignisse. Es gibt verschiedene Formen der Auswertung, so etwa eine Unterscheidung zwischen »Objektstufe« und »Subjektstufe«, unter der die erfundene Geschichte betrachtet werden kann (Rauchfleisch, 1989). Das heißt, wenn jemand eine Geschichte über einen Streit zwischen zwei Personen schildert, dann lässt sich dies einmal im Hinblick auf die Vorstellung des Probanden über interpersonelle Auseinandersetzungen verstehen und auf die Auseinandersetzung zwischen Selbst und Objekten (Objektstufe), aber auch als einen Widerstreit zwischen seinen psychischen Instanzen beschreiben (Subjektstufe).

Eine Probandin (vgl. Storck, 2016a, S. 184f.) berichtet zu einer Tafel, auf der zwei junge Frauen zu sehen sind:

> »Zwei junge Frauen haben einen gemütlichen Nachmittag an einem Gebirgsbach verbracht und haben sich unterhalten, haben gelesen, haben Klatsch und Tratsch ausgetauscht und die neuesten Gerüchte ausgiebig über ihre Freundinnen und deren Freunde diskutiert, auf einmal kommt ein starker Wind auf und der Gebirgsbach sch-, schwillt unheimlich an, so dass sie dann beschließen, dass sie sich auf den Weg nach Hause machen sollten, und dazu müssen sie aber eine Brücke dann überqueren, die sehr, sehr flach über diesen Gebirgsbach geht, wenn der normal fließt, ist das kein Problem, über den hinweg zu kommen, aber jetzt, wo das Wasser plötzlich so stark anschwillt und auch so, so schnell dahinfließt, besteht die Gefahr, dass die Brücke weggeschwemmt wird und jetzt müssen sie sich unheimlich beeilen, dass sie noch rechtzeitig genug an diese Brücke kommen, damit sie dann wieder sicher sich auf den Nachhauseweg machen können, und da raffen sie dann halt auch ihre, ihre Kleider und ihre Röcke, um halt schneller laufen zu können, um auf alle Fälle noch rechtzeitig genug den Brückenübergang zu erreichen, um dann halt wieder nach Hause zu kommen. Damit hatten sie überhaupt nicht gerechnet und eine von den Frauen ist auch ausgesprochen ängstlich, irgendwann sagt sie auch, sie kann auch nicht schwimmen, deswegen müssten sie unbedingt noch zufuß über den, über den Gebirgsbach kommen können, und die ist dann richtig ängstlich und verzweifelt und treibt ihre Freundin dann halt auch an, noch schneller zu sein, damit sie auf alle Fälle die Brücke noch erreichen können.«

Für eine methodische Auswertung wäre jetzt sehr viel genauer und systematischer vorzugehen. An dieser Stelle sollen zwei Dinge veranschaulicht werden bezüglich der Hinweise auf unbewusste Anteile der Welt der Objekte. Zum einen ist es eine ungewöhnliche Formulierung, dass die Probandin vom »anschwellenden« Gebirgsbach spricht – hier liegen, zumindest für eine psychoanalytische Betrachtungsweise, Überlegungen zu einer sexuellen Konnotation nahe, wo es um steigende Erregung, Schwellkörper o. ä. geht. Einer psychoanalytischen Interpretation geht es nun aber nicht schlicht darum, sexuelle Konnotationen zu enttarnen, sondern Konfliktkonstellationen zu benennen – hier vielleicht den Konflikt einer Bedrohung durch Naturhaftes, das immer stärker wird, einen überfluten könnte, das aber letztlich gerade nicht von außen kommt, sondern innerliche Erregungszustände und einen möglichen Kontrollverlust betrifft. Bezogen auf die Objektwelt findet sich hier eine Erzählung, in der ein Persönlichkeitsanteil dem gegenüber ängstlicher ist als der andere.

6.2.2 Die Beziehungsachse der Operationalisierten Psychodynamischen Diagnostik

Ein weiteres Verfahren, in dem auf die Struktur der inneren Objektbeziehungen ein Augenmerk gerichtet wird, ist die Operationalisierte Psychodynamische Diagnostik (OPD) (Arbeitskreis OPD, 2006). Die OPD ist axial aufgebaut, von besonderer Relevanz für eine psychodynamische Diagnostik sind die Achsen Beziehung, Konflikt und Struktur. Neben der bereits im vorangegangenen Band zu *Sexualität und Konflikt* (Storck, 2018b) thematisierten Achse Konflikt (in der polare Konflikttypen aufgefächert sind) ist hier die Achse Beziehung von Bedeutung. Hier geht es um so etwas wie die Diagnostik verinnerlichter Beziehungserfahrungen (ein Anschluss dabei ist die Methode der Zentralen Beziehungskonflikt-Themen – ZBKT – von Luborsky & Crits-Christoph, 1998, oder die Konzeption zyklisch-adaptiver Muster von Strupp & Binder, 1993). Die ZBKT formuliert auf der Basis der Analyse von freien Narrativen (z. B. in Therapiesitzungen) Erlebnismuster nach dem Modell: Wunsch des Subjekts, Reaktion des Objekts, Reaktion des Subjekts (darauf), bildet so also ab, was in Beziehungen erwartet wird. In der OPD wird das insofern aufgegriffen als »dysfunktionale Beziehungsmuster [...] als spezifische Konstellationen von interpersonellen Verhaltensweisen a) des Patienten und b) der anderen (seiner Objekte) dargestellt [werden].« (Arbeitskreis OPD, 2006, S. 192) Dabei werden vier Aspekte der Betrachtung interpersoneller Situationen und Erwartungen formuliert. Diese liefern eine Form zur Darstellung des Beziehungserlebens:

1. »Der Patient erlebt sich immer wieder so, dass er (andere bzw. an andere...)«
2. »Der Patient erlebt andere immer wieder so, dass sie...«
3. »Andere – auch der Untersucher – erleben, dass der Patient (sie) immer wieder...«
4. »Andere – auch der Untersucher – erleben sich gegenüber den Patienten immer wieder so, dass sie...« (a. a. O., S. 192f.).

So kann, auf der Basis des OPD-Interviews, in dem nach wichtigen Beziehungspersonen gefragt wird, eine Einschätzung wiederkehrender Muster im Objekterleben gegeben werden.

Beispielsweise erlebt jemand sich selbst derart (1), dass er andere oft um etwas bittet, dann aber auch erlebt (2), dass andere seine Wünsche nicht wahrnehmen. Andere erleben ihn jedoch (um dies zu bewerten, braucht es die Reflexion des Untersuchers über die Beziehung während des Interviews) als unangenehm fordernd oder in seinem Anliegen ambivalent (3), so dass sie selbst vorsichtig und abwartend bleiben, weil der Eindruck entsteht, man könne es nur falsch machen (4).

Auch die Achse Struktur kann ferner Hinweise auf innere Selbst- und Objektrepräsentanzen liefern. Die Struktur-Achse beschreibt vier Bereiche psychischer Funktionen: Selbstwahrnehmung/Objektwahrnehmung, Selbstregulierung/Regulierung des Objektbezugs, Kommunikation nach innen und nach außen, Bindung an innere und äußere Objekte (a. a. O., S. 259ff.). Hier liegt der Akzent darauf, dass nicht nur die Repräsentanzen, sondern auch psychische Funktionen, die den »Umgang« mit ihnen betreffen, von hoher Relevanz für einen diagnostischen Blick auf die innere Objektwelt sind.

6.3 Mentale Repräsentation aus Sicht der Kognitionspsychologie

Ein weiterer Ausschnitt (»Trust«, 2011) aus der TV-Serie *Wilfred*, in der Ryan den Hund seiner Nachbarin, Wilfred, als Mann im Hundekostüm erlebt, der ihn aus seinen starren Verhaltensweisen herauszuholen versucht, spielt am Strand, an dem Hunde nicht frei herumlaufen oder im Wasser schwimmen dürfen. Wilfred will dies trotzdem tun und pocht auf Ryans schlechtes Gewissen: Er habe doch versprochen, ihm gegenüber loyal und sein Freund zu sein... Daher erlaubt Ryan es ihm, was zu skurrilen Bildern führt, in denen Wilfred, als Mann im Hundekostüm, im flachen Wasser überschwänglich in den Wellen spielt und von einem vorbeilaufenden Pelikan äußerst begeistert ist... bis er schließlich den Pelikan totgebissen einer Frau mit kleinem Kind vor das Badehandtuch legt.

Auch hier kann angesichts des Ausschnitts die Frage diskutiert werden, wie sich die Wahrnehmung, die andere Menschen von der Realität haben, von der eigenen unterscheidet und damit verbunden die Frage nach dem Wesen der subjektiven Welt von Selbst und Objekten. Der Begriff der Repräsentation, den die Psychoanalyse hier verwendet, ist speziell und nicht deckungsgleich mit Formulierungen zur mentalen Repräsentation, wie sie in der Kognitionspsychologie gefunden werden können.

Der dortige Begriff ist ungleich breiter gefasst. So findet sich in der online verfügbaren *Stanford Encyclopedia of Philosophy* eine Definition von mentaler Repräsentation als »ein theoretisches Konstrukt der Kognitionswissenschaft« (Pitt, 2012; Übers. TS). Es sei »ein grundlegendes Konzept der Computational Theory of Mind, der zufolge kognitive Zustände und Prozesse durch das Auftreten, die Umwandlung und Aufbewahrung (im Mentalen/im Gehirn) von Strukturen (Repräsentationen) der einen oder anderen Art gebildet werden«. Hier geht es darum, dass Wahrnehmungsreize gleichsam »verrechnet« werden und sich in psychische Strukturen umsetzen. Der Autor fährt im selben Eintrag fort: »Allerdings könnte eine mentale Repräsentation der Annahme folgend, dass eine Repräsentation ein Objekt mit semantischen Eigenschaften (Inhalt, Referent, Wahrheitsbedingung etc.) ist, allgemeiner als ein mentales Objekt mit semantischen Eigenschaften konstruiert werden.« (a. a. O.; Übers. TS) In dieser erweiterten Definition geht es nun nicht mehr nur um »Verrechnung«, sondern um Bedeutungsgebung. Es wird nicht nur beispielsweise ein Element der visuellen Wahrnehmung aufgenommen und in anderer Codierung nun zu etwas Mentalem, sondern wird mit Bedeutung und nicht zuletzt potenziell mit emotionaler Valenz ausgestattet.

Wenn aus dieser philosophischen Definition, die auf einer langen Tradition von Theory of Mind-Konzeptionen fußt, der Weg zur Kognitionspsychologie gefunden werden soll, ist es hilfreich, von einer Definition von »Kognitionen« auszugehen. Darunter können »alle Prozesse der Re-präsention (des ›sich Vergegenwärtigens‹) von Informationen (Wahrnehmung, Gedächtnis, Aufmerksamkeit)« verstanden werden. Die Präsentation ist dabei der vorhandene Reiz, während die Re-Präsentation gleichsam die Wieder-Vergegenwärtigung im Seelischen ist. Eine Repräsentation ist »eine Abbildung, die eine eindeutige Beziehung zum Abgebildeten aufweist.« (Kuhl, 2010, S. 24)

Friebe und Hoffmeister (2008, S. 3) meinen: »Allgemein wird unter der mentalen Repräsentation verstanden, dass von den Reizen der Umwelt, die auf Personen wirken, ein inneres Abbild geschaffen wird (vgl. Anderson, 1988). Somit wird ein Reiz im kognitiven System des Gehirns in eine entsprechende Form übersetzt. Dieser Vorgang wird als Enkodierung bezeichnet.« Es wird also etwas in eine andere Form gebracht. Das Ergebnis dieser Enkodierung stelle »die mentale Repräsentation eines Reizes, mit seinen inneren und äußeren Merkmalen, dar (vgl. Zimbardo, 2004). Daher werden im Umgang mit unserer Umwelt mentale Strukturen konstruiert und diese weiter im Kopf ›repräsentiert‹« (a. a. O.). Die Überlegungen zu Re-Präsentation oder zur Enkodierung werfen vor allem die Frage auf, wie sich Reiz/Präsentation und Repräsentation voneinander unterscheiden. Weitere Differenzierungen innerhalb dessen, was als Repräsentation bezeichnet wird, finden sich etwa bei Stangl (2008):

- Repräsentation des Selbst
- Repräsentation von Sinneseindrücken und z. B. Meinungen
- Repräsentationen als »kognitive intentionale Zustände« und als semantisches Gedächtnis
- Repräsentation als Abstraktion

In einer Übersichtsarbeit über Bewusstsein und Repräsentation (Hubbard, 2007) wird eine einfache Unterscheidung vorgenommen: Repräsentation hat damit zu tun, zwischen der »repräsentierenden Welt« und der »repräsentierten Welt« zu unterscheiden. Es gibt das, was repräsentiert wird, und das, was für die Repräsentation sorgt, also eine Funktion des Seelischen, die repräsentiert. Im theoretischen Ansatz der mentalen Repräsentation wird spezifiziert »(a) welche Aspekte der repräsentierten Welt repräsentiert werden, (b) welche Aspekte der repräsentierenden die Repräsentation in Gang setzen oder auf andere Weise enkodieren, und (c) inwiefern repräsentierte Welt und repräsentierende Welt miteinander korrespondieren.« (Hubbard, 2007, S. 38) Im Hinblick auf diese drei Spezifikationen unterscheiden sich repräsentationale Systeme voneinander. Hubbard (2007, S. 40ff.) listet auf:

- analoge Repräsentation (z. B. Zeiger-Uhr, Quecksilber-Thermometer)
- digitale Repräsentation (z. B. Digital-Uhr)
- örtliche/ortsbezogene Repräsentation (z. B. Landkarte)
- linguistische Repräsentation (Sprache)
- mathematische Repräsentation (Formel)

Der Unterschied zwischen analoger und digitaler Repräsentation am Beispiel der Uhr scheint besonders prägnant: Die Repräsentation der Uhrzeit (die genau genommen ja nichts abbildet, sondern eine Konvention festlegt, mit der über Zeit nachgedacht und kommuniziert werden kann) kann auf einer Zeiger-Uhr erfolgen, in der deutlich wird, wie Zeiger voranschreiten und auf diese Weise das Vergehen von Zeit (re-)präsentiert wird. Die Uhrzeit auf einer Uhr mit Digitalanzeige unterscheidet sich davon, und zwar insofern, als letztlich arbiträr ist, dass »10:16« genau so weit von »10:17« entfernt ist wie »10:18« von »10:19«; ohne die Kenntnis von Ziffern wäre keine Einsicht in das Vergehen von Zeit gegeben.

Hubbard sieht den Bezug zur Kognition derart, dass an mentaler Repräsentation »die Repräsentation innerhalb eines kognitiven Systems« beteiligt sei (a.a.O., S. 42). In der mentalen Repräsentation werden Mehrebenenmodelle unterschieden, zum Beispiel in Konzeptionen des Gedächtnisses, wo zwischen Arbeits-, Kurzzeit- und Langzeitgedächtnis unterschieden wird und die Verbindungen und Übergänge untersucht werden. Es lässt sich ferner differenzieren, ob Strukturen oder Prozesse im Hinblick auf den Vorgang der mentalen Repräsentation gemeint sind: »Repräsentation« kann ja einerseits meinen, dass etwas repräsentiert wird, und andererseits dies Repräsentierte selbst. In der Psychoanalyse wird das Problem dadurch gelöst, von »Repräsentanzen« als den mentalen Strukturen zu sprechen und mit »Repräsentation« den Vorgang zu bezeichnen. Im Hinblick auf mentale Repräsentation im Sinne Hubbards sind ferner Modelle des Mapping vorgelegt worden, also der Verknüpfungen und Überlagerungen in den mentalen Repräsentationen, die man sich schließlich nicht »atomar« und isoliert vorstellen kann, sondern in Zusammenhängen.

In der Konklusion geht Hubbard davon aus, dass die mentale Repräsentation notwendig für das Bewusstsein sei, aber nicht hinreichend. Es gibt kein Bewusstsein ohne mentale Repräsentation, aber es kann mentale Repräsentationen geben ohne Bewusstsein. Das wäre auch für die Psychoanalyse eine interessante These. Es muss noch etwas anderes hinzukommen, damit mentale Repräsentation auch bewusst erlebt wird.

Gegenüber der Kognitionspsychologie zeichnet es nun die Psychoanalyse als spezifisch aus, dass sie in einer Theorie der Repräsentation besonders die Abstraktion, also die Bildung von Strukturen akzentuiert, die Bildung dessen, was Sandler Objektvorstellungen genannt hat. Eine Abstraktion ist das insofern, als die Repräsentanz immer über einzelne Situationen hinausgehende Eigenschaften markiert. Die Psychoanalyse akzentuiert ferner in besonderer Weise das Verhältnis von Zu-Repräsentierendem und Repräsentanz, also die Differenz zwischen dem, was in der äußeren Welt vor sich geht, und den inneren Bildern, die jemand sich dazu macht (das Beispiel von *Wilfred* hat das deutlich gemacht). Außerdem interessiert sich die Psychoanalyse für das Verhältnis zwischen Selbst und innerem Objekt: Wie erlebt jemand sich in Beziehung? Wie kann er aus Beziehungsvorstellungen eine Vorstellung von sich selbst herauslösen und wie sieht die dann aus? Es geht um den Aufbau von Strukturen von Selbst und Objekt und deren Wirkungen.

6.4 Repräsentation und Repräsentanzen in anderen psychotherapeutischen Verfahren

Repräsentation und damit natürlich auch das Verhältnis zwischen Erfahrung und Verinnerlichung sind für psychotherapeutische Prozesse von Interesse. Im Folgenden soll es um eine knappe Durchsicht dessen gehen, wie die Frage nach der Repräsentation oder den Repräsentanzen von Selbst, Objekt und Beziehung in anderen psychotherapeutischen Richtungen betrachtet wird.

6.4.1 Systemische Therapie

Eine wesentliche Schwierigkeit eines Vergleichs zwischen den Begriffen der analytisch begründeten Verfahren und der Systemischen Therapie, insbesondere im Hinblick auf das Objekt als Teil der psychischen Welt, liegt darin, dass sich die Systemische Therapie nun einmal mit Systemen beschäftigt. Daher ist die Theoriebildung in Richtung interpersoneller und kommunikativer Prozesse verschoben, während sich die psychoanalytische Objektbeziehungstheorie vor allen Dingen mit dem Intrapsychischen, mit der individuellen Erlebnisperspektive beschäftigt. Damit ist zwar nicht gesagt, dass die Systemische Therapie und ihr theoretischer Zusammenhang das nicht täte, aber eben in Form einer Verschiebung auf das Interpersonelle. Das zeigt sich zum Beispiel im Blick auf eine der bekanntesten Techniken der Systemischen Therapie, das zirkuläre Fragen, sowohl in der Familien- als auch in der Einzeltherapie, wobei jemand zur Exploration dessen angeregt wird, was er oder sie glaube, was eine andere Person denkt, fühlt oder sagen würde. Dabei geht es nicht nur um Einfühlung und Mentalisierung, sondern auch um das Erkunden dessen, welche inneren Bilder des anderen jemand hat. Das wird natürlich exploriert, innere Bilder und Annahmen zu Anderen, aber es wird in der Theoriebildung nicht so extensiv als innere Struktur beschrieben wie in den psychodynamischen Verfahren.

6.4.2 Gesprächspsychotherapie

Viele humanistische Konzepte und damit auch die Referenztheorie der Gesprächspsychotherapie haben damit zu tun, wie die innere Welt strukturiert ist und sich zeigt. Die von Rogers beschriebene »Aktualisierungstendenz« oder das Bedürfnis nach positiver Wertschätzung (»need for positive regard«) beschreiben zumindest implizit auch, wie sich das Selbstbild im Psychischen zeigt, wie es gebildet wird bzw. in einem natürlichen Wachstum begriffen ist und wie wir mit den Bildern, die anderen von uns haben, konfrontiert sind. Auch Symbolisierungsprozesse, die ja mit der Bildung innerlicher Vorstellungen zentral zu tun haben, sind in der Gesprächspsychotherapie stark auf das Selbstkonzept bezogen und weniger auf das Konzept, das ich von anderen habe, wenn auch diese entscheidenden Einfluss haben: »Das Selbstkonzept entwickelt sich in Interaktionen mit anderen Menschen, zu einem wahrnehmbaren Objekt im eigenen Erfahrungsfeld« (Biermann-Ratjen, Eckert & Schwartz, 2016, S. 99). Wer jemand ist, ist nicht vorgefertigt, sondern es bildet und zeigt sich in Interaktionen und Beziehungen. Ein wichtiges Argument ist jetzt, dass »Erfahrungen eines Kindes [können] nur dann Selbsterfahrungen und in das Selbstkonzept integriert werden […], wenn diese Erfahrungen von einer anderen Person empathisch verstanden werden, die dabei das Kind unbedingt wertschätzt und kongruent bleibt.« (a. a. O., S. 100) Damit ist im Wesentlichen gemeint, dass sich das Selbstkonzept dann entwickelt, wenn es empathische Spiegelungen gibt. Jemand kann dann selbstkongruent sein, wenn es Vorstellungen von einem selbst gibt, die in irgendeiner Weise vom anderen gespiegelt werden. Das berührt das Konzept des inneren Bezugsrahmens: »Aus den Erfahrungen in der Interaktion mit wichtigen anderen entwickelt das Kind eine Repräsentanz seiner Welt- und Selbsterfahrung. In diese gehen seine gesamtorganismischen Bewertungen seiner Erfahrungen ebenso ein wie deren Bewertungen durch die wichtigen anderen.« (Biermann-Ratjen, Eckert & Schwartz, 2016, S. 129) Das steht hier eng im Zusammenhang mit einer Veränderungstheorie und auch mit Überlegungen dazu, was eine hilfreiche therapeutische Technik oder Haltung ausmacht. Für klinische Prozesse ist dann auch für die Gesprächspsychotherapie die Frage danach leitend, wie ein Klient das, worüber er spricht, erlebt. Das ist ja letztlich die Grundlage dafür, dass der Therapeut überhaupt empathisch spiegeln kann: Das geschieht auf der Grundlage des Eindrucks davon, wie der Klient sich erlebt und fühlt.

6.4.3 Kognitive Verhaltenstherapie

Auch die kognitive Verhaltenstherapie orientiert sich bezüglich der Repräsentation am Aufbau des Selbstkonzepts. Man kann dazu folgende persönlichkeitspsychologische Definition heranziehen: »Im Selbst sind die persönlich erlebten Ereignisse verdichtet, indem sie auf die eigene Biographie bezogen werden. Das Selbst ordnet im Rahmen des Ich-Netzwerkes Ereignisse und Prozesse seines Lebens- und Erfahrungskontextes interdependenten Entitäten zu. Diese Entitäten können andere Subjekte, Objekte oder Konstrukte sein. Die Wahrnehmung und Beschreibung der eigenen Person in der Interdependenz mit dem Lebenskontext wird als Selbstkonzept bezeichnet.« (Grob, 2009, S. 143) In anderer Terminologie als der psychoanalytischen wird auch hier ein Zusammenhang beschrieben, in dem die Erfahrung mit anderen psychisch strukturbildend ist. Das bietet den Hintergrund der Herangehensweise in der kognitiven Verhaltenstherapie. Die »Beschreibung des Alltags« durch einen Patienten bildet die Grundlage für eine Einfühlung des Therapeuten darin, »wie der Patient die Verhaltens- und Erlebensabläufe in sich selber und bei Menschen seines Umfeldes in Beziehung stellt« (Grob, 2009, S. 143). Auch hier ist also von Interesse, wie jemand etwas erlebt und wie er das vor dem Hintergrund seiner Repräsentation von Beziehung tut. Die »innere Repräsentation der eigenen Verhaltens- und Erlebnisweisen«, so heißt es weiter, »stellt gleichsam die Erwartungshaltung des Patienten gegenüber künftigen Ereignissen dar und dient damit der Strukturierung der Zukunft.« (a. a. O.) – und dies vor dem Hintergrund der Vergangenheit. Eine der wohl wichtigsten konzeptuellen Folgen ist, dass es um Zielvorstellungen oder Erwartungen geht und damit immer auch um motivationale Zustände (Wege, Ziele zu erreichen, bzw. Erwartungen zu prüfen oder zu validieren).

Zwei Ansätze sollen im Folgenden knapp herausgestellt werden, zunächst die psychotherapeutische Plananalyse Caspars (2007). Caspar vertritt eine »interaktionistische Sicht des Menschen« und konzipiert das Innere als »entstanden aus einem aktiven Auseinandersetzungsprozess mit der – vor allem zwischenmenschlichen – Umgebung, in welcher ein Mensch sich befindet.« (a. a. O., S. 43) Insbesondere im Hinweis auf den »aktiven Auseinandersetzungsprozess« ist zu erkennen, welche Erweiterung eine lerntheoretische Sicht innerhalb der Verhaltenstherapie erfahren hat, und wie sich die kognitive Perspektive auf den Bereich des Beziehungserlebens verlagert. Caspars Ansatz geht darüber allerdings noch hinaus, denn in der Plananalyse werden Pläne als »Handlungs- und Wahrnehmungsschemata« beschrieben, »die aufgrund der früheren Erfahrungen herausgebildet und die nun […] auf die neue Situation übertragen werden« (a. a. O.). Solche Pläne bestehen »aus Ziel und Operation, das heißt dem oder den Mitteln, die eingesetzt werden, um ein bestimmtes Ziel zu erreichen«, sie werden verbunden mit einem Motivations- und Fähigkeitsaspekt (a. a. O., S. 45). Hier wird also ein Modell entworfen, in dem ein Ziel erlebt wird und die Operationen, es zu erreichen – beides muss dazu psychisch repräsentiert sein, und dies nicht allein im Hinblick auf Intentionen (auch wenn der Fokus auf motivationalen Zielvorstellungen liegen mag), sondern auch im Hinblick auf die Repräsentation des Selbst in Relation zu anderen vor dem Hintergrund biografischer Erfahrungen und der aktuellen Situation. In Caspars (a. a. O., S. 51) Sicht gibt es intrapsychische Pläne und interaktionelle und beide können miteinander vereinigt werden; es sind dabei also »intrapsychische Aktivitäten« denkbar, »die einen interaktionellen Bezug haben« (a. a. O., S. 55), die Überlegungen bleiben aber zentriert auf das Selbst und dessen (kognitiv vermittelte) Ziele.

Der zweite kognitiv-behaviorale Ansatz, den ich hervorheben möchte, und der in enger Verbindung mit dem Casparschen steht, stammt von Grawe und konzipiert Repräsentation über (Beziehungs-)Schemata.

Darin werden motivationale Strukturen mit dem Beziehungserleben verbunden: »Schemata sind […] die wichtigsten Grundlagen der zwischenmenschlichen Beziehungsgestaltung. Die Schemata sind darauf ausgerichtet, den Menschen immer wieder in ganz bestimmte Arten von zwischenmenschlichen Beziehungen zu bringen. Insofern lässt sich von […den] Beziehungsschemata ein Bezug zu […] motivationalen Schemata und Schemakonzepten herstellen, die sich auf Beziehungsabläufe beziehen.« (Grawe, 2000, S. 353) Das berührt auch hier die Konzeption von Zielen und wird dargestellt als »Individuums-Umgebungs-Bezüge«, also überwiegend Beziehungsmuster: »motivationale Bereitschaften, bestimmte Handlungsbereitschaften, Wahrnehmungsbereitschaften und emotionale Reaktionsbereitschaften« (a. a. O.). Als eine behandlungstechnische Folgerung in Richtung der Therapiebeziehung ergeben sich Annahmen zu »Beziehungstests« (a. a. O., S. 368), in denen sich folgerichtig die Beziehungsschemata auch zeigen.

Es ist also keine große Überraschung, dass Beziehungsschemata oder Pläne sich auch in der therapeutischen Beziehung zeigen, dort verstanden und verändert werden können, und dass dies Einzug in die Behandlungstechnik erhält, so insbesondere im Cognitive Behavioral Analysis System of Psychotherapie, CBASP (nach McCullough; vgl. z. B. Brakemeier & Norman, 2012) (in Relation zum psychoanalytischen Übertragungsbegriff vgl. Storck, 2020a, Kap. 6.3.1). In CBASP werden in der Eingangsphase einer Behandlung die »kausaltheoretische[n] Schlussfolgerungen«, »Prägungen«, »Stempel« und »Spuren« eines Patienten erarbeitet (Brakemeier, Knoop & Bollmann, 2017, S. 693f.). So kann der »Stimuluscharakter[.] eines Menschen in einer sozialen Interaktion« (a. a. O., S. 695) für den Patienten eingeschätzt werden. Solche Prägungen werden aktiv erfragt (also nach den Merkmalen der wichtigsten Beziehungen) und es werden daraus »Übertragungshypothesen« abgeleitet, in denen also benannt ist, wie sich frühe »Prägungen« in der therapeutischen Beziehung vermutlich zeigen werden – und wie sie gleichsam entvalidiert werden. Deutlich werden die Unterschiede zum Übertragungskonzept der Psychoanalyse – das mit einer Konzeption dynamisch unbewusster Prozesse verbunden ist. Vermittelt darüber ist es aus psychoanalytischer Perspektive eben erschwert, die wesentlichen Merkmale der biografisch wichtigen Beziehungen zu verbalisieren, »Objekte« werden nicht unbedingt direkt beschrieben (oder könnten erfragt werden), sondern setzen sich in Szene. Der wesentliche Unterschied dürfte also darin liegen, dass etwas von der Welt der Beziehungsrepräsentation in CBASP erfragt wird und berichtet werden kann, während sich in der Psychoanalyse Beziehungsinszenierungen auch unbewusst ereignen.

Auch in weiteren Psychotherapieverfahren finden sich ähnliche Konzeptionen dessen, dass Interaktionen ihren Niederschlag in psychischen Mustern finden, die ablaufen und in therapeutischen Prozessen verändert werden. Gelegentlich wird auf psychoanalytische Konzepte zurückgegriffen, explizit oder dem Grundgedanken nach, und das betrifft insbesondere den Gedanken einer korrigierenden emotionalen Erfahrung (Alexander & French, 1946) – also die Konzeption, dass in der Behandlung Beziehungsrepräsentationen verstanden werden und auf diesem Weg andere »Abzweigungen« für aktuelles Beziehungserleben gefunden werden können. Die Dialektisch-Behaviorale Therapie, DBT, setzt eine verbindliche Beziehungsgestaltung ins Zentrum, es geht ihr um Akzeptanz und Veränderung wiederkehrender Muster (u. a.) durch provokante Kommunikationsstrategien und Kontingenzmanagement. In der Schematherapie (nach Young) wird von einem »limited reparenting« (vgl. Brakemeier, Faßbinder & Stiglmayr, 2017) ausgegangen, also ebenfalls dem Erkennen bestehender Muster und der Erfahrung einer anderen Art der Zuwendung und Beziehungsgestaltung in der Therapie. Die Interpersonelle Psychotherapie (nach Klerman & Weißman) schließlich setzt ebenfalls eine Beziehungsanalyse ins Zentrum (vgl. Schneibel, Scholz & Brakemeier, 2017).

6.4.4 Zur Spezifität psychodynamischer Konzeptionen

Einiges davon, was als Spezifikum psychoanalytischer Ansätze angesehen werden kann, ist bereits deutlich geworden. Es zentriert sich um die Annahme dynamisch unbewusster Prozesse und Erlebnisinhalte, womit bestimmte Zusatzannahmen und Konzeptionen verbunden sind, unter ihnen die innere Welt von Beziehungsvorstellungen, aus denen

Selbst und Objekte herausgelöst werden können – ohne dass dies verbalisierbar oder nur bewusstseinsfähig wäre. Auf der Ebene von mentaler Repräsentation ähneln sich die Auffassungen und die Herangehensweisen der Verfahren. Sie sind unterschiedlich spezifisch und möglicherweise auch unterschiedlich differenziert, aber sie beziehen sich auf ähnliches.

Die Psychoanalyse betrachtet nun nicht nur die explizit auf anderen Personen und deren mentale Repräsentation bezogenen Vorstellungen als Teil der Objektwelt. Nicht nur personal äußert sich im Erleben, wie die innere Welt der Beziehungserfahrungen strukturiert ist, sondern manchmal auch in der Beschreibung von Szenen, die personal ungreifbarer sind. In einem projektiven Test beispielsweise kann sich etwas von den Objektrepräsentanzen darin zeigen, wie die »Atmosphäre« oder eine Landschaft beschrieben wird (freundlich, überflutend etc.). Auch in anderen Schilderungen lassen sich die Betrachtungsweisen wechseln: Berichtet jemand von einem meteorologisch düsteren Tag voller Trübheit und Monotonie, dann lässt sich das als Schilderung seiner realitätsbezogenen Wahrnehmungen hören und zugleich als sein inneres Erleben des In-Beziehung-Stehens. »Innere« Objekt- oder Beziehungswelten können in anderen Formen als der interpersonellen Handlung erlebt und wiedergegeben werden.

Eine weitere Szene aus der TV-Serie *Carnivàle* (»Milfay«, 2003) kann etwas besser veranschaulichen, wie sich die Objekte auch jenseits figürlich-personalen Erlebens zeigen. In der Grundstruktur der Serie wird der Kampf zwischen Gut und Böse thematisiert am Beispiel des Umherziehens eines Wanderzirkus. In den ersten Minuten der Serie sehen wir einen jungen Mann, der in einer wüstenartigen Landschaft während der Dust Bowl Era in Nordamerika vor seinem Haus ein Grab für seine kürzlich verstorbene Mutter schaufelt. Die Bilder sind eindrucksvoll: Der Himmel ist strahlend blau, aber darunter sehen wir eine staubige, rotbraune Landschaft. Der junge Mann wird vom Fahrer einer Planierraupe gestört, der das Haus einreißen will. Zugleich kommen die Wagen des Wanderzirkus vorbei, einer der Männer geht näher heran und spricht mit dem Grabenden. Als sich für ihn und den Bauarbeiter herausstellt, dass die Mutter gestorben ist und der junge Mann ein Grab schaufelt, verändert sich die Stimmung. Es gibt einen Schnitt und die Angehörigen des Zirkus singen ein Totenlied. Der Staub und Wind sind verschwunden. Sobald das Lied verklungen ist, sehen wir allerdings den Bauarbeiter das Haus des jungen Mannes einreißen, der wenig später ohnmächtig wird.

Hier wären verschiedene Betrachtungsweisen möglich (und methodisch zu begründen), allen voran die Frage, was sich anhand dieses Themas über gesellschaftliche Prozesse und Problemlagen verstehen lässt; ferner ließe sich auch das Verhältnis von Vernunft und Irrationalität erkunden. Hier soll es jedoch um eine Veranschaulichung der Überlegungen zur Personalität und Nicht-Personalität der psychischen Objektwelt gehen. Auf dieser Betrachtungsebene sehen wir in der Darstellung der Landschaft und der Farben auch eine psychische Erlebniswelt zur Darstellung gebracht – eine als ausgetrocknet, karg, ungesund, unfruchtbar o. ä. beschreibbare. Die Handlung ist auch sinnbildlich für das zum Einsturz gebrachte psychische Gebäude des jungen Mannes, im Anschluss an den Verlust seiner Mutter, mit der er zusammengelebt hat und die die einzige ihm nahestehende Person war. Schließlich zeigt auch ein Schwenk über die allesamt skurril wirkenden Zirkusmitglieder eine Art von Diversität des Psychischen, die Aufgabe einer Integration des Verschiedenen oder Widerständigen. Die Planierraupe wird zu einem Bild dafür, dass das bisherige Leben nicht mehr existent ist, und die Alternative dazu ist der Wanderzirkus ohne Heimat.

6.5 Fallbeispiel Herr T.

Herr T. ist 42 Jahre alt und sucht die teilstationäre Behandlung in einer Klinik für Psychosomatische Medizin und Psychotherapie aus, weil er an chronischen Schmerzen in den Wirbelbereichen leidet, u. a. nachdem er einen Bandscheibenvorfall erlitten hat, der die heutigen Schmerzen allerdings nicht vollkommen aufzuklären vermag (vgl. Storck, 2016a, 252ff.[9]). Er leidet außerdem an Ein- und Durchschlafstörungen. Herr T. wird unter der Diagnose einer anhaltenden somatoformen Schmerzstörung, einer rezidivierenden depressiven Störung sowie einer sozialen Phobie behandelt. In einem Test zur Alexithymie erreicht er extrem hohe Werte für Alexithymie, also eine Art von Gefühlsblindheit. Es fällt ihm schwer, seine Gefühle zu spüren oder seine Gefühle an andere zu kommunizieren. Auch bei einem Fragebogen zur Symptombelastung ergeben sich für ihn äußerst hohe Werte. Ferner wird der Thematische Apperzeptionstest durchgeführt. Zu einer Tafel, die einen jungen und einen älteren Mann zeigt und die laut den Angaben von Rauchfleisch (1989) als sogenannte »thematische Valenz« auf Generationskonflikte und Rivalitätsthemen hinweisen soll, sagt Herr T.:

> » – Keine Ahnung, kann ich nix zu sagen. Fällt mir nichts ein. [Vielleicht fällt Ihnen doch noch was ein, wenn Sie es einen Moment anschauen.] – - Nee, nee, fällt mir nichts ein. Tut mir leid. – - – [leise] Scheiße hier. » (a. a. O., S. 256)

Sicher, psychologische Tests gefallen nicht jedem. Allerdings fällt auf, auch angesichts dessen, dass Herr T. sich zur Teilnahme an der Testung bereit erklärt hat und zuvor zu anderen Tafeln bereits weniger ablehnend geantwortet hatte, dass diese heftige Reaktion bei einer Tafel erfolgt, die eine Vater-Sohn-Thematik nahe legt. Früh in der Behandlung spricht Herr T. dann über seinen Vater, der in Herrn T.s Kindheit die Mutter, seine Schwester und ihn geschlagen habe. Der Vater sei eifersüchtig auf die Nähe des Patienten zur Mutter gewesen und fünf Jahre vor der aktuellen Behandlung sei er an Lungenkrebs gestorben. Über die Mutter sagt Herr T., sie sei sein »Ein und Alles« gewesen, zwanghaft reinlich, sie sei vor einem Jahr gestorben. Zur Schwester schildert er, in seiner Kindheit sei sie eine »Superschwester« gewesen, später seien sie miteinander in Streit über das Erbe der Eltern geraten, und jetzt sei sie ein »dreckiges Luder«. Weiter berichtet er, dass er seit 23 Jahren mit seiner Frau zusammen sei, seitdem er 19 war. Seit neun Jahren sei sie an

9 Für die Mitarbeit an der Studie, z. B. bezogen auf den hier beschriebenen Fall, danke ich Christian Sell.

Multipler Sklerose erkrankt, mit zunehmender Verschlechterung, die zum Beispiel zur Folge habe, dass er ihr täglich Medikamente spritzen müsse. Er hätte sich gegen Kinder entschieden, er wolle seine Ruhe haben und Kinder würden ihn dabei stören. Er arbeite als Kanalbauer.

Aktuell beschäftigen ihn suizidale Gedanken, etwa daran, dass er »mitgehen« werde, wenn seine Frau stürbe. Es zeigt sich die hohe Bedeutung, die sein Auto für ihn hat. Er berichtet, er habe kürzlich ein neues Auto bestellt und sich sehr darauf gefreut. Als es dann aber angekommen sei, habe es ihm nicht mehr gefallen, er habe sich darüber geärgert, dass er die falsche Farbe bestellt habe, so dass das tatsächliche Auto mit seiner Vorfreude darauf nicht habe Stand halten können.

Im Aufnahmegespräch mit seinem Therapeuten (dem Chefarzt) ist er voller Wut und Entwertung. Er sagt: »Jeder ist ein falscher Fuffziger« oder: »Es gibt eine Million Arschlöcher auf der Welt, am liebste würde ich alle tot schlagen.« In seiner Erzählung gibt es nur Leute, die lügen und betrügen. Er ist misstrauisch und überzeugt davon, dass es an anderen nichts Gutes gebe. Insgesamt imponiert seine hohe aggressive Gespanntheit, sowohl sein Bezugstherapeut als auch andere Mitglieder des Behandlungsteams erleben nach Gesprächen mit ihm ein »Geplättetsein«, weil er so viel an Hass auf die Welt ablässt. Er wirkt dabei allerdings wie ein Klischee von Männlichkeit. Er stellt in einer Patientengruppe seine Muskeln in engen T-Shirts zur Schau, schimpft in derben Ausdrücken, arbeitet im Beruf schwer körperlich und liebt sein Auto. Es entsteht der Eindruck, als würde er da aus einer möglichen Unsicherheit heraus etwas überbetonen.

Was lässt sich nun an Ideen über seine innere Welt entwickeln? Die biografischen Informationen sind spärlich. Denkbar ist, dass es eine wenig gelingende triangulierende Entwicklung gegeben hat. Der Vater wird stark entwertet, war real sehr destruktiv und schädigend. Der Mutter hingegen war er sehr nah. Es ist gut vorstellbar, dass der Vater eine entwicklungsförderliche Nähe zwischen Mutter und Sohn nicht gut regulieren helfen konnte. Er ist aufgetaucht als jemand, der alle Familienmitglieder verprügelt und vermutlich kein vertrauensvolles Beziehungsangebot für Herrn T. machen konnte. Klinisch gibt es Hinweise auf eine Abwehr einer Auseinandersetzung mit der Beziehung zum Vater, die den Patienten vermutlich an massive Enttäuschung(swut) diesem gegenüber führen würde, sowie eine Abwehr der väterlichen Anteile in sich. Das wäre als eine leitende Angst denkbar: Die Vorstellung, selbst Vater zu werden bzw. zu sein, ist eng verbunden mit der Vorstellung, *wie* der Vater zu sein, schimpfend, schlagend und schädigend.

Symptomatisch (Schlafstörung, Schmerz, Depression, soziale Vermeidung) könnte man sagen, dass sich insbesondere im Schmerz auf einer triebhaft-affektiven Ebene ein Überflutungsphänomen zeigt. Es spielt bei psychosomatischen Erkrankungen häufig eine Rolle (vgl. Storck, 2016b), dass der Schmerz auf eine Überforderung damit hinweist, schmerzhafte Affekte zu bewältigen, die Intensität von Erregung (z. B. Aggression) oder von Verlusterleben. Nicht zu vergessen ist, dass bei Herrn T. neben den biografischen Gewalterfahrungen auch zwei mehr oder weniger kurz zurückliegende Verluste eine Rolle spielen. Meist ist es ja durchaus schwieriger, den Verlust von problematischen Elternfiguren zu betrauern als den von angemessenen, liebevollen.

Die Schmerzsymptomatik verweist möglicherweise in »ökonomischer« Hinsicht auf so ein Überflutungsphänomen hin und eine objektbezogene Lesart dieser Leitsymptomatik wäre, dass sich im Schmerz Trennungs- und Abgrenzungsthemen zeigen, hier im Hinblick auf das dysfunktionale Erleben von Verlust, aber auch im Hinblick auf möglicherweise beeinträchtigte frühe Triangulierungs- und Ablösungsprozesse (Stichwort: »Ein und alles«). Man könnte eine »Diagnostik« der inneren Welt auch auf der szenischen Ebene betrachten: Bei den Behandelnden kommt das Geplättet-Sein an, oder dass der Patient überall »Scheiße« (inklusive des Essens in der Klinik!) und Lügen sieht, beruflich ist er mit Schmutz und Abwässern beschäftigt (er sagt »Ich wühle in der Scheiße anderer Leute herum«) und sei dort der Einzige, der sich nicht drücke. Ebenfalls drückt sich die stark zur Schau getragene Männlichkeit szenisch aus, es gibt Anzeichen überkompensierter Scham und einer Verunsicherung über eine destruktive Form von Männlichkeit/Väterlichkeit.

Ich schließe die Fallvignette mit der Darstellung zweier Sequenzen aus dem Ende der Behandlung ab. Herr T. berichtet seinem Bezugstherapeuten (einem älteren Mann) einen Traum: »Ich bin mit meiner Frau in ihrem alten Auto gefahren, sie war am Steuer und hat so mit dem Gas gespielt. Wir sind dann in einem Kreisverkehr gewesen und ich habe schon gedacht, dass etwas passieren wird. Meine Frau hat geglaubt, links ist frei und ist rübergezogen, dann hat es einen Crash gegeben. Dann ist sie zurück nach rechts und es hat noch einen Crash gegeben. Die Seiten sind nicht mehr zu reparieren gewesen.« (Storck, a. a. O., S. 264) Wie bereits erwähnt geht es in der psychoanalytischen Arbeit mit Träumen darum, den Einfällen des Träumenden zu folgen, keinen überindividuell vorgefertigten Bedeutungen. Herrn T.s Einfall zum Traum ist, dass es in seinem Leben bergauf gegangen sei, bis er dreißig gewesen sei, also bis vor 12 Jahren, danach bergab. Er assoziiert seine freie Kindheit, er habe mal Geld von der Mutter genommen, um sich eine Erbsenpistole zu kaufen und sei dann fast angefahren worden, als er ohne nachzusehen über die Straße gelaufen ist. Das ist ein gutes Beispiel dafür, warum die Einfälle zum Traum wichtig sind für die Trauminterpretation: Rein manifest geht es im Traum um einen Autounfall und in den Einfällen taucht auch ein Autounfall auf, im Zusammenhang dessen, dass er Geld gestohlen hat. In der analytischen Arbeit, jetzt nicht unbedingt in einer stationären, aber in einer ambulanten Therapie, würde man das aufgreifen und vielleicht weniger darüber nachdenken, was es zu bedeuten hat, dass die Frau »mit dem Gas spielt« oder dass »links frei« ist und man dann aber nach rechts zieht, sondern dass der Patient hier an die Tatsache des Unfalls andockt und biografische Einfälle einbringt, die er vorher nicht eingebracht hat.

Ein wichtiger Wendepunkt in der Behandlung, das ist die zweite Sequenz, die ich herausheben möchte, tritt ein, als die Bezugspflegerin von Herrn T. urlaubsbedingt abwesend ist und er auch im Rahmen der Arbeit mit den Beziehungen zum Behandlungsteam mit einem Verlust konfrontiert ist. Eine Vertreterin aus dem Pflegeteam führt mit ihm die bezugstherapeutischen Gespräche und darin berichtet er von einem differenzierteren Blick auf seinen Vater. Herr T. erzählt, wie er als Kind zur Strafe 100 Mal habe schreiben müssen: »Du sollst Vater und Mutter ehren.« Er hätte sich als Kind den Vater tot gewünscht und fantasiert, ihn umzubringen. Er berichtet aber auch, dass er später im Leben »weicher« in seinen Gefühlen zum Vater geworden sei, so habe er auch Mitleid für den Vater erlebt und nach dessen Tod innerlich zu ihm gesagt: »Du warst ein patenter Kerl, warum warst du gleichzeitig so ein Arschloch?« Er besuche heute oft das Grab des Vaters, sei traurig und wütend auf den Vater und müsse dann weinen. Das berichtet er seiner vertretungsweise zuständigen Bezugspflegerin unter Tränen, bricht dann jedoch abrupt das Gespräch ab und sagt: »So, ich habe Kohldampf...« – und geht dann zum Mittagessen (a.a.O., S. 266f.). Das leitet einen schwierigen Abschiedsprozess aus der Klinik ein. Auch hier geht es um Trennung, Verlust und Abschied, womit Herr T. in der Klinik konfrontiert ist und worin er begleitet werden kann.

7 Zusammenfassung und Ausblick

Ich gebe eine Zusammenfassung der Überlegungen zum psychoanalytischen Konzept des Objekts in Form von sieben Thesen.

1. »Objekt« meint »inneres« Objekt der Vorstellungswelt (gegenüber der Person der »äußeren« Welt, mit der jemand interagiert).

»Objekt«, »Objektvorstellung«, »Objektrepräsentanz« wurden im vorangegangenen gleich bedeutend verwendet. Entscheidend ist der Akzent, unter »Objekt« immer das Element der Vorstellungswelt zu verstehen, das als getrennt und unterschieden vom Selbst erlebt wird – es geht also um Vorstellungen/Fantasien über die Außenwelt und nur mittelbar, also vermittelt über das subjektive Erleben um die Gegebenheiten darin.

2. Die Selbstrepräsentanz und Teile von ihr stehen immer im Bezug zu Objektrepräsentanzen.

Das Selbst wird, auch vor dem Hintergrund dessen, durch welche Prozesse es gebildet wird, immer als ein Selbst-in-Beziehung erlebt und ist auch nur als solches repräsentiert. Deshalb steht es in Verbindung mit Introjekten und verändert sich, wenn sich die Objektvorstellungen verändern.

3. Objekte werden gebildet auf dem Weg der Internalisierung von (Aspekten der) Interaktion.

Interaktionen schlagen sich nieder in Beziehungsrepräsentanzen (die wiederum weitere Interaktionen färben) und aus diesen können Repräsentanzen von Selbst, Objekt(en) und Affekt »herausgelöst« werden. Es lassen sich verschiedene Formen der Internalisierung unterscheiden: Während die Introjektion sich auf das Aufrichten/Bilden des Objekts in der Vorstellungswelt und die Identifizierung sich auf Veränderungen in den Selbst- und Objektrepräsentanzen bezieht (derart, etwas »vom Objekt« am Selbst zu erleben), ist unter der Inkorporation eine Fantasie über Internalisierungsvorgänge zu verstehen.

4. Erste Repräsentationen einer Trennung zwischen Selbst und Nicht-Selbst ergeben sich aus Körperrepräsentanzen.

Auf der Grundlage einer frühen Ungetrenntheit im Erleben sind es körperliche Interaktionen, zu deren Prototyp die körperliche Berührung zu gelten hat, die erste körpernahe Repräsentationen des Kontakts an einer Grenze auf den Weg bringen. Hierin ist die Grundform des Erlebens einer Unterschiedenheit zwischen Selbst und Nicht-Selbst (Umwelt, Objekt) zu sehen.

5. Frühe Formen des Erlebens von Selbst und Objekt haben mit Spaltungszuständen und -prozessen zu tun.

Für die frühe Entwicklung lässt sich beschreiben, wie sich psychische Repräsentanzen nicht von vornherein als »ganze« Vorstellungen von Selbst und Objekten bilden, sondern entlang lustvoller und unlustvoller Affekte entlang der Linie von gut/schlecht, d. h. fragmentiert. Dies ist in der frühen Entwicklung nicht ausschließlich als aktiver Vorgang einer Spaltung zu begreifen, sondern im Wesentlichen als ein Zustand des Gespaltenseins. Dieser allerdings ist durchsetzt mit einem Erleben von Ungetrenntheit zwischen (Teilen des) Selbst und (Teilen des) Objekts. Die Entwicklungsaufgabe besteht zum einen in der Integration des zuvor Gespaltenen und in der Differenzierung des Getrennten.

6. Eine »Pathologie« der Objektrepräsentanzen lässt sich über eine ausbleibende Integration verschiedener Elemente von Selbst und Objekt beschreiben.

Während sich solche Prozesse, die auch die Mechanismen einer aktiven Spaltung, von Projektion und Introjektion oder der projektiven Identifizierung umfassen (vgl. zum Abwehrkonzept Storck, 2020b), in der Entwicklungspsychologie als förderlich für die Aufrichtung der Welt der Repräsentanzen beschreiben lassen, lässt sich ebenso für die spätere Entwicklung darstellen, wann und wie es zu einer »Pathologie« der Objektbeziehungen kommen kann: Das deutlichste Beispiel ist ein Aufrechterhalten von Spaltungszuständen und das Verstärken aktiver Spaltungsprozesse im weiteren Leben, auf Kosten der Integration von Selbst- und Objektvorstellungen.

7. In klinischen Prozessen »zeigen« sich die Objekt- (und Selbst-)Repräsentanzen des Analysanden angesichts der Übertragung.

Unter Beachtung einer differenzierten Sicht auf die therapeutische Beziehung, in die nicht nur Anteile der Übertragungs-Gegenübertragungsbeziehung einfließen, sondern auch Anteile der Realbeziehung, kann davon ausgegangen werden, dass sich die klinische Situation als Beziehung zur »Diagnostik« der inneren Welt von Selbst und Objekten eignet. Was sich von diesen szenisch vermittelt, kann allererst verstanden und verändert werden. Dabei ist der Analytiker sowohl »Vehikel« für das Erleben der Objektrepräsentanten (vgl. Storck, 2020a, zur Übertragung) als auch Interaktionspartner in einem psychischen Veränderungsprozess.

Was bleibt soweit an offenen Fragen? Die Verbindungen der Objektrepräsentanzen mit dem dynamisch Unbewussten sind bisher angerissen worden, besonders deutlich werden sie im Konzept der Übertragung – und dort auch behandlungstechnisch relevant. Hier stellen sich auch Fragen nach den Veränderungsprozessen, die auf der Grundlage der Wiederholung und Aktualisierung von Beziehungserfahrungen möglich werden. Was also kann mit einer unbewussten Repräsentanz gemeint sein? Wie zeigen sich diese in Behandlungen und wie wird mit ihnen gearbeitet? Was erlebt der Analytiker von den Objekten des Patienten? Wie verändern sich Repräsentanzen? Diese Fragen sind in Folgebänden aufzunehmen (zur Übertragung: Storck, 2020a).

Literatur

Abraham K (1924) Versuch einer Entwicklungsgeschichte der Libido auf Grund der Psychoanalyse seelischer Störungen. In: ders. (1971) Psychoanalytische Studien. Band 1. Gießen 1999: Psychosozial, S. 113–183.

Abraham N & Torok M (1987) Trauer oder Melancholie. Introjizieren – inkorporieren. Psyche – Z Psychoanal, 55 (2001), 545–559.

Abram J (1996) The language of Winnicott. A ditionary of Winnicott's use of words. London: Karnac.

Alexander F und French TM (1946) Psychoanalytic Therapy: Principles and Application. New York: Ronald Press.

Arbeitskreis OPD (2006) Operationalisierte Psychodynamische Diagnostik OPD-2. Das Manual für Diagnostik und Therapieplanung. Bern: Huber.

Argelander H (1967) Das Erstinterview in der Psychotherapie. Psyche – Z Psychoanal, 21, 341–368; 429–467; 473–512.

Balint M (1959) Angstlust und Regression. Stuttgart 1960: Klett-Cotta.

Balint M (1968) Therapeutische Aspekte der Regression. Die Theorie der Grundstörung. 2. Auflage. Stuttgart 1997: Klett-Cotta.

Bergmann MS (2007) Introduction. In Glocer Fiorini L, Bokanowski T & Lewkowicz S (2007) (Hg) On Freud's »Mourning and melancholia«. London 2009: Karnac, S. 1–15.

Biermann-Ratjen EM, Eckert J & Schwartz HJ (2016) Gesprächspsychotherapie. Verändern durch Verstehen. 10. Auflage. Stuttgart: Kohlhammer.

Bion WR (1959) Angriffe auf Verbindungen. In ders (1967) Frühe Vorträge und Schriften mit einem kritischen Kommentar: »Second Thoughts«. Frankfurt aM 2013: Brandes & Apsel, S. 105–124.

Bion WR (1962) Lernen durch Erfahrung. Frankfurt aM 1990: Suhrkamp.

Blass RB (2016) Understanding Freud's conflicted view of the object-relatedness of sexuality and ist implications for contemporary psychoanalysis: A re-examination of Three Essays on the Theory of Sexuality. Int J Psychoanal, 97, 591–613.

Böker H (2017) Psychodynamische Psychotherapie depressiver Störungen. Theorie und Praxis. Gießen: Psychosozial.

Bollas C (2006) Übertragungsdeutung als ein Widerstand gegen die freie Assoziation. Psyche – Z Psychoanal, 60, 932–947.

Botella C & Botella S (2005) The work of psychic figurability. London, New York: Brunner-Routledge.

Bott-Spillius E, Milton J, Garvey P, Couve C & Steiner D (2011) (Hg) The new dictionary of Kleinian thought. London, New York: Routledge.

Brakemeier EL, Faßbinder E & Stiglmayr C (2017) Spezielle Beziehungsgestaltungstechniken aus neueren verhaltenstherapeutischen Methoden. In Brakemeier EL & Jacobi F (Hg) Verhaltenstherapie in der Praxis. Weinheim: Beltz, S. 76–92.

Brakemeier EL, Knoop R & Bollmann S (2017) Cognitive Behavioral Analysis System of Psychotherapy (CBASP). In Brakemeier EL & Jacobi F (Hg) Verhaltenstherapie in der Praxis. Weinheim: Beltz, S. 689–700.

Brakemeier EL & Norman C (2012) Praxisbuch CBASP: Behandlung chronischer Depression. Weinheim: Beltz.

Braun C (2007) Die Stellung des Subjekts. Lacans Psychoanalyse. Berlin: Parodos.

Caspar F (2007) Beziehungen und Probleme verstehen. Eine Einführung in die psychotherapeutische Plananalyse. 3. Auflage. Bern: Huber.

Caldwell L & Joyce A (2011) (Hg) Reading Winnicott. London, New York: Routledge.

Clarke GS & Scharff DE (2014) (Hg) Fairbairn and the object relations tradition. London: Karnac.

Derrida J (1980) Die Postkarte. Von Sokrates bis an Freud und jenseits. 2. Lieferung. Berlin 1987: Brinkmann & Bose.

Deutsch H (1926) Okkulte Vorgänge während der Psychoanalyse. Imago, 12(2–3), 418–433.

Dimitrijevic A (2014) Fairbairn's influence on Stephen Mitchell's theoretical and clinical work. In Clarke GS & Scharff DE (2014) (Hg) Fairbairn and the object relations tradition. London: Karnac, S. 355–364.

Fairbairn WRD (1941) Eine revidierte Psychopathologie der Psychosen und Psychoneurosen. In ders (2007) Das Selbst und die inneren Objektbeziehungen. Eine psychoanalytische Objektbeziehungstheorie. Gießen: Psychosozial, S. 57–88.

Fairbairn WRD (1943) Die Verdrängung und die Wiederkehr schlechter Objekte (unter besonderer Berücksichtigung der »Kriegsneurosen«. In ders (2007) Das Selbst und die inneren Objektbeziehungen. Eine psychoanalytische Objektbeziehungstheorie. Gießen: Psychosozial, S. 89–113.

Fairbairn WRD (1944) Darstellung der endopsychischen Struktur auf der Grundlage der Objektbeziehungspsychologie. In ders (2007) Das Selbst und die inneren Objektbeziehungen. Eine psychoanalytische Objektbeziehungstheorie. Gießen: Psychosozial, S. 115–170.

Fairbairn WRD (1946) Objektbeziehungen und dynamische Struktur. In ders (2007) Das Selbst und die inneren Objektbeziehungen. Eine psychoanalytische Objektbeziehungstheorie. Gießen: Psychosozial, S. 171–184.

Fairbairn WRD (2007) Das Selbst und die inneren Objektbeziehungen. Eine psychoanalytische Objektbeziehungstheorie. Gießen: Psychosozial.

Fenichel O (1945a) Allgemeine psychoanalytische Neurosenlehre. Band 1. Gießen 2005: Psychosozial.

Ferenczi S (1909) Introjektion und Übertragung. In ders (1927) Bausteine zur Psychoanalyse. Band I. Leipzig, Wien, Zürich: Internationaler Psychoanalytischer Verlag, S. 9–57.

Ferenczi S (1912) Zur Begriffsbestimmung der Introjektion. In ders (1927) Bausteine zur Psychoanalyse. Band I. Leipzig, Wien, Zürich: Internationaler Psychoanalytischer Verlag, S. 58–61.

Fonagy P & Target M (2003) Psychoanalyse und die Psychopathologie der Entwicklung. Stuttgart 2006: Klett-Cotta.

Freud E (2003) Ernest Freud: Remaining in Touch. Zur Bedeutung der Kontinuität früher Beziehungserfahrungen. Hg. v. H. von Lüpke. Frankfurt aM: Edition deja vu.

Freud S (1900a) Die Traumdeutung. GW II/III, S. 1–642.

Freud S (1905d) Drei Abhandlungen zur Sexualtheorie. GW V, S. 27–145.

Freud S (1905e) Bruchstück einer Hysterie-Analyse. GW V, S. 161–286.

Freud S (1908d) Die kulturelle Sexualmoral und die moderne Nervosität. GW VII, S. 141–167.

Freud S (1911b) Formulierungen über die zwei Prinzipien des psychischen Geschehens. GW VIII, S. 229–238.

Freud S (1912b) Zur Dynamik der Übertragung. GW VIII, S. 363–374.

Freud S (1912/13) Totem und Tabu. GW IX.

Freud S (1913c) Zur Einleitung der Behandlung. GW VIII, S. 435–478.

Freud S (1914c) Zur Einführung des Narzißmus. GW X, S. 137–170.

Freud S (1915c) Triebe und Triebschicksale. GW X, S. 209–232.

Freud S (1915e) Das Unbewußte. GW X, S. 263–303.

Freud S (1917e) Trauer und Melancholie. GW X, S. 427–446.

Freud S (1920g) Jenseits des Lustprinzips. GW XIII, S. 1–69.

Freud S (1921c) Massenpsychologie und Ich-Analyse. GW XIII, 71–161.

Freud S (1923b) Das Ich und das Es. GW XIII, S. 235–289.

Freud S (1925h) Die Verneinung. GW XIV, S. 9–15.

Freud S (1940a) Abriss der Psychoanalyse. GW XVII, S. 63–138.

Friebe A & Hoffmeister M (2008) Mentale Repräsentation und non-verbal Kategorisierung von abstrakten Objekten. München: Verlag Grin.

Glocer Fiorini L, Bokanowski T & Lewkowicz S (2007) (Hg) On Freud's »Mourning and melancholia«. London 2009: Karnac.

Gödde G (2016) Die Weichenstellung zur therapeutischen Beziehung als vorrangigem Therapiefokus. In Gödde G & Stehle S (2016) (Hg) Die therapeutische Beziehung in der psychodynamischen Psychotherapie. Ein Handbuch. Gießen: Psychosozial, S. 19–50.

Gödde G & Stehle S (2016) (Hg) Die therapeutische Beziehung in der psychodynamischen Psychotherapie. Ein Handbuch. Gießen: Psychosozial.

Grawe K (2000) Psychologische Therapie. 2. Auflage. Göttingen u. a.: Hogrefe.

Greenberg JR & Mitchell SA (1983) Objekt relations in psychoanalytic theory. Cambridge, London: Harvard University Press.

Greenson RR (1965) Das Arbeitsbündnis und die Übertragungsneurose. In Greenson RR (1982) Psychoanalytische Erkundungen. Stuttgart: Klett-Cotta, S. 151–177.

Greenson RR (1967) Technik und Praxis der Psychoanalyse. Stuttgart 1986: Klett-Cotta.

Grob A (2009) Persönlichkeitspsychologische Grundlagen der Verhaltenstherapie. In Margraf J & Schneider S (Hg) Lehrbuch der Verhaltenstherapie. 3. Auflage. Heidelberg: Springer, S. 135–145.

Hegel GWF (1808) Philosophische Enzyklopädie für die Oberklasse. In: Werke, Band 4. Frankfurt a. M. 1970: Suhrkamp.

Hensel BF (2014) Vorläufer der relationalen Psychoanalyse: W.R.D. Fairbairn. In Potthoff P & Wollnik S (Hg) Die Begegnung der Subjekte. Die intersubjektiv-relationale Perspektive in Psychoanalyse und Psychotherapie. Gießen: Psychosozial, S. 15–26.

Hubbard T (2007) What is mental representation? And How Does It Relate to Consciousness? Journal of Consciousness Studies, 14 (1–2), 37–61.

Huber D & Klug G (2016a) Psychoanalyse der Depression. Verstehen – Behandeln – Forschen. Stuttgart: Kohlhammer.

Jacobson E (1964) Das Selbst und die Welt der Objekte. Frankfurt aM 1973: Suhrkamp.

Jacobson E (1971) Depression. Frankfurt aM 1983: Suhrkamp.

Jones E (1916) Die Theorie der Symbolik. In ders (1978) Die Theorie der Symbolik und andere Aufsätze Frankfurt a. M., Berlin, Wien: Ullstein, S. 50–114.

Kernberg OF (1976) Objektbeziehungen und Praxis der Psychoanalyse. 2. Auflage. Stuttgart 1985: Klett-Cotta.

Kernberg OF (1984) Schwere Persönlichkeitsstörungen. Theorie, Diagnose und Behandlungsstrategien. Stuttgart 1988: Klett-Cotta.

King P & Steiner J (1991) Die Freud/Klein-Kontroversen. 2 Bände. Stuttgart 2000: Klett-Cotta.

Klein M (1930) Die Bedeutung der Symbolbildung für die Ichentwicklung. In dies (1962) Das Seelenleben des Kleinkindes und andere Beiträge zur Psychoanalyse. Stuttgart 1962: Klett-Cotta, S. 36–54.

Klein M (1932) Die Psychoanalyse des Kindes. Frankfurt aM: Fischer.

Klein M (1935) Zur Psychogenese der manisch-depressiven Zustände. In dies (1962) Das Seelenleben des Kleinkindes und andere Beiträge zur Psychoanalyse. Stuttgart 1962: Klett-Cotta, S. 55–94.

Klein M (1946) Bemerkungen über einige schizoide Mechanismen. In dies (1962) Das Seelenleben des Kleinkindes und andere Beiträge zur Psychoanalyse. Stuttgart 1962: Klett-Cotta, S. 131–163.

Küchenhoff J (1988) Der Leib als Statthalter des Individuums? In ders (2012) Körper und Sprache. Theoretische und klinische Beiträge zu einem intersubjektiven Verständnis des Körpererlebens. Gießen (Psychosozial), S. 41–80.

Küchenhoff J (2017) Depression. Gießen: Psychosozial.

Kuhl J (2010) Lehrbuch der Persönlichkeitspsychologie. Motivation, Emotion und Selbststeuerung. Göttingen u. a.: Hogrefe.

Lacan J (1936) Das Spiegelstadium als Bildner der Ichfunktion, wie sie uns in der psychoanalytischen Erfahrung erscheint. In ders (1966) Schriften I. Weinheim, Berlin 1986: Quadriga, S. 61–70.

Lacan J (1953) Funktion und Feld des Sprechens und der Sprache in der Psychoanalyse. In ders (1966) Schriften I. Weinheim, Berlin 1986: Quadriga, S. 71–169.

Lacan J (1953/54) Das Seminar, Buch I. Freuds technische Schriften. Freiburg iBr, Olten 1978: Walter.

Lacan J (1954/55) Das Seminar, Buch II. Das Ich in der Theorie Freuds und in der Technik der Psychoanalyse. Wien 2015: Turia + Kant.

Lacan J (1958) Die Ausrichtung der Kur und die Prinzipien ihrer Macht. In ders (1966) Schriften I. Weinheim, Berlin 1986: Quadriga, S. 171–239.

Lacan J (1960/61) Das Seminar, Buch VIII. Die Übertragung. Wien 2008: Passagen.

Lacan J (1962/63) Das Seminar, Buch X. Die Angst. Wien 2010: Turia + Kant.

Lacan J (1964) Das Seminar, Buch XI. Die vier Grundbegriffe der Psychoanalyse. Wien 2015: Turia + Kant.

Laplanche J (1984) Der Trieb und sein Quell-Objekt; sein Schicksal in der Übertragung. In ders (1988) Die allgemeine Verführungstheorie und andere Aufsätze. Tübingen: edition diskord, S. 122–148.

Laplanche J, Pontalis JB (1967) Das Vokabular der Psychoanalyse. Frankfurt a. M. 1970: Suhrkamp.

Langer SK (1942) Philosophie auf neuem Wege. Das Symbol im Denken, im Ritus und in der Kunst. Frankfurt aM 1965. Fischer.

Levine AB & Faust J (2013) A psychodynamic approach to the diagnosis and treatment of closet narcissism. Clincal Case Studies, 12(3), 199–212.

Levine HB, Reed GS & Scarfone D (2013) (Hg) Unrepresented states and the construction of meaning. Clinical and theoretical contributions. London: Karnac.

Löchel E (1996) »Jenseits des Lustprinzips«: Lesen und Wiederlesen. Psyche – Z Psychoanal, 50, 681–714.

Lorenzer A (1970a) Kritik des psychoanalytischen Symbolbegriffs. Frankfurt aM: Suhrkamp.

Lorenzer A (1970b) Sprachzerstörung und Rekonstruktion. Frankfurt aM.: Suhrkamp.

Lorenzer A (1972) Zur Begründung einer materialistischen Sozialisationstheorie. Frankfurt aM: Suhrkamp.

Lorenzer A (1974) Die Wahrheit der psychoanalytischen Erkenntnis. Frankfurt aM: Suhrkamp.

Lorenzer A (1981) Das Konzil der Buchhalter. Frankfurt aM: EVA.

Lorenzer A (1986) Tiefenhermeneutische Kulturanalyse. In: ders (Hg) Kultur-Analysen. Frankfurt aM: Fischer, S. 11–98.

Luborsky L & Crits-Christoph P (1998) Understanding transference. The core conflict relationship theme method. 2. Auflage. Göttingen: Vandenhoek & Ruprecht.

Mcdougall J (1978) Plädoyer für eine gewisse Anormalität. Gießen 2001: Psychosozial.

Mentzos S (2015) Lehrbuch der Psychodynamik. Die Funktion der Dysfunktionalität psychischer Störungen. Göttingen: Vandenhoek & Ruprecht.

Mertens W (2011) Psychoanalytische Schulen im Gespräch. Band II. Bern: Huber.

Morgan CD & Murray HA (1935) A method for investigating fantasies: The Thematic Apperception Test. Archives of Neurological Psychiatry, 34, 289–306.

Ogden TH (1979) Die projektive Identifizierung. Forum Psychoanal, 4 (1988), 1–21.

Ogden TH (2007) A new reading of the origins of object relations theory. In Glocer Fiorini L, Bokanowski T & Lewkowicz S (2007) (Hg) On Freud's »Mourning and melancholia«. London 2009: Karnac, S. 123–144.

Ogden TH (1995) Frühe Formen des Erlebens. Gießen 2006: Psychosozial.

Ogden TH (2010) Why read Fairbairn? In Clarke GS & Scharff DE (2014) (Hg) Fairbairn and the object relations tradition. London: Karnac, S. 131–146.

O'Neil MK & Akhtar S (2011) (Hg) On Freud's »Negation«. London: Karnac.

Padel J (1973) The contribution of W.R.D. Fairbairn (1889–1965) to psychoanalytic theory and practice. In Clarke GS & Scharff DE (2014) (Hg) Fairbairn and the object relations tradition. London: Karnac, S. 281–294.

Pitt D (2012) Mental representation. Stanford Encyclopedia of Philosophy. https://plato.stanford.edu/entries/mental-representation/(26.6.2018).

Potthoff P (2006) Weiterentwicklungen nach Fairbairn: Die relationale Psychoanalyse. In In Hensel BF, Scharff DE & Vorspohl E (Hg) W.R.D. Fairbairns Bedeutung für die moderne Objektbeziehungstheorie. Theoretische und klinische Weiterentwicklungen. Gießen: Psychosozial, S. 103–124.

Potthoff P (2014) Abriss der relationalen Psychoanalyse. In Potthoff P & Wollnik S (Hg) Die Begegnung der Subjekte. Die intersubjektiv-relationale Perspektive in Psychoanalyse und Psychotherapie. Gießen: Psychosozial, S. 43–62.

Power D (2016) Die Verwendung der Analytikerin als autistische Empfindungsform. In Münch K (2017) (Hg) Internationale Psychoanalyse. Band 12. Neues zu vertrauten Konzepten. Gießen: Psychosozial, S. 181–210.

Quinodoz JM (2004) Reading Freud. A chronological exploration of Freud's writings. London 2005: Routledge.

Racker H (1959) Übertragung und Gegenübertragung. Studien zur psychoanalytischen Technik. München, Basel 1988: Ernst Reinhardt.

Rauchfleisch U (1989) Der Thematische Apperzeptionstest (TAT) in Diagnostik und Therapie. Eine psychoanalytische Interpretationsmethode. Stuttgart: Enke.

Rustin M & Rustin M (2016) Reading Klein. London: Routledge.

Sandler J (1976) Gegenübertragung und Bereitschaft zur Rollenübernahme. Psyche – Z Psychoanal, 30, 297–305.

Sandler J & Dreher AU (1996) Was wollen die Psychoanalytiker? Das Problem der Ziele in der psychoanalytischen Behandlung. Stuttgart 1999: Klett-Cotta.

Sandler J, Holder A, Dare C & Dreher AU (1997) Freuds Modelle der Seele. Eine Einführung. Gießen 2003: Psychosozial.

Sandler J & Perlow M (1987) Internalization and externalization. In Sandler J (Hg) Projection, identification, projective identification. London: Karnac, S. 1–12.

Sandler J & Rosenblatt B (1962) Der Begriff der Vorstellungswelt. Psyche – Z Psychoanal, 38 (1984) 235–253.

Sandler J & Sandler AM (1984) Vergangenheits-Unbewußtes, Gegenwarts-Unbewußtes und die Deutung der Übertragung. Psyche – Z Psychoanal, 39, 1985, 800–829.

Sandler J & Sandler AM (1999) Innere Objektbeziehungen. Entstehung und Struktur. Stuttgart: Klett-Cotta.

Scharff DE (2006) Die Entwicklung von Fairbairns Theorie. In Hensel BF, Scharff DE & Vorspohl E (Hg) W.R.D. Fairbairns Bedeutung für die moderne Objektbeziehungstheorie. Theoretische und klinische Weiterentwicklungen. Gießen: Psychosozial, S. 17–36.

Schneibel R, Scholz C & Brakemeier EL (2017) Interpersonelle Psychotherapie (IPT). In Brakemeier EL & Jacobi F (Hg) Verhaltenstherapie in der Praxis. Weinheim: Beltz, S. 726–739.

Schneider G (1995) Internalisierung und Strukturbildung: Einleitung und Überblick. In ders & Seidler GH (Hg) Internalisierung und Strukturbildung. Theoretische Perspektiven und klinische Anwendungen in Psychoanalyse und Psychotherapie. Gießen, 2. Auflage 2013: Psychosozial, S. 10–43.

Searles HF (1960) Die Welt der Dinge. Die Bedeutung der nichtmenschlichen Umwelt für die seelische Entwicklung. Gießen 2016: Psychosozial.

Segal H (1957) Notes on symbol formation. Int J Psychoanal, 38, 391–397.

Segal H (1991) Traum, Phantasie und Kunst. Stuttgart 1996: Klett-Cotta.

Skogstad W (2013) Undurchdringlich und eindringend. Das undurchlässige Objekt in Übertragung und Gegenübertragung. In Mauss-Hanke A (2014) (Hg) Internationale Psychoanalyse, Band 9. Moderne Pathologien. Gießen: Psychosozial, S. 201–222.

Staats H (2017) Die therapeutische Beziehung. Spielarten und verwandte Konzepte. Göttingen: Vandenhoek & Ruprecht.

Stangl, W. (2018). Mentale Repräsentation. Online Lexikon für Psychologie und Pädagogik. http://lexikon.stangl.eu/2790/mentale-reprasentation/(26.6.2018).

Storck T (2016a) Formen des Andersverstehens. Psychoanalytische Teamarbeit in der teilstationären Behandlung bei psychosomatischen Erkrankungen. Gießen: Psychosozial.

Storck T (2016b) Psychoanalyse und Psychosomatik. Die leiblichen Grundlagen der Psychodynamik. Stuttgart: Kohlhammer.

Storck T (2018a) Grundelemente psychodynamischen Denkens. Band I: Trieb. Stuttgart: Kohlhammer.
Storck T (2018b) Grundelemente psychodynamischen Denkens. Band II: Sexualität und Konflikt. Stuttgart: Kohlhammer.
Storck T (2018c) Psychoanalyse nach Sigmund Freud. Stuttgart: Kohlhammer.
Storck T (2019a) Freud heute: Zur Relevanz der Psychoanalyse. Heidelberg, Berlin: Springer.
Storck T (2019b) Grundelemente psychodynamischen Denkens. Band III: Das dynamisch Unbewusste. Stuttgart: Kohlhammer.
Storck T (2019c; in Vorb) That's knot psychoanalysis! Warum und wie Lacan die Mathematik verwendet. In Kadi U & Unterthurner G (Hg) Topographien des Körpers. Stuttgart: Metzler.
Storck T (2020a; in Vorb.) Grundelemente psychodynamischen Denkens. Band V: Übertragung. Stuttgart: Kohlhammer.
Storck T (2020b; in Vorb.) Grundelemente psychodynamischen Denkens. Band VI: Abwehr und Widerstand. Stuttgart: Kohlhammer.
Storck T (2021; in Vorb.) Grundelemente psychodynamischen Denkens. Band VII: Ich und Selbst. Stuttgart: Kohlhammer.
Strupp HH & Binder JL (1984) Kurzpsychotherapie. Stuttgart 2001: Klett-Cotta.
Sullivan HS (1953) Die interpersonale Theorie der Psychiatrie. Frankfurt aM 1983: Fischer.
Taubner S (2017) »We are the walking dead« – Neue Formen des Altruismus in einer Zombiewelt. In: Storck, T & dies. (Hg) Von Game of Thrones bis The Walking Dead. Interpretation von Kultur in Serie. Heidelberg, Berlin: Springer, S. 31–47.
Valdarsky IH (2015) »Leere Existenz« versus »Vernichtungsexistenz«: zur Differenzierung zweier unterschiedlicher Formen primitiver psychischer Zustände. In Mauss-Hanke A (2016) (Hg) Internationale Psychoanalyse, Band 11. Erregungen. Gießen: Psychosozial, S. 107–132.
Winnicott DW (1953) Übergangsobjekte und Übergangsphänomene. Psyche – Z Psychoanal, 23 (1969), 666–682.
Winnicott DW (1954) Primäre Mütterlichkeit. Psyche – Z Psychoanal, 14 (1960), 393–399.
Winnicott DW (1958) Von der Kinderheilkunde zur Psychoanalyse. Gießen 2008: Psychosozial.
Winnicott DW (1960) The theory of the parent-infant relationship. Int J Psychoanal, 41, 585–595.
Winnicott DW (1963) Die Entwicklung der Fähigkeit der Besorgnis (Concern). In Winnicott DW (1965) Reifungsprozesse und fördernde Umwelt. München 1974: Kindler, S. 93–105.
Winnicott DW (1969) Objektverwendung und Identifizierung. In Winnicott DW (1971) Vom Spiel zur Kreativität. Stuttgart 1979: Klett-Cotta, S. 101–110.
Winnicott DW (1971) Vom Spiel zur Kreativität. Stuttgart 1979: Klett-Cotta.
Winnicott DW (1984) Aggression. Stuttgart 1988: Klett-Cotta.

Yeomans F, Clarkin J & Kernberg OF (2015) Übertragungsfokussierte Psychotherapie für Borderline-Patienten: Das TFP-Praxismanual. Stuttgart 2017: Schattauer.

Zepf S (2006) Allgemeine psychoanalytische Neurosenlehre, Psychosomatik und Sozialpsychologie. Ein kritisches Lehrbuch. Band 1. 2. erw. u. akt. Aufl. Gießen: Psychosozial.

Zepf S (2009) Formen der Identifizierung – Freuds Konzepte neu organisiert. In ders (2011) Psychoanalyse, Band 2. Aufsätze zu epistemologischen und sozialpsychologischen Fragen sowie zu den theoretischen und therapeutischen Konzepten. Gießen: Psychosozial, S. 149–182.

Zwiebel R (2017) Out of Balance: Das Ringen um einen »sicheren Ort«. In Storck T & Taubner S (2017) (Hg) Von Game of Thrones bis The Walking Dead. Interpretation von Kultur in Serie. Heidelberg u. a.: Springer, S. 87–102.

Zwiebel R & Blothner D (2014) (Hg) »Melancholia«. Wege zur psychoanalytischen Interpretation des Films. Göttingen: Vandenhoek & Ruprecht.

Verzeichnis der zitierten Medien

»Cherokee Rose«, *The Walking Dead*, Staffel 2, Episode 4. AMC Film Holdings, USA, 2011. Fernsehserienepisode.

Die Dinos, vier Staffeln. ABC, USA, 1991–1994. Fernsehserie.

»Happiness«, *Wilfred*, Staffel 1, Episode 1. 20th Century Fox, USA, 2011. Fernsehserienepisode.

»Milfay«, *Carnivàle*, Staffel 1, Episode 1. Warner Home Video, USA, 2003. Fernsehserienepisode.

»Trust«, *Wilfred*, Staffel 1, Episode 2. 20th Century Fox, USA, 2011. Fernsehserienepisode.

»Week 4: Laura«, *In Treatment*, Staffel 1, Episode 16. Warner Home Video, USA, 2008. Fernsehserienepisode.

»What kind of bad?«, *The Deuce*, Staffel 1, Episode 5. Warner Home Video, USA, 2017. Fernsehserienepisode.

Docter P (Regisseur) & Rivera J (Produzent) (2015) *Inside out* [Spielfilm]. Walt Disney Studios.

Hillcoat J (Regisseur) & Wechsler N, Schwartz S & Schwarz PE (Produzenten) (2009) *The Road* [Spielfilm]. Dimension Films.

Jonze S (Regisseur) & Stipe M, Stern S. Golin S & Landay V (Produzenten) (1999) *Being John Malkovich* [Spielfilm]. USA Films.

Kaufman C (Regisseur) & Kaufman C, Jonze S, Kimmel S & Bregman A (Produzenten) (2008) *Synecdoche, New York* [Spielfilm]. Sony Pictures Classics.

Nolan C (Regisseur) & Thomas E & Nolan C (Produzenten) (2010) *Inception* [Spielfilm]. Warner Bros Pictures.

von Trier L (Regisseur) & Foldager ML & Vesth (Produzentinnen) (2011) *Melancholia* [Spielfilm]. Concorde Filmverleih

Stichwortverzeichnis

O

P

R

S

T

U

V

W